目 录
CONTENTS

第一章

邮轮及现代邮轮产业

当今社会，越来越多的人喜欢慢节奏的、舒适的休闲旅游，而豪华邮轮旅游则成为满足人们这种需求的最佳选择。搭乘豪华邮轮在浩瀚的大海上航行，面对着一望无垠的蓝天碧海，呼吸着扑面而来的清新海风，悠闲地躺在邮轮甲板上尽享日光浴，同时还可以享受高水平的服务和丰富的海上娱乐与岸上观光活动，感受着邮轮上惬意与美妙的生活，因此，邮轮旅游必将成为国际旅游业增长最快的领域之一。为了更好地了解和认识邮轮，我们首先要知道什么是邮轮，它有着怎样的特点，邮轮是如何产生和发展的以及未来邮轮产业的发展趋势如何。

教学目标 »

1 引导学生认识邮轮产业的重要性。
2 向学生讲解邮轮的设施和构造。
3 使学生掌握邮轮的定义、分类、功能及特点。
4 帮助学生认识现代邮轮产业的现状及未来发展趋势。

第一节 邮轮及邮轮设施构造

一、邮轮的定义及分类

（一）邮轮的定义

邮轮，英文名为 Cruise ship，原意是指海洋上的定线、定期航行的大型客运轮船，众所周知的"泰坦尼克"号就是这种邮轮。"邮"字本身具有交通的含义，而且过去跨洋邮件总是由这种大型快速客轮运载，故此得名。随着航空业的出现和发展，原来的跨洋型邮轮基本上退出了历史舞台。现在所说的邮轮，实际上是指在海洋中航行的旅游客轮，客轮上配有较齐全的生活和娱乐设施，专门用于旅游休闲度假。

想一想

邮轮、油轮、游轮之间有什么区别和联系？

邮轮的前身是远洋客轮。在飞机尚未出现的年代，一旦游客到达的目的地需要跨越大海，便只能选择远洋客轮。只要上船，便至少要待几周甚至数月。那个时候，客轮只是运输旅客的工具。1958 年 6 月，飞跃大西洋的飞机投入商业服务，飞机从此正式成为民用运输工具。因此，追求时间与效率的旅客纷纷转乘飞机，因为几个小时便能完成的旅程，没人愿意花上数周时间，最终使得跨海客轮生意日渐惨淡，因此远洋客轮便开始谋求转型，为有钱有闲的游客提供舒适的旅行服务，这便推动了现代邮轮的诞生。

随着航空业的出现和发展，原来的跨洋型客轮基本上退出了历史舞台。现在所说的邮轮，是指配备了齐全的生活、休闲、娱乐与度假等各类设施，纯粹用于观光游览与休闲度假等活动，在海洋中航行的大型旅游轮船。现代邮轮上的生活、娱乐设施齐全，旅客可以选择在海上、沿途停靠的港口城市或海岛附近进行观光游览。

现代邮轮和远洋客轮的区别，不在于船体大小，而在于两者的定位根本不同。远洋客轮是海上客运工具，它的定位是把旅客运送到大洋彼岸，它的生活、娱乐设施也是为了给旅客提供舒适行程和解闷；而现代邮轮本身就是旅游目的地，其生活娱乐设施是海上旅游中的一个重要组成部分，靠岸是为了观光或完成海上旅游行程。

（二）邮轮的分类

国际上根据邮轮航行的区域，把邮轮分为环球邮轮（Global Cruise）、区域邮轮（Regional Cruise）和海岸线邮轮（Coastal Cruise）。在国内，一般习惯将在海上航行的客轮称为"邮轮"，而把在江河中航行的客轮称为"内河邮轮"（River Cruise），小型的客轮则称为"游船"。

想一想

环球邮轮、区域邮轮、内河邮轮各有什么特点？

邮轮的规模与等级，通常以排水量（吨位，GRT）与载客量（Pax Capacity）或者标准下格床位（Lower Berth，LB）两个指标来衡量，其中以载客量为主。就船型规模而言，邮轮有迷你型、小型、中型、大型和巨型，一般以注册总吨位划分。就载客量而言，200人以下为迷你型，200～500人为小型邮轮，500～1200人为中型邮轮，1200～2400人为大型邮轮，2400～4000人以上的为巨型邮轮。邮轮船型吨级分类如表1-1所示。

表 1-1　邮轮船型吨级分类

分　类	注册总吨位	载客量
迷你型	1000～5000GRT 以下	200Pax 以下
小　型	5000～25000GRT	200～500Pax
中　型	25000～50000GRT	500～1200Pax
大　型	50000～100000GRT	1200～2400Pax
巨　型	100000～150000GRT	2400～4000Pax

随着邮轮大型化发展趋势，10万～15万GRT的邮轮陆续出现，今后10万GRT以上的船型将被划归为巨型邮轮。目前皇家加勒比公司的"海洋绿洲"号和其姐妹——"海洋魅力"号邮轮的总吨位达22万GRT，有人将它们称为吉尼斯级的超级邮轮。

根据豪华程度，可以把邮轮分为三星级以下的经济型邮轮（Economic）；三星级或三＋星级的标准邮轮（Standard）；四星级的豪华邮轮（Deluxe）；四＋或五星级的赛豪华邮轮（Deluxe+）；五＋星级的超豪华邮轮（Super Deluxe）。

国际邮轮协会（CLIA）根据综合因素，将邮轮分为六类：经济型（Budget）、时尚型（Contemporary）、尊贵型（Premium）、豪华型（Luxury）、探索型（Exploration）与专门型（Niche），如表1-2所示。

表 1-2 邮轮的总体分类

根据航行区域	根据载客量	根据豪华程度	CLIA 根据综合因素
环球邮轮（Global Cruise）	迷你型（200Pax 以下）	经济型邮轮（Economic）	经济型（Budget）
区域邮轮（Regional Cruise）	小型（200 ~ 500Pax）	标准邮轮（Standard）	时尚型（Contemporary）
海岸线邮轮（Coastal Cruise）	中型（500 ~ 1200Pax）	豪华邮轮（Deluxe）	尊贵型（Premium）
内河邮轮（River Cruise）	大型（1200 ~ 2400Pax）	赛豪华邮轮（Deluxe+）	豪华型（Luxury）
	巨型（2400 ~ 4000Pax）	超豪华邮轮（Super Deluxe）	探索型（Exploration）
			专门型（Niche）

经济型邮轮（Budget）通常是指中等规模、经过翻新的、运营时间相对较长的邮轮，这类邮轮采用自助式晚宴等形式，雇用的员工较少。由于邮轮的设计比较经典，定价比较经济，对于那些邮轮旅游经历相对比较缺乏的人来说具有吸引力。

时尚型邮轮（Contemporary）为游客提供更多新型的选择与服务，邮轮规模从中型到巨型不等，相当于漂流的度假胜地，比如皇家加勒比邮轮公司的"海洋神话"号和"海洋航行者"号邮轮等（图 1-1）。这些邮轮上通常有溜冰场、高尔夫练习场、攀岩墙、冲浪、水滑道等多样化的娱乐设施，能够给游客留下深刻的印象。时尚型邮轮的总体氛围相对比较轻松。

尊贵型邮轮（Premium）通常是指为游客提供超出平均水准的美食、设施与服务的豪华邮轮。此类邮轮空间比率相对较高，有很多带有阳台的外侧客房，通过提供各种各样的娱乐活动，对儿童、年轻人、老年人等各个年龄段的游客群形成多样化的吸引。其为游客提供相对高端的服务，游客有很多在正式晚宴

图 1-1 "海洋航行者"号上的娱乐活动

上盛装打扮的机会。"伊丽莎白女王2"号就是该类型的代表（图1-2）。

豪华型邮轮（Luxury）通常拥有顶级的娱乐设施和服务水准。吨位一般较小，所容纳的游客相对较少，但其住宿空间和公共空间均经过精心设计，有宽敞且带有阳台的顶级套房或双层公寓，并且多半为游客提供管家服务，因此产品的价格昂贵。意大利银海邮轮公司的"银河"号邮轮及"银影"号邮轮是奢华邮轮的典型代

图1-2　"伊丽莎白女王2"号
资料来源：http://free-photo.gatag.net

表，其奢华不仅仅在于开阔雅致的全套房住宿空间，更在于无微不至的私人定制化服务。

探索型（Exploration）/专门型邮轮（Niche）一般为游客提供独特的邮轮旅游产品，或者专注于某一特定的邮轮旅游目的地。这类邮轮公司在文化诠释、探索考察等领域有着丰富的经验，部分邮轮航线遍及南极（如图1-3"精致无极"号邮轮）、北极这类人迹罕至的地方，其目标市场是有经验的邮轮旅行者。

图1-3　"精致无极"号——南极之旅
资料来源：http://youlun.mcts.cn/jingzhi/wujihao

二、邮轮的功能及特点

（一）邮轮的基本功能

（1）旅游交通运输功能。邮轮负担着把游客从一个地点带到另一个地点，或在目的地间往返，以完成娱乐观光和休闲度假的旅游过程的旅游交通运输功能。该功能由邮轮的航海部、轮机部来承担完成。

（2）游览、休闲、度假功能。邮轮为游客提供满足其旅游观光、休闲度假等需求的

服务，包括旅游活动的组织、产品线路的设计、景点导游讲解，提供游客休闲娱乐的场所和康乐健身设施，包括阳光甲板、康乐中心、卡拉 OK 厅、理疗中心、娱乐场所等。

（3）**前台功能**。邮轮必须为游客提供集散出入和作为邮轮信息中心的前厅，包括总台、行李服务、商务中心等；供游客住宿的客舱及服务；供游客餐饮娱乐的餐厅（含厨房）、多功能厅等。

（4）**后台功能**。为保证邮轮安全正常运行，保证游客休闲度假及旅行生活的舒适，邮轮后台部门还要提供动力、供电、供水及冷暖气等。主要包括配电房、司炉房、冷暖机房、浆洗房、泵水房等。

因此，邮轮既具有水上运输的功能，同时又具有旅游酒店、旅行社等旅游企业为游客提供旅游组织、食、住、观光、游览、娱乐、购物等旅游服务的功能。

（二）邮轮的特点

（1）**"海上流动的度假村"**。一艘大型邮轮好比一座在"海上流动的度假村"。邮轮旅游是一种组合型的海洋休闲旅游产品，一种多功能、复合型以及可塑性很强的旅游产品，它可以组合海上休憩、观光、度假、健身、会议、婚庆、潜水、探险等内容，主题旅游成为邮轮旅游的新热点。由于它的这些特点，邮轮被人们称为"海上流动的度假村"，成为了高端旅游者追求和向往的目的地。

（2）**"移动的微型城镇"**。作为一个流动的度假村，大型邮轮一般都配备各类市政设施，包括电力系统、给排水系统、垃圾及污水处理系统、移动通信系统、有线电视系统等，类似一座"移动的微型城镇"。

（3）**"没有目的地的目的地"**。大型邮轮拥有一应俱全的各类娱乐设施，乘客所要感受的就是这种海上的、充实的休闲娱乐方式，上岸观光仅作为一种调节剂。邮轮航行并无明确的目的地，邮轮本身就是目的地。

（4）**高技术的集合体**。一艘大型邮轮拥有相当高的技术含量，甚至比飞机还高，如卫星导航系统、环保系统、海水淡化系统、电子控制系统，这些都代表着当今世界科技的前沿技术。

（5）**投资巨大**。建造一艘邮轮，其成本从每标准下格床位 15 万美元到 35 万美元，平均约为 19 万美元。一艘载客量 2000 人的邮轮，其建造价格约为 3 亿至 5 亿美元，投资额十分巨大。

想 一 想

为什么把邮轮称为"海上流动的度假村"、"移动的微型城镇"、"没有目的地的目的地"？

三、邮轮的构造

1. 现代邮轮的衡量指标

（1）邮轮主尺寸（Main Dimension）。现代邮轮的规格大小可以用长度（Length）、宽度（Width）、水面高度（Height）和吃水深度（Draught）等主尺寸来初步进行衡量。

①邮轮长度，表示邮轮从首端（Fore）至尾端（Aft）的最大水平距离。

②邮轮宽度，表示邮轮的型宽，通常是船舶最宽地方的尺寸。

③水面高度，表示邮轮顶部至船体与水面相连处的垂直距离。

④吃水深度，表示邮轮底部至船体与水面相连处的垂直距离。吃水深度用来衡量邮轮在水中的位置，同时间接反映邮轮在行驶过程中所受到的浮力。邮轮的吃水深度越大，表明船体载重能力越大。

（2）邮轮吨位（Tonnage）。除了长度、宽度等主尺寸之外，邮轮吨位同样是邮轮大小的计量单位。船舶吨位种类复杂，总体来说包括重量吨位（Weight Tonnage）和容积吨位（Volumetric Tonnage）两种类型。

①重量吨位。重量吨位分为排水量吨位（Displacement Tonnage）和载重吨位（Dead Weight Tonnage，DWT）两种。排水量吨位表示邮轮在水中所排开的水的吨数，也是邮轮自身重量的吨数。在造船时，依据排水量吨位可以知道该船的重量。载重吨位表示船舶在营运中能够使用的载重能力，即船舶所能装载的最大限度的重量。

②容积吨位。容积吨位是表示船舶容积的单位，也称为注册吨位（Registered Tonnage），容积吨位本身不是涉及重量的术语，而是按照每吨位100立方英尺（约2.83立方米）计算。常见的容积吨位衡量指标有总吨位（Gross Tonnage）、净吨位（Net Tonnage）和注册总吨位（Gross Register Tonnage，GRT）三种类型。总吨位表示船舶内以及甲板上所有围蔽空间的容积总和。净吨位表示总吨位减去为船员居住区、燃料舱、机舱、驾驶台、物料房等所保留空间的容积总和。注册总吨位表示邮轮按照其登记证书所记载的容积。注册总吨位是邮轮最常用的衡量指标，也是业界划分邮轮大小的重要依据。

（3）邮轮容量。一般情况下，邮轮容量是从邮轮的载客数量（Number of Passengers，PAX）和客舱数量（Number of Cabin）的角度进行描述的。载客数量是指邮轮所能容纳的游客人数，但不包括船员和服务员在内。除了载客数量之外，业界还会根据邮轮所拥有的客舱数量或床位数量来衡量邮轮接待能力的大小，通常一间客舱容纳两个床位。但实际上，邮轮客舱数量的多少并不能说明邮轮的豪华舒适程度以及接待服务水平的高低。

想一想

是不是邮轮的容量越大就越好？

（4）**空间比率**。邮轮的空间比率等于邮轮的注册总吨位与邮轮的载客数量之比。空间比率表示的是邮轮上人均拥有的自由伸展空间。空间比率越高，游客越能感受到邮轮的宽敞。因此，空间比率是衡量邮轮舒适与否的很重要的一个指标，也是真正体现邮轮价值的标尺。

目前，大多数邮轮的空间比率在 25 ~ 40 之间，最低值为 8，最高值约为 70，它并不是体现邮轮宽敞程度的唯一指标，也不一定与邮轮的大小互为正相关。一些空间比率较小的邮轮可以通过灯光、落地景观窗等设计来增加游客感知的宽敞舒适度。

邮轮的日平均价格越高，空间比率值可能越大，高档邮轮的一个特点就是宽敞。

想一想

是不是空间比率越大邮轮就越大？

2. 邮轮船龄（Vessel Age）

（1）**旧船和新船**。现役邮轮的服役时间跨度很大，一些邮轮下水时间较长，已经接近半个世纪。业界经常把 1970 年作为新船和旧船的分界线，1970 年之前下水的邮轮为旧船，1970 年以后下水的邮轮称为新船。早期的邮轮由于造船技术较差，在建材以及结构设计上多有限制，无法和较新、较高的造船技术相比。旧船的仪器设备功能有限，而且操作上既花费金钱又耗费人力，效率却不见得好，运营成本因而较高。旧船使用较密实、较重的金属制造，因此较之同样大小的新船，旧船载重吨位较大，吃水深度深，进出港口不易，但相对地，旧船在航程中遇上大风浪时，其平稳度较新船要高。

比一比

旧船和新船的优缺点各是什么？

（2）**船龄**。船龄是邮轮自建造完毕时起计算的使用年限。船龄在某种程度上表明邮轮的现有状况，因此，在有关船舶和海上运输交易中是一个重要因素。根据中华人民共和国交通部发布的《海船船龄标准》（表 1–3）条令，国内运营邮轮的船龄应小于 30 年。

表 1-3　海船船龄标准

（中华人民共和国交通部 2006 年第 8 号令）

船舶类别	具体类别	购置、光租外国籍船船龄	特别定期检查船龄	强制报废船龄
一类船舶	高速客船	10 年以下	18 年以上	25 年以上
二类船舶	客滚船、客货船、客渡船、客货渡船（包括旅客列车轮渡）、游客船、客船	10 年以下	24 年以上	30 年以上
三类船舶	油船（包括沥青船）、散装化学品船、液化气船	12 年以下	26 年以上	31 年以上
四类船舶	散货船、矿砂船	18 年以下	28 年以上	33 年以上
五类船舶	货滚船、散装水泥船、冷藏船、杂货船、多用途船、集装箱船、木材船、拖轮、推轮、驳船等	20 年以下	29 年以上	34 年以上

在邮轮的发展历史上，有很多著名的邮轮运营时间将近半个世纪，冠达邮轮的"伊丽莎白女王 2 号"邮轮营运时间长达 40 年之久。但是，目前邮轮市场上各大邮轮公司向市场投入的邮轮大多船龄较小，船龄高于 20 年的邮轮不及邮轮总量的三分之一，邮轮船队正呈现出年轻化的扩张趋势。

3. 船舱透视图与甲板分布图

（1）船舱透视图。为了让游客更加直观地了解现代邮轮的构造与布局，邮轮公司会向游客提供邮轮的船舱透视图。船舱透视图通常是三维的，能够显示出家具的位置，主要特征、典型布局和成套设施等（图 1-4）。如果是网站的话，也可以虚拟展示邮轮的360 度全景图，让游客虚拟进行趣味盎然、鲜活体验的邮轮之旅。

图 1-4　精致邮轮透视图

资料来源：http://bbs.cg-story.com/showthread.php?p=23416

（2）甲板分布图。除了船舱透视图外，游客了解邮轮的最好方法是使用甲板分布图（Deck Plan），也称"甲板示意图"。对于每一艘邮轮来说，这些甲板分布图是唯一的，也最能帮助游客明确邮轮上客舱或其他设施的具体位置。游客参加邮轮旅游时，可以通过甲板分布图选择自己喜欢的房间，宣传册中的色彩标记通常会使甲板分布情况以及各类客房情况一目了然（图1-5，图1-6）。

图1-5　"海洋灿烂"号四层甲板示意图

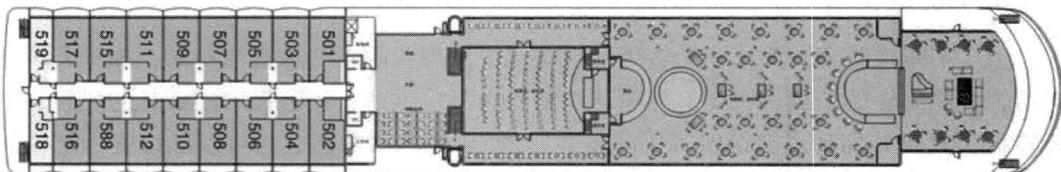

图1-6　邮轮5层甲板分布图

资料来源：http://www.loyouyou.com

想一想

甲板分布图的作用是什么？

四、邮轮的空间设施

现代邮轮的设计与建造通常需考虑到如何在合理利用空间的基础上更好地完善游客活动设施。不仅在外观和功能上为游客所接受，而且应符合其品牌价值和各项安全要求，在有限的船舶空间里，既能搭载更多的游客，又能使游客获得更高的舒适度和满意度。邮轮的空间可以分为3类：客舱空间、非公用（船上员工）空间、公共空间。

1. 客舱空间

邮轮客房通常极为小巧，是"微缩的饭店客房"。当今美国的一般饭店客房面积约为 350 ~ 450 平方英尺（32.5 ~ 41.8 平方米），而一些邮轮客舱只有 100 平方英尺（约 9.3 平方米），只有部分超过 250 平方英尺（约 23.2 平方米）。长江三峡邮轮通常客房的标准是 8 ~ 16 平方米（不包括卫生间）。大多数客房面积为 10 ~ 12 平方米左右。一般邮轮的舱房有内舱房、海景房、阳台房、阳台套房、豪华套房等。

（1）**内舱房**。在邮轮中部，只有门朝走廊，没有窗户，但经常运用镜子，柔和的淡色、明亮的灯光，甚至假窗帘来使空间显得更加开阔些，房间类似商务酒店的标准间，一般有隐藏式的上铺。很多游客偏爱内侧客房，因为相对外侧客房价格更便宜。内舱房也会根据邮轮的不同而不同，如皇家加勒比邮轮内舱房还分为普通内舱房（图 1-7）和皇家大道内舱房（图 1-8）。皇家大道内舱房有窗户可以看到邮轮中央的皇家大道。

图 1-7 "海洋神话"号普通内舱房
资料来源：http://www.aoyou.com/cruise/id-7-16.html

图 1-8 "海洋水手"号邮轮的皇家大道内舱房

（2）**海景房／江景房**。在船舷两侧，有能看见海／江的窗户，房间类似商务酒店的标准间，一般有隐藏式的上铺。由于可以向外，海景房会感觉视野更开阔（图1-9）。传统的邮轮有窗子，现代邮轮则有更大的窗户。一些客房甚至有一整面墙大的玻璃推拉门，并通向阳台。

图 1-9 邮轮上的海景或江景舱房

资料来源：http://roll.sohu.com/20111109/n324997743.shtml；http://ship.mangocity.com/

（3）**阳台房**。在船舷两侧，有朝海的阳台，房间类似星级酒店的标准间，一般为一张大床，可以给孩子加床。有些大的邮轮还有朝向步行街的阳台房（图1-10）。随着科技的发展，现代邮轮还开发了模拟阳台房，房间的窗户展示海景，并配有一定的海浪声，以满足游客的需求。

图 1-10 邮轮上的阳台舱房

资料来源：http://tt.mop.com/read_4702881_1_0.html

（4）阳台套房。在船舷两侧，有朝海的阳台，房间类似星级酒店的套房，一般都可以给孩子加床。

（5）豪华套房。一般在船头，其面积比标准间大很多，房间内的设施更齐全，有电器产品、家具，甚至还有厨房，房间位置也能更好地欣赏到海景。一般有多个房间，有些还有自己的温泉池。套房会根据豪华程度和功能再进行区分，如家庭豪华套房、水疗豪华套房、行政豪华套房等。不同的邮轮豪华套房的特点也不同。图 1-11 为某豪华邮轮上的豪华套房。

图 1-11 豪华套房

资料来源：http://www.youlunlife.com/Holland/ms-Nieuw-Amsterdam/

2. 非公用空间

非公用空间一般位于客房甲板之下的甲板上。其中包括：邮轮员工用房、员工餐厅、员工娱乐场所和驾驶室（邮轮控制室）（图 1-12）、邮轮厨房和邮轮机舱等空间。

图 1-12　邮轮上的驾驶室

资料来源：http://ly.sz.bendibao.com/tour/2011228/ly285886_6.html

3. 公用空间

公用空间是游客汇集的地方，主要包括以下部分：

（1）接待区。所有邮轮都有类似大堂的地方，设有事务长室（前台或接待处、问询处），如图 1-13 所示。事务长室旁边通常设有岸上观光处，游客可在此咨询有关港口观光及活动方面的事宜，也可以进行预订。

图 1-13　"海洋灿烂"号上的游客接待处

想一想

邮轮的接待处与酒店接待处的区别是什么？

（2）餐厅及其他就餐区域。餐厅是客人用早、午、晚餐的场所，较大的邮轮的典型特征就是拥有多个餐厅，甚至每层都有餐厅，图1-14、图1-15所示的是"海洋神话"号邮轮上的各种餐厅。此外大型邮轮还有非正式的、自助类餐厅以及比萨饼店或特色主题餐厅。客人可以选择在室内就餐，天气好时还可以选择在室外（该区域被称作丽都甲板或露天餐厅）就餐。

图1-14 "海洋水手"号上的各式自助餐厅

图1-15 "海洋水手"号上的主餐厅

（3）演出大厅（多功能厅）。娱乐活动通常每晚都有。白天在演出大厅可能进行邮轮旅游指南讲座、港口讲座、游戏、放映电影或举办其他专项活动。晚上，在演出大厅可举行各种表演（书法、武术、时装秀等娱乐节目），大多数邮轮通常还设有另外的娱乐区、酒吧以及舞厅。图1-16为"海洋水手"号上的多功能厅。

图 1-16 "海洋水手"号上的多功能厅

（4）**健身俱乐部**。大部分邮轮为客人提供锻炼的场地，配有增氧健身区、自行车、健身踏步器和投掷器械等。图 1-17 为"海洋水手"号上的健身房。健身俱乐部通常与一个 SPA 水疗区相连，水疗区可以提供按摩、桑拿、芳香疗法、漩涡浴以及美容美发等服务。

图 1-17 "海洋水手"号上的健身房

（5）**赌场**。赌场在绝大多数邮轮上都是合法的，游客可以玩各种赌博游戏。赌场内设有严格的监控装置，工作人员在不为客人服务时，要求手心向上放置，不要随便捡起地上的东西。赌场内不允许拍照，通常赌场在进入港口时关闭，图 1-18 为歌诗达邮轮"经典"号上的赌场内部情况。

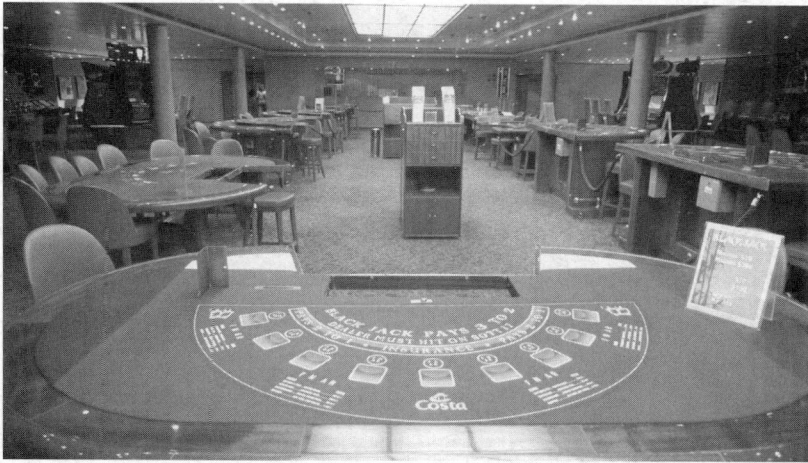

图1-18 歌诗达邮轮"经典"号上的赌场
资料来源：http://www.photofans.cn/album/showpic.php?year=2012&picid=189141

（6）礼品商店。礼品商店出售各种杂物、纪念品、免税商品、T恤衫等。纪念品通常以该邮轮为主题，一些邮轮以拥有许多购物之处为特色，甚至构成了一条微型商业街，图1-19为"海洋灿烂"号上的购物中心。

（7）医务室。海事法规定，乘客人数超过100人的任何船只都要配备有内科医生，并常常有护士做助手，且配备相应的医疗设施。图1-20为"海洋灿烂"号上的医务室。

图1-19 "海洋灿烂"号上的购物中心

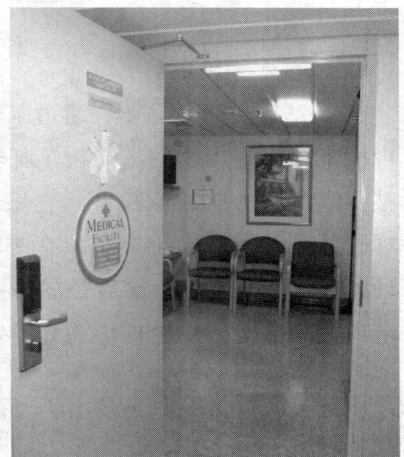

图1-20 "海洋灿烂"号上的医务室

第二节　邮轮产业的发展及未来趋势

邮轮产业（或邮轮业、航游业，英文为 Cruise Industry）指的是以大型豪华海上邮轮为载体，通过远近洋与环球航行的方式，以海上观光旅游为主要诉求，为游客提供旅游观光、餐饮住宿、娱乐、探险等服务的海上观光与休闲产业。

现在的邮轮产业实际上是一种边缘产业，下图显示它由交通运输业、观光与休闲业以及旅游业三个产业交叉构成，如图 1-21 所示。

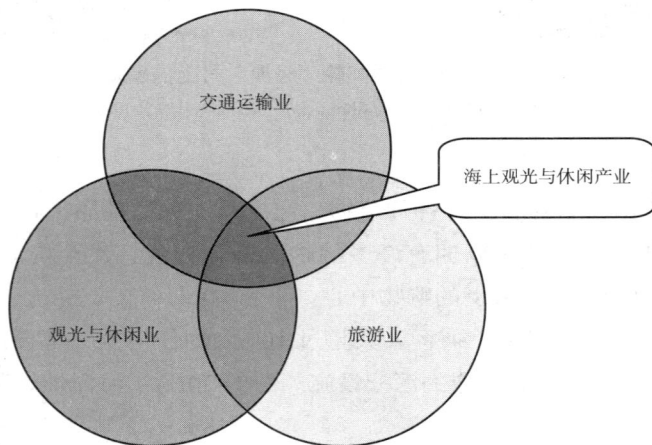

图 1-21　邮轮产业的产业构成

首先是交通运输业，通过邮轮把乘客从一地带到另一地（原意上的邮轮仅此功能）；现代邮轮旅游出现的"飞机＋邮轮"（Fly + Cruise）组合模式旅游方式，使邮轮乘客飞往某一港口登上邮轮或离开邮轮后再飞往另一地，此时邮轮承担一部分运输功能；其次是观光休闲业，邮轮乘客可以在邮轮上观看海景、娱乐休闲，邮轮本身承担的角色为"流动的旅游目的地"；最后是旅游业，在一次邮轮航程中，邮轮停靠多个观光景区附近的港口，实际上为乘客提供观光游览服务。

一、国内外邮轮产业的发展历程

人类历史上最早的那些远洋轮船，起初并非是为了运输旅客，而是为了满足运载货物的需要。19 世纪 30 年代，蒸汽船已经出现并开始统治横跨大西洋的整个海上客运与邮件承运业务。娱乐邮船的历史可以追溯到 1844 年，一个新的产业从此诞生。远洋客轮运输业获得质的飞跃，是在 19 世纪 50 年代至 60 年代期间。客轮上从此仅运载旅客，而不像过去靠运输货物、邮件为主，并且出现了像电灯、宽敞的甲板空间和娱乐设施等许多奢侈的元素。至 20 世纪早期，经营豪华客轮的理念开始显现，德国以大型而华丽的流动式酒店概念引领市场。这些客轮的设计考虑到了将海洋旅行途中的不舒适感降到最低限度，通过安排高级的食宿和事先计划好的活动节目，最大限度地消解了漫长的海上旅行和极端恶劣气候所带来的影响。

第一次世界大战的爆发中断了大量新客轮的投资建造计划，许多老客轮公司被充作军用，成为军队的海上交通运输工具。德国豪华客轮公司在战争末期作为战争赔款，给了英国和美国。1920 ~ 1940 年期间被一致认为是横跨大西洋客轮运输业务发展的黄金时期。这些邮轮吸引了一大批社会富有阶层和各界名流，有趣的是，这一次是美国前往欧洲的旅游者替代了历史上前往美国移民的浩荡大军。这一时期，有关海上旅行及其提供的美食与船上活动的广告掀起了新一轮风尚。

第二次世界大战之后，欧美发达国家的空中旅行需求快速增长，日益旺盛的欧美洲际航空运输市场促成 1958 年美洲直航欧洲的航班正式进入商业运营领域，这无疑宣告横跨大西洋海上旅行业务的终结。许多远洋客轮纷纷出售，大量船运公司宣告破产。到 20 世纪 60 年代，现代邮轮产业才得以真正意义上诞生。许多邮轮公司集中开发加勒比海的邮轮假期旅游产品，以欢乐邮轮为形象，吸引从未有过乘坐 20 世纪 30 年代、40 年代远洋客轮旅行经历的人群。此时邮轮上致力营造海上独特的闲适氛围，提供丰富多彩的船上娱乐项目。船舶原来所承担的单纯将旅客载往特定目的地的功能不断减弱；相反，海上旅行本身具备的旅游度假功能得到大大强化。

如今，邮轮旅游作为一种现代社会的消费符号，其形象已经在 1977 年到 1986 年产生，并在伴随着《邮轮之爱》这一电视剧成长起来的这一代人的心目中深深扎根，进而获得了稳定的市场支撑。

做一做

动手查找什么是大航海时代？大航海时代到来的原因？大航海时代的到来对邮轮的发展产生了什么影响？

（一）国外邮轮产业发展历程

国际邮轮旅游业的发展，大致经历了四个阶段，每一个阶段的发展取决于航线、目标市场以及经营区域的具体状况。

过渡萌芽期（20 世纪 60 年代末至 70 年代初）。20 世纪 60 年代初期往返美欧大陆之间的跨大西洋客运班轮每年的客运量超过 100 万人次，70 年代初急剧下降到每年 25 万人次左右。原来的客运班轮经营商迫于经营压力，不得不寻找新的经营方式。全球邮轮旅游业开始萌芽。20 世纪 70 年代是邮轮经营的痛苦转型时期，班轮公司正尝试由服务提供商的角色向提供邮轮设施及服务转变。但客运班轮本身并不一定适合开展新型的邮轮旅游休闲服务，其过渡还面临很多障碍，如没有空调、不舒适的三等舱以及甲板上下缺乏公共空间等。并且，在这一阶段，人们对邮轮也是知之甚少。

诞生引进期（20 世纪 70 年代至 80 年代）。这一时期诞生了现代意义上的邮轮产业，邮轮旅游产品所包含的内容也具备了今天的雏形。1966 年秋天，经营总部设在美国迈阿密的 NCL（Norwegian Caribbean Line，后改名为 Norwegian Cruise Line）公司的首艘邮轮 Sunward 投入正式运营，这标志着现代邮轮产业的诞生。NCL 公司创始人 KLOSTER 的成功经营理念很快被邮轮业界接受，从此许多经营者陆续进入邮轮市场。这一阶段人们对邮轮有了一定的了解，邮轮目标市场以本国游客为主，航线观光也是以本国观光地为基本港，但人们对邮轮的认识还局限在它豪华的外观、内部设施以及高昂的旅游费用方面。这一时期，挪威邮轮、皇家加勒比邮轮、嘉年华以及 P&O 等公司相继正式组建各自的邮轮船队，涉足邮轮旅游。20 世纪 70 年代早期，邮轮航行巡游不再仅仅是航运的概念，已经成为休闲产业的一个有机组成部分。

成长拓展期（20 世纪 80 年代至 90 年代中期）。于 20 世纪 60 年代晚期出现，将空中飞行和海上航行合二为一的"飞机 + 邮轮"（fly + cruises）的旅行模式更进一步推动了邮轮旅游产业的发展。由于团体包机服务可以将机票价格降到合理的水平，飞机和邮轮的结合，对不喜欢海上长途旅行的年轻群体来说具有特别大的吸引力。这一阶段，嘉年华公司快速发展壮大，主要以引进二手改装船的方式进入加勒比海市场角逐，采用强劲的"fun in the sun"广告攻势，并结合有竞争力的价格策略，成功地撬开了大规模的青年消费市场。这一时期，目前世界上规模最大的三大邮轮公司（嘉年华、皇家加勒比、云顶香港）都在邮轮旅游行业奠定了稳固的基础，并在欧美主流消费市场建立了各自的邮轮网络。与此同时，邮轮市场开始高度细分，提供的服务也不断丰富，市场得到拓展，人们对邮轮的需求逐渐增加。

繁荣成熟期（20 世纪 90 年代中晚期至今）。1993 年，一向处于全球邮轮市场边缘的亚太区域也有了变化——马来西亚丽星邮轮集团成立。该公司最初仅在新加坡和马来西亚提供邮轮服务，之后业务扩展到整个亚太地区。2000 年后又收购了 NCL 和 Orient 东方邮轮品牌，进入欧美市场。丽星邮轮集团在全球邮轮市场占有 10% 左右的份额，已成为世界第三大联盟邮轮品牌。世界主要邮轮公司都是以欧美区域市场为邮轮经营的基地发展起来的，随着人们对邮轮认识的逐渐清晰以及世界旅游业的发展，邮轮旅游在北美和欧洲逐渐成熟，由昔日上流社会特定的旅游时尚演变为中产阶级的大众旅游休闲活动。20 世纪 80 ~ 90 年代，北美和欧洲的邮轮市场就形成了系统的市场结构，市场发展进入成熟期，呈现较为繁荣的局面。

（二）国内邮轮旅游产业的发展历程

我国邮轮旅游产业的发展经历了如下两个阶段：

1. 改革开放之初至 20 世纪末——中国邮轮旅游产业的起步阶段

1978 年以来，国际邮轮停靠国内港口次数逐渐增多，邮轮游客的数量也持续增加，但专用的邮轮码头以及系统的配套设施缺乏，相关的软件服务难以达到服务水准，诸如通关效率低、联检协调度差等。搭乘豪华邮轮而来的国际游客在岸上停留的时间短、花费少，相应的产业拉动作用比较小；国内游客对邮轮的认知度比较低，邮轮旅游市场尚未形成。国内的邮轮产业和发达国家（地区）相比有较大的差距。

2. 进入 21 世纪至今——中国邮轮旅游呈强劲发展态势

随着我国经济的高速发展，中国市场越来越受到世界邮轮公司的重视，并呈现出强劲的发展势头。2002 年 1 月，国内第一艘海上豪华邮轮"假日"号在深圳起航，开辟了上海至香港海上旅游专线；2005 年 4 月，嘉年华公司的"蓝宝石公主"号携带 2600 名欧美游客在天津登陆并游览了北京，这成为当时到访中国的最大邮轮；2005 年 5 月，嘉年华旗下的歌诗达邮轮公司在上海成立办事处；2006 年 7 月，上海北外滩国际客运码头建成并开始试运行；2006 年 7 月，歌诗达邮轮公司的"爱兰歌娜"号以上海为基本港首航；2007 年 8 月，歌诗达邮轮公司设立天津为基本港，以韩国济州、日本长崎为旅游目的地的新航线正式开通；2009 年 4 月，歌诗达在中国的第二艘邮轮"经典"号从上海港首航出发；2009 年，海南三亚的 10 万吨级邮轮码头建成，并开始建设 25 万吨邮轮码头，逐渐将其打造成亚洲地区最大的邮轮码头；2010 年 4 月，上海吴淞口国际邮轮码头建成后首次迎来大型国际邮轮"钻石公主"号，邮轮码头二期建成后，上海靠泊邮轮的专业码头数增至 8 个，将与北外滩上海港国际客运中心实现功能互补、错位发展，共同打造上海国际邮轮母港；2010 年 7 月，亚洲邮轮大会在苏州召开，大会披露 2009 年中国乘坐邮轮出境的游客人数已达 20 万人次；2012 年 6 月 19 日，隶属于世界第二大邮轮集团的皇家加勒比邮轮——"海洋航行者"号首次抵达上海，2013 年 6 月 18 日，皇家加勒比"海洋水手"号在吴淞口开启中国母港首航，拉开了世界邮轮公司抢占中国邮轮市场的序幕，也为中国邮轮产业的发展提供了强劲的动力。

二、邮轮产业的未来发展趋势

　　随着世界经济形势的持续好转，尤其是亚洲经济的崛起，全球邮轮旅游需求将全面进入持续增长状态，世界邮轮产业将进入繁荣时期，未来将是一个年轻而具有吸引力的国际化产业。

　　（1）**全球邮轮产业的东移**。2011 年全球邮轮游客数约为 1630 万人次，同比增长了 9.9%，其中北美客源占了 69%，较 2010 年的 72.8% 下降了 3.8%，而中国作为亚洲的重要组成部分，2012 年邮轮市场接待量迅猛增长，仅内地就接待出入境游客 66 万人次，同比增长 31.9%。这些占比的变化传递出了全球邮轮产业东移的信息。

　　（2）**客源市场将持续增长**。目前，世界邮轮乘客的平均年龄为 49 岁，40 ~ 49 岁的邮轮乘客占总乘客量的 36%，是世界邮轮乘客的重要组成部分。在今后相当长的一个时期，这个客源市场将持续增长，保持主力军的地位；老年市场将保持活力。由于欧美发达国家的老人拥有丰厚的可支配收入和闲暇时间，所以目前 60 岁以上的邮轮乘客占总乘客量的 35%，是世界邮轮度假市场的主要客源，且邮轮主要提供的就是慢节奏的休闲旅游，非常适合这类人群，因此，今后老年邮轮客源市场将继续增长，在世界邮轮客源市场上占重要地位。青年市场将快速增长，由于豪华邮轮的出现，邮轮成为了一个流动的旅游目的地，邮轮上推出的丰富多彩的娱乐活动与方便快捷的服务措施，吸引了越来越多的年轻人加入到邮轮旅游的行列中来，特别是年轻人结婚的蜜月假期需求旺盛，使世界邮轮客源市场表现出年轻化的趋势。

　　（3）**邮轮航线的天数逐渐增长**。从表 1-4 可以看出邮轮的航线天数变化，游客逐渐倾向于选择长途邮轮旅游，这和邮轮本身为游客提供舒适休闲的旅游方式相契合。即游客更看重度假休闲，而非传统的踩点旅行。

表 1-4　邮轮航线天数统计

	游客人次（千人次）		增长率（%）	占比（%）		变动率（%）
	1990	2009		1990	2009	
2 ~ 5 天	1434	4097	185.7	38.0	30.5	−7.5
6 ~ 8 天	1966	6606	236.0	52.1	49.1	−3.0
9 ~ 17 天	358	2539	609.2	9.5	18.9	9.4
18 天以上	16	200	1050.0	0.4	1.5	1.1
合　　计	3774	13442	256.2	100.0	100.0	

（4）全球邮轮旅游市场寡头垄断格局仍将继续。三大邮轮集团公司高度掌控市场的程度有增无减。小型邮轮公司要会灵活经营，才能在市场的利润空间方面拥有成长前景。

想一想

分析我国邮轮旅游发展中存在的问题及未来的发展趋势。

📖 本章小结

随着世界邮轮业的飞速发展，我国的邮轮旅游产业也在不断发展。邮轮旅游产业是一个庞大的产业，能给国家和地区带来巨大的经济效益。因此，必须先对邮轮旅游有基础的认识，了解国内外邮轮旅游的发展现状和未来的发展趋势，分析自身发展的不足，才能更好地发展邮轮旅游业。

❓ 思考与练习

1. 简单回答下面问题。

（1）邮轮的定义与分类。

（2）邮轮的功能及特点。

（3）建设邮轮母港所需要的条件有哪些？

（4）我国邮轮旅游业的发展前景怎样？

2. 邮轮旅游是如何产生的？

3. 你觉得我国发展邮轮旅游业需要面对哪些挑战？

第二章 现代邮轮旅游产品

在当前的邮轮旅游市场中，消费者需求的满足需要通过邮轮公司提供的产品和服务来实现。因此，各大邮轮公司要想取得更好的经济效益，就必须在对消费者需求和特征进行充分调研、分析的基础上，致力于打造丰富多彩的邮轮旅游产品，从而更好地满足邮轮游客的需要。

教学目标 »

1. 引导学生认识邮轮旅游产品。
2. 使学生掌握邮轮旅游产品的分类、特征及表现形式。
3. 使学生了解邮轮旅游产品的价格构成。
4. 帮助学生认识现代邮轮旅游市场的特征。
5. 使学生掌握邮轮旅游产品设计的内容。

第一节　邮轮旅游产品的内涵及构成

一、邮轮旅游产品的内涵

邮轮旅游产品是一个明确界定的组合产品，包括港口之间的航行、某一时段的行程安排、服务和设施（如住宿、餐饮、娱乐和休闲区域）以及各种其他需要额外付费的服务等。组合产品的内容取决于邮轮经营者的价格策略，一些经营者提供"邮轮＋住宿"、"邮轮＋旅行"等组合，包括一些巡航开始或结束时的附加内容，即在一个地区的旅游或在度假地酒店的住宿。因此，邮轮旅游产品是一种多功能、复合型的海洋休闲旅游产品，是以邮轮为载体来满足人们精神和物质需求的旅游活动，可以组合休闲、观光、度假、购物、探险、会议、婚庆等内容。

二、邮轮旅游产品的构成

从游客的角度看，邮轮旅游产品一般由以下几方面构成：

（1）邮轮及邮轮设施（Cruise Ship & Amenities）。邮轮及邮轮设施是完成邮轮旅游活动所必须具备的物质条件。邮轮是旅游者为了娱乐和休闲度假的目的而往返旅游目的地并实现旅游目的的载体，邮轮设施包括供邮轮航行的设施设备、餐饮设备、住宿设施、通信设施、观光设施、娱乐设施（图2-1）等，是邮轮经营者勇于直接服务于旅游者并满足其观光娱乐和休闲度假的凭借物，也是构成邮轮旅游产品的必备要素。

图2-1　"海洋水手"号上的娱乐设施

（2）邮轮的航线（Itinerary）。邮轮航线是指邮轮从母港出发到结束行程靠岸过程中所航行的路线，通常会受到水域、景点以及季节条件的影响。邮轮航线是游客选择邮轮旅游时考虑的主要因素，对于邮轮吸引客源及经营会产生很大的影响。

（3）邮轮的服务（Service）。邮轮的服务是指邮轮上的服务内容（客舱、餐饮、娱乐、购物、摄影、岸上观光、赌场、婚礼及其他庆祝活动服务等）、方式、态度、速度和效率等，它是除了硬件设施以外，游客更加在意的一项内容，有时高水平的服务可能会起到弥补硬件设施不足的作用。因此，邮轮服务项目的多少、服务内容的深度也是邮轮之间竞争的重要环节。良好的服务是树立邮轮品牌形象、提高邮轮知名度的重要手段。

（4）邮轮航次的价格（Price）。邮轮航次的价格在一定程度上反映了邮轮旅游产品的质量，游客常常通过邮轮航次的价格来判断、选择邮轮。一般邮轮的价格，包含船舱住宿费，船上娱乐、活动设施（如卡拉OK、歌舞表演、歌剧、攀岩等）及每日五餐或六餐以及基本饮料的费用；不包含岸上精华游费用、保险费及其他额外消费，如购物、酒类、饮品、付费餐厅用餐费、水疗服务中心（Spa）及干洗费等。此外，乘坐邮轮涉及的港务费、签证费、上岸费及自费项目和所在地往返起航地的机票则视具体情况而定。

（5）邮轮的形象（Image）。邮轮的形象是游客对邮轮的综合看法，涉及邮轮历史、知名度、经营思想、设计风格、品牌定位等诸多因素。邮轮形象是邮轮吸引客源的重要因素。

邮轮旅游产品的五大要素相互关联，是邮轮旅游产品不可分割的组成部分。游客在选择邮轮时会同时考虑这些因素，而不只是单方面考虑其中的一个因素，但不同的游客在选择邮轮时对每个因素的重视程度会有所不同。

做一做

为什么说邮轮形象是邮轮旅游产品的构成？选择一个邮轮公司，分析它的形象，并对该邮轮公司的产品进行推介。

第二节　现代邮轮旅游产品的分类及特征

一、现代邮轮旅游产品的分类

（1）**邮轮观光旅游产品**。邮轮观光旅游产品是以满足旅游者乘坐邮轮观赏海洋、江河、湖泊及其沿岸自然风光、城乡风光、民族风情、名胜古迹、建设成就等为主要目的的旅游产品。目前，邮轮观光旅游产品仍是构成我国邮轮旅游产品的主要部分，各邮轮旅游公司为了更好地满足市场多元化的需求而竞相开发设计新的邮轮观光旅游产品，在单纯的观光旅游产品基础上，注入了更为丰富的文化内涵，如主题性观光旅游产品、参与体验性观光旅游产品（图2-2）。

图 2-2 我国的三峡大坝和阿拉斯加冰川

资料来源：http://www.buy-tuan.com；http://content.edu.tw/senior/geo/ks_ks/main/live/earth/page2.htm

（2）邮轮休闲度假旅游产品。邮轮休闲度假旅游产品是指旅游者利用假期乘坐邮轮休闲和娱乐消遣的旅游产品。世界范围内，很多地区因为拥有阳光、沙滩、海风，终年气候温暖、水域不冻，沿岸拥有丰富多彩的自然风光和文化资源，可供登岸参观的旅游地众多，这些地方便成为了理想的邮轮活动区域。还有深受欢迎的内河巡游，如中国的长江三峡、美国的密西西比河及其支流、法国的塞纳河、德国的莱茵河、埃及的尼罗河以及俄罗斯的伏尔加河等。同时，由于邮轮本身也因乘坐悠闲、舒适并提供各种娱乐活动设施，能为游客提供满足其休闲娱乐度假需求的服务，而成为了休闲度假旅游者的选择。

（3）邮轮文化旅游产品。邮轮文化旅游产品是满足旅游者了解邮轮航行区域及其腹地文化需求的邮轮旅游产品。这种旅游产品要求蕴含较为深刻和丰富的文化内涵，其所吸引的对象一般具有较高的文化修养。

（4）邮轮会议旅游产品。邮轮会议旅游产品是指人们利用邮轮举行各种会议而购买邮轮旅游产品和服务的综合消费。这种产品形式主要针对大公司、企业等，是一种比较新型的邮轮旅游产品。

（5）邮轮探险旅游产品。邮轮探险旅游产品是指利用邮轮将游客带到以往只有科考人员、专家才能抵达的目的地，以满足人们对大自然探索和冒险的需求。目前这类产品属于世界高端旅游产品。现在市场上比较热门的邮轮探险旅游产品是"南极之旅"（图 2-3）和"北极

图 2-3 前往南极探险的邮轮

资料来源：http://kid.xmnn.cn

之旅"。游客在航海专家和自然科学家的陪伴下，穿梭于重重冰山之中，探索神秘圣洁的南极和北极。这类旅程一般专门配备有专业的探险队，包括环境学家、海洋生物学家、地质学家、历史学家、鸟类学家等，从如何穿上探险服到乘坐橡皮艇登上白色大陆，一切都由这些专家来规划和带领，其所吸引的对象除了要有一定经济实力外，对游客个人素质也有要求，例如要具有探险精神、热爱大自然，而且最好有一定的外语基础。

未来的邮轮旅游产品必将形成一个以邮轮观光、休闲娱乐为主，集商务会议、文化交流、运动探险、水上娱乐等为一体的多样化邮轮旅游产品系列。

想 一 想

如果是你，你会选择哪一类邮轮旅游产品？为什么？

二、现代邮轮旅游产品的特征

依据现代邮轮旅游产品的内涵和构成，邮轮旅游产品具有以下特征：

（1）**独特性**。一是旅游载体的独特性，与其他旅游产品不同的是，邮轮服务所借助的设施是航行的邮轮，游客想前往海洋、江河、湖泊等水域观光、休闲、娱乐和度假，必须借助邮轮这一载体才能得以实现。邮轮既是一种旅游交通工具，又是旅游目的地。二是邮轮旅游产品有一系列的要素组合，每一种组合都构成了对每位游客来说独一无二的体验。

（2）**服务内容多样性、综合性和复杂性**。一方面，邮轮服务是邮轮管理者和员工借助一定的旅游资源或环境、邮轮及邮轮服务设施，通过一定的手段向游客提供的各种直接或间接的方便利益的总和。从与游客的密切程度上看，邮轮服务涵盖了衣、食、住、行、游、购、娱等设施与人员服务。从服务上看，又分为硬件服务和软件服务。可见其服务的复杂性。另一方面，邮轮是通过为游客提供一种愉悦的经历来完成的，游客愉悦的经历又是由多个邮轮服务细节组成的。

（3）**邮轮功能的多样性与产品的整体性**。邮轮既有水上运输的功能（交通的功能），又具有旅游酒店、旅行社等旅游企业为游客提供旅游组织、食、宿、观光、游览、娱乐、购物等综合服务等多种功能，邮轮能够提供满足旅游者旅游活动中几乎全部需要的产品和服务，因而邮轮旅游产品具有整体性。

（4）**邮轮旅游产品价值不能被保留或储存**。邮轮旅游产品的固定成本高，运营成本低，其价值不能被保留或储存，会随着邮轮的起航而消失，所以及时且最大限度地将邮轮旅游产品销售出去是邮轮公司所要解决的头等大事。

想一想

为什么说邮轮旅游产品具有独特性？

第三节　邮轮旅游产品的表现形式

一、邮轮旅游航次

　　游客是邮轮旅游产品的最终购买者。游客在购买邮轮旅游产品时，是以邮轮的旅游航次作为购买对象的。在邮轮公司设计推出的邮轮旅游航次中，游客享受邮轮上的各种设施与服务，欣赏浩瀚大海上的自然风光与沿途港口的人文与自然景观，体验邮轮旅游所带来的休闲放松的乐趣，从而获得物质与精神上的满足。

　　邮轮旅游航次包含邮轮航行时间与邮轮航行线路两大要素。邮轮航行线路又可以分为往返航线和单程航线两种类型。

　　（1）往返航线（Circle Itinerary）。邮轮出发和到达都在同一个港口。

　　（2）单程航线（One-way Itinerary）。邮轮在一个港口出发，在另外一个港口抵达。在邮轮旅游中，选择航线通常比选择邮轮要困难很多。一些游客会选择短途的航线，也有一些游客会选择航行时间较长的航线。在所有受欢迎的航线中，大部分航行时间为5 ~ 12天，其中以7天最为普遍。

二、邮轮旅游过程

　　游客以邮轮旅游航次为单位购买并消费邮轮旅游产品，一般包括拟订计划、预订船票、港口登船、船上活动、岸上观光、港口下船六大环节（图2-4）。

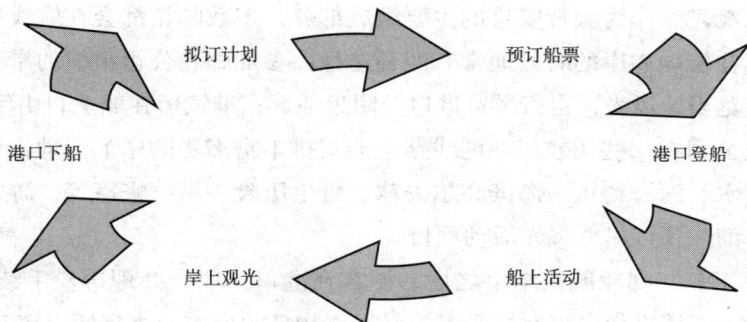

拟订计划　　　　　预订船票

港口下船　　　　　港口登船

岸上观光　　　　　船上活动

图2-4　邮轮旅游过程

（1）**拟订计划**。邮轮公司的旅游航次通常会提前一年拟定并向公众发布。游客制订邮轮计划时，会首先考虑自己的时间要求与经济承受能力，同时也会充分了解各大邮轮公司的运营特色和差异性。比如美国嘉年华邮轮会提供更多的互动活动和亲子活动，皇家加勒比邮轮则有更为丰富的探险活动。除此之外，游客还应该考虑线路的长短以及出境游手续办理的便利性等。

（2）**预订船票**。游客确定了自己的旅行计划之后，可以向邮轮公司、旅行社或者旅游中介进行电话咨询或网上咨询，了解相关邮轮旅游产品的报价以及注意事项。很多旅行社在进行邮轮线路报价的时候给出的只是参考价格。预订成功之后，游客应该尽快支付预付款或全款以确保船位，并且签署预订确认书和行程协议书。邮轮旅游一般是出境游，因此游客还应办理相关的护照和签证。

（3）**港口登船**。游客参加邮轮旅游时，在预订好邮轮航次之后，需要提前抵达港口登船。如果游客距离登船港口比较近，可以直接驱车抵达港口。但大部分邮轮乘客家庭所在地并非登船的港口城市，这就需要游客提前预订好前往港口城市的机票或火车票，以便在邮轮出发前及时抵达。有时，游客在登船之日还可以在登船的港口城市做短暂停留并游览相关的旅游景点。一般情况下，游客在港口登船要经历以下程序：

①候检。候检时间一般为邮轮开船之前的 2 ~ 4 个小时。

②安全检查。游客进入候检大厅后，在入口处接受行李和随身物品的安全检查。

③舱位确认。票务台进行船票舱位确认、领取房卡、购买海港综合服务费等。

④海关检查。进入海关检查通道进行行李物品检查及申报。

⑤行李托运。一般有邮轮工作人员协助游客进行行李托运。

⑥出境边防检查。查验护照、签证等相关证件，办理出境手续。

⑦廊桥登船。船方工作人员检查船票，并且欢迎游客开始海上观光旅程。

（4）**船上活动**。邮轮既是交通工具，又是旅游的目的地。游客登上邮轮之后，便可以在邮轮上享受邮轮旅游所带来的乐趣。船上活动多种多样，游客可以得到物超所值的服务，比如品尝食物、观看表演、参加竞赛、放松、闲坐、聊天。

（5）**岸上观光**。作为旅行安排的主要组成部分，多数邮轮都会在航线途中停靠若干个港口，游客在船舶靠岸的时候通常有四种选择：参加邮轮公司组织的岸上活动；通过岸上旅行社游览当地风光；自行游览港口及附近地区；继续留在船上自由活动。

有的邮轮公司在一些比较成熟的线路上会安排丰富多彩的岸上活动，诸如越野自行车、探险、潜水、深海钓鱼、海滨高尔夫球、野生历险、星空帐篷等，游客登船之后可以进行相关咨询并预订岸上观光活动项目。

（6）**港口下船**。邮轮航次结束之后，游客在港口下船，办理边检手续，提取行李，再进入海关检查区域进行申报并接受海关对行李物品的检查，之后便可离开。

邮轮的抵达港口与出发港口在很多时候并不是同一个，游客下船便是邮轮旅程的结束，部分邮轮公司还会帮助游客购买返程的机票。

想一想

一个完整的邮轮旅游过程一般包括几大环节？你更注重哪个环节？为什么？

第四节　邮轮旅游产品的价格

俗话说："价格是产品的介绍信。"合理的价格构成也会成为游客参加邮轮旅游的重要驱动。邮轮公司会在每本邮轮旅游宣传册上标注每一个邮轮航次的价格，并且告知这些价格中包含的项目，以方便游客估算邮轮旅游需要的费用，并作为选择邮轮航次的参考依据。

一、邮轮旅游产品的价格构成

1. 邮轮公司报价包含项目

邮轮公司在对邮轮旅游航次进行报价时，通常有一些明确标示的价格项目。

（1）**船票价格**（Tickets Cost）。游客购买邮轮船票后，可以享受船舱住宿、指定餐厅免费用餐、参加指定娱乐活动项目等。

（2）**乘客港务费**（Harbor Dues）。港务费是邮轮进出港口和在港口停泊期间，因使用港口的水域、航道和停泊地点而向港口缴纳的费用，一般按照船舶的吨位收取。乘客乘坐邮轮旅游需要缴纳乘客港务费，出游的地方不一样、停靠的港口多少不一样，所缴纳的港务费也不一样。

（3）**燃油附加费**（Fuel Oil Surcharge）。燃油附加费是邮轮公司向游客收取的反映燃料价格变化的附加费。

（4）**小费**（Tips）。部分邮轮公司需要游客在购买邮轮旅游产品时一次性支付小费。在邮轮上，不管是服务生、客房服务员、公共区域服务员还是酒吧服务员，直接与顾客接触的服务员都有可能得到小费，这在邮轮上已经成为一种惯例。

以上项目一般于邮轮旅游出发前向乘客收取。

议一议

谈谈你对邮轮上收取小费的看法。

2. 邮轮公司报价不包含项目

通常情况下，邮轮公司对邮轮旅游产品的报价并不是游客进行邮轮旅游时所需花费的全部费用。乘客登上邮轮后还会有一些额外的花费，在邮轮公司报价中没有体现出来，需要游客视需要自行承担。

（1）船上部分项目收费。包括游客在邮轮上特色餐厅用餐以及电话、传真、购物、医疗、美容、赌博等私人消费费用。

（2）岸上观光费用。包括邮轮停靠港口时上岸观光游览的花费。

（3）出发、返程陆上交通费用。包括游客从家到邮轮登船港口以及游客下船后返家的汽车、火车或飞机等交通费。

（4）护照、签证费用。游客搭乘邮轮出境旅游时需要办理护照以及相应国家的签证，费用由游客自行承担。

（5）保险费用。游客购买的旅游意外保险费用等。

二、邮轮旅游产品的价格策略

各大邮轮公司通常会采取较为灵活的价格策略。邮轮船票价格的高低与邮轮所选择的航线、邮轮豪华以及舒适程度、邮轮客舱类型的不同以及淡旺季变换等因素有关。

邮轮船票价格的高低通常取决于游客所选客舱的类型以及客舱在邮轮上所处的位置的好坏。一般而言，海景房比内侧客房的价格要高；阳台客舱的价格比无阳台客舱的价格要高；客舱所处的甲板层数越高，价格也就越高。

邮轮客舱价格通常根据一间客舱安排两位游客住宿作为标准。如果有三个人或者四个人同住一间客舱，那么第三、第四人所支付的费用要低于第一、第二人所支付的费用。相反，如果一位邮轮游客入住一间双人间，那么将会多支付一些费用，有的邮轮公司的要求是额外支付 50% 的附加费。儿童乘坐邮轮在作为第三、第四人入住时收取的价格会比较低。

还有一些因素也会影响到邮轮船票价格的高低。因此，为了鼓励提前预订或者促进淡季销售，邮轮公司都会提供特别促销活动。提前预订时往往会享受到邮轮公司的折扣优惠，而当邮轮舱位没有被预订满时，最后的促销价格也会比较便宜。团队预订或者回头客也往往可以获得邮轮公司的优惠。此外，如果预订船票之后需要取消订单，则往往需要向邮轮公司支付一定数量的违约金。表 2-1 为皇家加勒比"海洋水手"号对收取违约金的规定。

表 2-1 皇家加勒比"海洋水手"号对收取违约金的规定

开航前天数	预订船舱收费	取消预订船舱收费
99～70 天	收取定金	收取全额定金
69～30 天	收取全款	收取全额团款的 80%
29 天以内	收取全款	收取全额团款

注：适用于任何情况的取消，包括拒签

邮轮采用无现金交易。游客登船以后，需要办理邮轮卡（Seapass Card）的注册，邮轮上多半使用美元和国际信用卡，游客在船上的消费将会直接划账到注册的信用卡账户或未与信用卡绑定的邮轮卡（一般是可以透支一定金额的）。上岸前一晚，邮轮公司会给乘客一份私人消费账单，游客可以在登船之前进行核对。未绑定信用卡的游客需在航程结束前到事务长室（前台或接待处、问询处）用美元或信用卡结账。

第五节　现代邮轮旅游市场分布

一、现代邮轮旅游市场的特征

国际邮轮协会（Cruise Lines International Association，CLIA）是国际上最权威的国际邮轮组织，其会员涵盖了世界主要的邮轮公司。该协会编写的世界邮轮旅游市场统计及其主要针对北美市场的邮轮消费调查是国际邮轮业界的权威参考资料，对邮轮旅游研究具有重大的指导意义。

1. 总体情况与区域分布

从表 2-2 可以看到，2011 年全球邮轮旅游市场总体规模已经达到 1632 万人次，以美国为代表的北美地区是全球最大的邮轮消费市场，处于绝对领先地位。虽然该地区客源数量占全球邮轮游客总量的比重一直在下降，但年市场占有率均在 60% 以上。

表 2-2 现代邮轮客源数量变化情况

项 目	2000 年	2002 年	2004 年	2006 年	2008 年	2010 年	2011 年	2012 年预测	2013 年预测
游客总量（万人次）	721.4	864.8	1046	1201	1301	1482	1632	1720	1760
北美地区游客占比（%）	91	86	84.4	83.9	77.6	72.8	68.7	68.0	68.0

2. 邮轮游客人口及社会统计特征

当前,邮轮旅游市场的绝大多数游客来自美国和加拿大,因而北美地区的邮轮游客可以很好地代表国际邮轮市场上游客的特点。

(1)**从年龄特征和性别上看**。表 2-3 为从年龄和性别角度对近年来北美地区邮轮游客情况所做的统计,可以看出 2011 年游客的平均年龄为 50 周岁,比 2006 年有所上升,但与 2002 年的 56 周岁相比,仍表现出年轻化的趋势,与 1995 年的平均 65 周岁的年龄相比,年轻化趋势更为明显。但是,与非邮轮游客的平均年龄(47 周岁)相比,邮轮旅游市场的整体年龄层次仍然偏大。从性别上看,男女比例基本持平。

表 2-3 北美游客年龄统计概况

年　　龄	非邮轮游客(%)					邮轮游客(%)				
	2002 年	2004 年	2006 年	2008 年	2011 年	2002 年	2004 年	2006 年	2008 年	2011 年
25 ~ 29	3	7	9	8	8	2	6	6	6	7
30 ~ 39	19	27	25	25	25	12	20	24	21	20
40 ~ 49	21	31	33	28	23	18	23	26	27	24
50 ~ 59	20	22	20	23	24	26	25	22	24	21
60 ~ 74	24	12	12	14	18	28	23	18	19	24
75+	13	1	1	2	1	14	3	4	4	4
平均年龄	54	46	45	46	47	56	50	49	50	50
性别(男)	49	50	49	50	48	50	50	49	50	52

(2)**从收入水平看**。从收入水平来看,2011 年邮轮游客的年均家庭收入为 10.9 万美元,比 2006 年有所提高,更比 2004 年增加了近 5 万美元,而且有 39% 的邮轮游客年均家庭收入在 10 万到 20 万美元之间。这说明,即使在北美经济发达地区,邮轮旅游仍然是一项高档消费,消费群体主要集中在中产以上阶层。

(3)**从受教育程度、工作情况、婚姻状况看**。从受教育程度上来看,2011 年邮轮乘客中有 76% 拥有大学以上教育经历,较 2008 年的 69% 又有了大幅度提升,而且也远大于同期非邮轮游客 67% 的比例。从工作情况看,2011 年邮轮乘客中有 63% 拥有全职工作,比 2006 年的 57%、2008 年的 62% 都有所提高。从婚姻状况看,2011 年的乘客中有 79% 为已婚游客,比 2008 年的 86% 有所下降,这可能与游客队伍年轻化有一定的联系。

邮轮旅游有着特殊的魅力,能够实现大多数人对度假旅游的向往。因此,随着人们收入水平的不断提高,必然有越来越多具有不同生活方式、兴趣爱好的人加入到邮轮旅游的行列中。另外,现代邮轮旅游服务的对象从早期高收入的有闲阶层向普通旅游者转移，邮轮旅游价格下降、行程缩短、趣味增加，也越来越贴近大众消费水平和短期度假人群。

做一做

分析我国邮轮旅游客源市场主要有哪些特征。

二、邮轮游客购买邮轮旅游产品的动机

游客参加邮轮旅游的动机较为复杂，有的仅仅是因为好奇，有的是朋友推荐，根据邮轮业界的分析和研究，人们参加邮轮旅游的原因主要有以下几种：

（1）**邮轮旅游是一种省心省事的度假方式。** 邮轮旅游过程中开、装行李只有一次，用不着到处找旅馆或用餐的地方，进而最大限度地减少了游客需要操心的事务，消除了游客的紧张感，并最大限度地增加了游客的实际假期时间。

（2）**邮轮旅游能使人排解烦恼。** "在那里将是一片不同的天地……"一家邮轮公司的宣传口号这样说。烟雾、污染、心理压力、疲劳、单调、交通、闹钟、铃声不断的电话、屏幕闪烁的电脑、嗒嗒作响的传真机……这一切全都与邮轮旅游无关，取而代之的则是关乎海、水、江、河、湖等一切美景。

（3）**邮轮旅游使人享受周到的服务。** 如今很多的旅游者不再单纯追求观光旅游那种只顾多看一些景点的旅游方式，而是希望在旅游活动中能追求更多的放松、舒适、休闲、娱乐和消遣。邮轮完善的设施、高规格的服务，在邮轮上游客将能享用床边的早餐，慵懒地躺在阳光甲板上，在浴缸里泡热水澡，喝下午茶，或许还有香槟和鱼子酱……享受无处不在的最殷勤的服务。这一切在我们的日常生活中是稀有的，但在邮轮中却是常见的。

（4）**邮轮旅游自由度高。** 大多数邮轮为游客提供种类繁多的活动，而这些活动参加与否是由游客自由挑选的。游客的一天或许从甲板的晨练开始，或在运动馆做瑜伽，在娱乐室上舞蹈课，之后用早餐。餐后，或许是烹调课，或许是港口讲座，或许还可以选择看一部电影。所有这些活动都不会是被迫的，游客还可以一直睡到中午或躺在甲板上打盹，一切由自己做主。邮轮的活动预先安排的程度与邮轮和邮轮公司有关。喜爱参加活动的游客一定能在邮轮上找到一个适合的项目。而喜欢独立的游客可以选择几乎没有什么安排限制的十分放松的项目。

（5）**邮轮旅游可以到达更广阔的地理区域。** 邮轮旅游通常覆盖面很广，沿途也会有很多有趣的地方可以停留。据国际邮轮公司协会（CLIA）一项研究显示，超过80%的

邮轮旅游客人将邮轮旅游看作游览度假胜地，以便将来故地重游的好方法。事实上，一些旅游目的地的最佳游览方式就是乘船，例如：加勒比海、地中海、阿拉斯加、印度尼西亚、挪威海峡、长江三峡等。

（6）**邮轮旅游可以享受多样的运动项目、活动和美食。**邮轮一般提供的活动主要有看电影、听讲座、慢跑、游泳、购物、上岸观光、晒太阳、棋牌、桑拿、美容、室内外用餐等。几乎可以肯定的是，邮轮旅游期间游客绝不会感到厌烦和无聊。

（7）**邮轮旅游是一次增长见识的经历。**探求异地文化也是旅游者出游的动机之一。即使游客的目的仅仅是享受一段美好时光，在航游过程中，他也会学到一些有关游览的港口的新知识，更全面地理解游览线路所到之处的历史文化。甚至有专门的邮轮公司安排修学旅游产品，还有邮轮公司推出"软探险"与教育相结合的旅游产品，为游客提供一种称为"考察"的旅游产品。

（8）**邮轮旅游产品种类繁多。**几乎所有类型的游客——携家带口的、单身一人的、俱乐部成员、年老的、年轻的、已婚的、未婚的、运动爱好者、渴求知识者、观光的、度假的、公司会议的、奖励旅游的，等等，都能感到邮轮旅游令人舒适和满意，而其他类型的旅游很少能如此令人满意。

（9）**邮轮旅游是安全的旅行经历。**在一个犯罪和恐怖活动猖獗的时代，邮轮旅游是可供选择的典型的安全度假方式之一。国际邮轮管理水平高，任何异常的情况会很快地被观察到。登、离邮轮会受到严格的控制，另外，邮轮的构造特征和配备的安全装置使邮轮出现问题的可能性很小。

（10）**邮轮旅游物超所值。**当游客将在邮轮旅游中的旅游体验与参加一次类似的陆路旅游所花的费用相比，就会发现邮轮旅游十分便宜，邮轮旅游的价值显而易见。

（11）**邮轮旅游可广交朋友。**邮轮旅游是一次浪漫的经历，在旅程中容易交到朋友，甚至是一次值得炫耀的经历。

（12）**邮轮旅游购物便利。**邮轮上有便利的购物商店和免税商店。邮轮停靠的多个港口也有各自的购物特点。游客可以尽情挑选自己喜欢的商品，并且不用拖着这些东西从一个地方到另一个地方。

不管游客出于何种动机参加邮轮旅游，准确把握游客的出游动机和心理特点，有助于邮轮公司开发设计出受市场欢迎的产品，有助于提高邮轮服务和管理质量，从而有助于提高游客的旅游体验质量和邮轮的综合经济效益。

想一想

你选择前往邮轮旅游的动机有哪些？除上述动机外，还有哪些动机？

三、邮轮游客购买障碍

虽然邮轮旅游有着其他旅游方式不可超越的优势，但并不是所有的消费者在购买邮轮旅游产品时都不会心存疑虑。尤其是当消费者第一次参加邮轮旅游时，他们对邮轮旅游产品不甚了解，甚至会存有一些误解，不情愿购买。常见的邮轮旅游产品购买障碍有以下几种：

（1）**邮轮旅游费用昂贵**。通过对消费者的民意调查显示，这是购买邮轮旅游产品时的最大障碍。邮轮旅游产品大多是包价产品，旅游过程中的大部分费用全包含在内，那么标价就会很高，而且邮轮旅游产品需要提前 3 ~ 6 个月预订。因此，消费者不习惯远在出发前一次性购买整个旅游产品。所以，CLIA 主张邮轮旅游产品代理商应该为顾客做一个邮轮旅游与传统陆路旅游的价格对比分析，如表 2-4 所示，让顾客了解到邮轮旅游十分实惠。

表 2-4 陆地旅游假期与航游假期消费比较

消费项目		典型的陆地旅游假期与航游假期消费比较（美元）	
		陆上度假胜地包价 7 夜	航游 8 日／7 夜 3 个港口
固定价	基 价	680（97／天）	1475（210／天）
	航 空	400	含
	换 乘	含	含
	餐 费	350	含
	服务费	93	—
	小 费	—	60
	税 费	76	89
可变价	观 光	35	40
	娱 乐	55	含
	饮 料	150	100
总 价		1839	1764
按日计价		263	252

资料来源：http://wenku.baidu.com

（2）**邮轮旅游体验有限**。在邮轮作为交通工具的时代，乘客们在船上做得最多的事情就是在客舱里睡觉，这在消费者心里留下了深刻印象。尽管现在邮轮旅游已经大不一样，船上丰富多彩的娱乐活动会让游客乐此不疲、尽情尽兴，但是绝大多数消费者对此还缺乏亲身体验。因而，对于邮轮旅游的独特方式，尚需扩大宣传和推广力度。

（3）邮轮旅游适合老人。邮轮旅游产品是一种舒适、闲散的旅游产品，传统观念认为邮轮旅游这些特点更适合老年人。但随着邮轮公司产品的不断细化和丰富，越来越多的年轻人加入到这个行列。参加邮轮旅游的游客各个年龄段都有，而且呈现出年轻化趋势。

（4）邮轮旅游规范正式。邮轮旅游在很大程度上是一种随意而轻松的旅行。但是，在某些远洋邮轮上的餐厅吃晚餐时，的确有一定的着装规范，表 2-5 显示的就是某高档邮轮公司的着装规范。正式的礼服在高档豪华的邮轮旅游中更常见。这个特点容易使年轻的旅游者对于登船旅游踌躇不前。

表 2-5 某高档邮轮公司的着装规范（下午 6:00 以后）

正式	男宾着无尾礼服（或深色西装），女宾着晚礼服或其他正式服装；在行程为两周的航游中，通常有 3 ~ 4 个正式晚会
非正式	男宾着西装上衣，打领带；女宾着正式长礼服，考究的裤套装或类似的礼服
随意式	男宾着宽松长裤，毛衣或衬衫外套西装上衣；女宾着女士衬衣，配裙子或长裤，或类似服装
胜地随意式	男宾着宽松长裤和毛衣或衬衫；女宾着裙子或长裤，配毛衣或女士衬衣

想一想

你会选择穿正装参加邮轮上的一些活动吗？为什么？

（5）邮轮旅游少停港口。过去的邮轮在港口停留时间极少超过 12 小时，而游客参加邮轮旅游的目的之一就是要尽力体验沿途港口城市的历史文化、风土人情，这就造成游客在港口上岸参观游览的时间显得匆忙。目前，这个情况已经得到邮轮公司的关注和调整。为了满足那些希望增加港口停泊时间的游客，一些邮轮公司调整发航时间，增加在港口的停泊时间，或建造速度更快的邮轮，从而增加邮轮在港口的停留时间。

（6）邮轮旅游缺乏安全。由于"泰坦尼克"号、歌诗达豪华邮轮搁浅等一系列的海上灾难给世人留下了太多的恐惧和联想，使不少旅游者对于选择邮轮旅游望而却步。随着现代科学技术的发展，目前的邮轮均已配备了更加安全的雷达操作系统和救生设施。船上尽管也发生过火灾，但火灾情况极为罕见且易于控制。

（7）邮轮旅游发生晕船。某些游客对车船移动极易产生不适感。现代远洋邮轮的稳定仪及其他设计可使该问题降到最低限度。邮轮往往在受保护的水域航行，产生颠簸的可能性较小，同时还可以通过服用晕船药丸等方法减轻晕船，这些方法也非常有效。

想一想

邮轮上出现的晕船情况，除了吃药外，还有什么方法可以缓解？

（8）邮轮旅游受到约束。为了使成百上千的游客有效流动，邮轮公司尽力使一切井井有条。但邮轮的组织管理并非死板僵化，而是有着较大的自由度。

（9）邮轮旅游空间狭小。相对于岸上的酒店而言，邮轮客房以及公共空间相对狭小，但设计师在扩大邮轮空间上已经具有相当的能力了。

除此之外，人们购买邮轮旅游产品的障碍可能还有：认为邮轮上会饮食过量而导致肥胖、到达港口的飞行距离过远、被迫与人交往、对邮轮旅游不够了解等。总之，要使邮轮游客满意的关键是为游客设计合适的旅游产品，而邮轮公司在向游客推介邮轮旅游产品时，也应该更好地了解游客的需求，以便为游客选择合适的邮轮以及线路，尽可能减少游客的购买障碍。

四、世界主要航行区域游客量分布情况

依据图 2-5 提供的信息，我们可以看出世界邮轮主要的航行区域有加勒比海、地中海、西北欧、阿拉斯加、亚太地区等，其中加勒比海是世界上最大的邮轮航行区域，其次是地中海和西北欧地区，而亚太地区正在迅速崛起。

图 2-5　2011 年全球航行区域游客量分布

资料来源：http://www.cruising.org/vacation

第六节　邮轮旅游产品的设计

邮轮旅游产品是开展各项邮轮市场活动的基础，邮轮旅游产品质量的提高和结构的优化是邮轮公司取得良好经济效益的关键。邮轮旅游产品航线的设计是按照一定的规则合理地配置邮轮旅游资源的过程，主要关注邮轮旅游航线的设计、邮轮旅游活动的设计以及邮轮旅游产品价格的设计等内容。

一、邮轮航线的设计

在设计航线时首先要考虑的是不同季节水域的适航性与安全性。在进行航线设计时要考虑邮轮在各种不同海洋航行的安全情况以及航行能力。邮轮公司既要充分了解航行水域的水文气象、地形地貌，还要认真做好邮轮安全营运中的每个环节，设计出一条既安全又经济的航行路线。

1. 港口的选择

（1）**港口应具备的条件**。停靠港或者目的地，总是有各种各样的要素，这些要素组合起来就会产生效能。邮轮业是一个依赖于旅游者满意度的产业。在旅游最后阶段，要通过散发、填写、回收调查问卷的方式获取邮轮旅游者的反馈信息。依据游客的信息反馈，港口应当具有趣味性、文化刺激、安全无威胁、友好、可进入性良好以及用户友好等特点。但现实中很难找到一个能具有所有这些特点的理想港口，大多采取了折中的办法。其实，期望和实际感知的差异往往会激发积极的想法。

停靠港从邮轮产业中获得了可观的收入，受欢迎的目的地积极推销自己以吸引邮轮旅游者。一般有以下的吸引因子（表2-6）：

表2-6　吸引因子

独特的经历	城市中心
低潮时水深为平均35英尺（10.75米）	购物
深水避风港	巨型邮轮的能力
具有易于进入目的地的通道	便捷的游客通道
港口本身就是吸引物	舒适、有效和安全
免税	两用船舶码头
适于做母港、停靠港或变位港	入库空间（储存和行李处理）

专业化的服务	全景观念
具有丰富多彩的旅游吸引物的岛屿港口	附近有国际航空港
具有先进设施设备的邮轮码头	一年内的气候条件很好，气候温暖的目的地
观光旅游/岸上观光	文化和历史遗产丰富
令人兴奋的夜生活	水上运动和陆上运动

（2）**港口的分析与评估。**有很多衡量港口潜在价值的分析工具。决策总是复杂的，而且要考虑很多实际因素。对于已经形成的邮轮品牌来说，可以通过积累经验和根据众所周知的可靠因素设计航线，会获利颇丰。对于邮轮来说，访问港口的经历可以创建一个有关目的地的知识库，这有助于确保航程规划的有效性，确保所规划的产品具有较高的质量。对于停靠港来说，访问港口的经历可以使代理商、港口官员、承包商、旅游组织、当地居民与到访邮轮及其游客建立关系。

①补给船的使用。设计航程需要考虑用补给船（tender，把游客摆渡到岸边）等实际的问题。受各种因素的影响，许多游客不太喜欢这种补给船。有些游客认为，这种方式延长了登陆时间而缩短了岸上游玩的时间；有些游客认为，这是一种令人担忧的不受欢迎的运输方式。但从乐观角度说，这种令人兴奋的摆渡方式可以丰富游客的经历。从一个大型邮轮到一个人工补给船，游客有机会从出入港独特的视角体验不同的运输方式。有些停靠港在如何接待到访邮轮方面威望很高，但一些船长称，也存在一些港口当局没有提前通知就增加港口费，征收昂贵的登陆税，除不必要的拖船外，还要强制收费的情况。

②对目的地的分析。出于对邮轮航线的重视，对目的地分析的目的最有可能是战略性的。也就是说，关系到公司的长远目标和持续竞争优势的创造，因而，必然涉及目的地对目标市场的战略评估的恰当性，以及为设计一条实用的航线及其构成要素而进行的基础数据调查。其分析也会影响战术决策，可以为总体战略的制定提供更多中期参考，例如因出现新问题和风险提高而改变航线。

对目的地可以从不同角度进行分析，例如，可以从旅行社、旅游经营商或者邮轮公司等角度评价旅游目的地。在这个意义上，可以把这种分析分为内部分析和外部分析。内部分析反映诸如优势、劣势、核心竞争力（指企业做得最好的独特方面）、有形资源和无形资源（指诸如建筑物或股票、技能和品牌名称等自然实体）以及金融方面。外部分析是对研究区域的外部进行考察，包括机遇和威胁两方面，这也很重要。

对目的地的全面分析还要考虑经济因素，例如，利润回报率的最大化，或者为深度理解目的地而进行的社会学透视（Framke，2002；Melian-Gonzalez and Garcia-Falcon，

2003）。前者更加注重以务实的方式分析企业面临的机遇和挑战；而后者意在挖掘其重要的社会和文化价值，社会和文化价值尽管重要，但从其自身来看，比较难以理解（这些信息对具备专业知识的专业人士更有用）。

想 一 想

设计航线选择港口时要考虑哪些因素？

2. 邮轮航线设计的模式

确定邮轮航线就是确定能够满足游客需求的停靠港：安全或无危险、可进入、有趣、文化上的刺激且每天都有变化、友好以及方便游客使用。从邮轮经营者的角度讲，一条航线旨在实现一系列的实际目标和后勤目标，以确保邮轮旅游者上岸时能获得高质量的旅游体验。

（1）在策划和规划邮轮航线时，尽管很多邮轮公司会打破一般模式，但大部分邮轮公司都适合以下模式：

①航程始于出发港，结束于目的港，这两个港口可能是同一个港口，也可能不是。

②许多邮轮设计的航行时间为 7 天、10 天或 14 天，以便与游客利益保持一致并达到游客对时间的预期。

③一些邮轮经营者把巡游设计为周期性的（即在一段时间内，一直重复使用这条路线）或者交替循环的（即在一段时间内，两个具有共同地点的航线交替使用）。

④不管大小，为符合标准巡游类型，很多大型邮轮的设计只要求有足够的储备。

⑤很多航程都安排在早上到达港口，中午至下午离开港口。

⑥航程要利用各个港口，在那里，船舶要补给燃料（称为燃料库），接收供给、储备（包括食物、饮料、饮用水），卸载垃圾（从垃圾压缩机和垃圾桶中），获得专业的（技术的）支持性服务。

⑦大多数航程最大化在港口的停留天数，最小化在海上的天数。

⑧邮轮公司在选择停靠港时会认真考虑停靠费，以确保成本效益比是可接受的。

⑨选择目的港和出发港时，会考虑接下来的旅行、安全性、码头设施和流程等基础设施。

（2）一些邮轮公司在设计航程时会利用自身特色。能够区分不同公司的因素如下：

①航线计划中包括环球游（即绕地球一周）、特色游（即每次巡游都是不同的航线）、短期休假游或"品味"游、无目的地巡游（即把整个船视为旅游目的地）、空海

游（吸引顾客坐飞机到出发港）、区域旅游（环球游的一部分或较长距离的旅游）。

②选择一些独特的港口、不经常到达的港口和出入港问题更复杂的港口。

③能为游客巡游和旅游度假提供联系和出租契约的港口。

想一想

面对邮轮业激烈的竞争，各个邮轮公司如何在设计航线时获得竞争优势？

3. 邮轮航线的策划

经营者要考虑重要航线的策划问题。其中，最复杂的是边境和护照检查、移民及证明等，乘客和员工的健康也是需要考虑的重要问题。在有些国家，旅游者很容易感染由细菌、蚊子或其他昆虫传染的疾病、由恶劣的卫生条件下污染的食物引起的疾病以及当地供水污染等造成的疾病。在一些情况下，事前准备是很起作用的，例如，免疫可以帮助旅行者免受某些疾病的侵扰，但需要跟乘客和员工说明疾病的危险性，这样他们才会采取适当行动。邮轮公司务必提前警告游客潜在的风险，并建议他们在需要更多信息时联系他们的医生或寻求合理的建议。一般来说，在岸上喝水是不安全的，应该建议游客购买瓶装水，而且不要加冰块，食物在食用之前一定要清洗。

除此之外，由于水位浅、到达港口的总体条件出现问题或潮汐变化等原因使船舶不能安全靠岸时，要声明该港口是一个"停靠小船的港口"。在这种情况下，当邮轮在远岸处安全抛锚时，将通过汽艇或快艇将游客输送上岸。由于到岸和离岸的航行时间以及满足乘客立即上岸的要求方面产生了问题，这种小船港口减少了游客在岸上的停留时间。在小船港口，邮轮工作人员在岸上设立和安排一个控制点，从而管理上岸和返回邮轮的流程。

那些定期或经常返回港口的船舶可以从熟悉的港口官员、代理商和承包商等关键人员处获得很多信息。有关移民的长期经验有助于事务部顺利应对抵达、登岸、乘客过境（离开邮轮前往另一个国家旅行）、再次登船和离港的整个过程。邮轮公司聘用港口代理商充当其岸上调解员，代表邮轮公司处理一系列问题，包括官方和移民的要求、供给下一站旅行、岸上观光、技术支持以及专业服务等。

向游客提供当地条件及上岸预期方面的建议时，熟悉港口也是非常重要的，总之，熟悉港口有助于邮轮员工确保乘客获得一个快乐安全的旅行体验。在一些港口，到达港与城镇中心或主要景点之间有相当长的一段距离，邮轮公司可能需要联系班车，及时、安全地把乘客运送到预定地点。到达预定地点后，乘客可以自行选择步行或寻找私人交通方式。通常情况下，岸上观光巴士会停靠在邮轮旁边或乘客到达点附近。

如前所述，巡游策划要确保航线能够满足目标市场的需求，同时还要受许多内、外部因素的影响。

（1）**规划要素**。正如 Mountinho（2000）所述，旅游策划具有"整体性"，也就是说，需要采取多维的和系统的方法使策划方案能够长期实施。经营国际邮轮公司不允许推卸任何社会责任，在这个即时沟通的时代，任何一家企业采取不符合伦理的经营方式，最终都会适得其反。

在这一方面，全球的情况很复杂，因为邮轮经营者需要理解其访问国家的政治、环境、社会、技术、法律和经济等方面的观点，每个国家都很可能有影响包括邮轮公司在内的入境旅游经营者的旅游政策（Goeldner and Brent Ritchie，2003）。专家认为，旅游政策应该产生于体现经济价值和社会福利平衡观点的旅游规则。

就旅游基础设施（开发必要的服务设施、建设高效的运输系统、建立通信网络和建设商业设施）建设的效果而言，好的旅游规划能给当地人带来长期效益；酒店、餐厅、租车和景点等与游客需求密切相关的旅游上层设施（Goeldner and Brent Ritchie，2003）也能够给当地人带来利益。

与政策制定相关的整体规划，确保目的地管理，战略性地考虑旅游收益最大化，同时减少从中出现的不足。Laws（1997）证实，旅游"包装"导致四个主要结果：为满足需求，度假地作为一种标准模式的同质复制而出现；发展造成环境和生态压力；目的地选择性地以一种过于简化的形式出现，并改变当地人的行为方式；随着就业机会和商业机会的增加，对基础设施的需求更为严峻。

邮轮公司是在这种背景下经营的。从大型邮轮上输出 2000 ~ 3000 名乘客，对旅游目的地所产生的潜在影响是很大的。为实现对目的地有效、可持续的管理，旅游规划者必须要考虑这些因素。同样，每一个邮轮经营者应该了解旅游目的地，遵守规章制度和当地法律，确保游客旅游体验质量的最优化。

（2）**规章制度**。旅游政策在很多方面会影响邮轮经营者。首先要考虑的是复杂的规章制度。规章制度可能与很多因素有关，包括：人员、物品及资本的流动，卫生安全法，环境保护，消费者权益保护，航运，关键设施的所有权，安全等。

就人员、物品及资本流动等方面而言（Shaw and Williams，2004），邮轮公司可能会面临边境管制的问题。当游客到达目的地或从目的地离开时，会产生一些问题，涉及护照和签证管制、海关、货币兑换、邮轮游客通行许可等。

到达国外港口的邮轮需要进行抵达报关，之后乘客才能登陆。因为所实行的规定以及邮轮的注册国不同，这一常规手续也有所不同。报关可能是港口当局收到一份有关乘客、员工和货物的声明以及与邮轮行程相关的信息。货物和乘客在港口上下船也被列为该程序的一部分。在一些国家，港口卫生官员检查船舶的环境卫生和个人卫生，然后发表声明确认邮轮上不存在卫生问题或船上没有安全危险（ICCL，2004b）。

由 SARS、诺劳病毒、恐怖主义威胁等造成的健康问题，改变了国际上港口当局管理邮轮和乘客旅游的方式。安全等级的提高，强化了高度戒备状态。美国港口的邮轮安全机制包括以下安全措施［参考国际邮轮委员会（ICCL），2004b］：

①所有旅客的行李、随身物品都要经过 100% 的检查。

②严格检查乘客名单和乘客身份。

③限制进入任何敏感的船舶或码头区域。

④采取严格措施阻止未经授权的进入和非法活动。

⑤进入美国港口前，提前 96 个小时通知美国海岸警卫队，乘客和员工的身份认证信息要提交给联邦机构。

⑥海岸警卫队在邮轮周围设立安全区。

1985 年，欧洲的 5 个成员国签订"申根协定"，以促进成员国之间或协约国人民的自由通行（Eurovisa，2001）。该协定对邮轮的影响要视乘客的国籍而定，因为从理论上讲，来自申根协定成员国的乘客是不需要进行边境检查的。由于申根协定成员国和非申根协定成员国的签证要求不同，就会引起很多麻烦，比如，非欧盟船员必须在短时间内被遣返。

小资料 🔍搜索

申 根 协 定

由 Eurovisa（2001）得知，"申根"源于卢森堡的一个小镇。1985 年 6 月，5 个欧洲国家签订协定以撤销内部的检查站和边境检查。随着时间的推移，更多的国家加入了这个协定，截至 2011 年，申根成员国增加到 26 个：法国、德国、荷兰、比利时、卢森堡、西班牙、葡萄牙、意大利、希腊、奥地利、瑞典、芬兰、丹麦、挪威、冰岛、爱沙尼亚、匈牙利、立陶宛、拉脱维亚、马耳他、波兰、斯洛文尼亚、斯洛伐克、捷克、瑞士、列支敦士登。除挪威、冰岛和瑞士之外，申根区国家均为欧盟国家。

如前所述，根据港口卫生法规，港口卫生官员可以对邮轮进行检查，他们将检查邮轮的任何一部分，以确保邮轮运营是安全、卫生的。船上的厨房常是检查的重点，因为这里关系到提供消费的食物的存储和准备。大部分大型船舶都雇用一名环境安全员，负责确保船舶符合规定并达到最低标准。

（3）**营销和需求。** 邮轮旅游是最安全的旅行方式之一。根据 Goeldner and Brent

Ritchie（2003）的观点，这就等于抓住了个人的心理或动机的核心："一个人拥有两种强烈的驱动力——安全和探索——他/她需要减少这种冲突。"尽管承认这种冲突，但突出了行业安全记录，并把船舶看成一个"类似于有 24 小时保安守卫的安全建筑"（ICCL，2004b），他们旨在展示规章制度实际上是如何增强游客潜在的度假享受程度的。

越来越多的邮轮公司采用一种称为"心理特征"的方式进行市场细分（Goeldner and Brent Ritchie，2003）。市场细分就是把特定人群划分为具体特定特征的群体，从而达到营销活动潜力的最大化。从传统意义上来讲，市场细分所需要考虑的因素包括地理因素（个人生活的地方）、人口学特征（年龄、性别、家庭状况）、社会经济因素（职业、社会地位、收入）、心理特征因素（价值观、动机、个性）。因此，邮轮度假可以作为一种"生活方式"的机会而被售卖。从规划的角度也可以得知，目的地和船上的产品和服务是否满足了游客的心理需求和旅游偏好。

（4）**后勤**。后勤规划有很多形式。这种类型的规划重点在于供给和服务（燃料、食物或消费品）、设计时间表（连同燃料消耗）或容量管理（接待大量游客时实现效率最大化）。邮轮能够以每小时 25 节的速度航行，在这个速度下行驶，船舶燃料消耗较大，尽管可以行驶更远的距离。邮轮航线规划的目的在于使邮轮舒适地航行于港口之间，并确保燃油消耗量符合一定的节约优化比率；到港时间和离港时间要符合每一个日程安排表；平衡目的地的组合以满足消费者需求；符合相关法规。

邮轮公司常在为期 7 天的行程中停靠 4 ~ 5 个港口，为期 14 天的行程停靠 8 ~ 10 个港口（Laws，1997）。渐渐地，随着行业的扩张，需要确定一些离岸港以确保进入新市场（Goeldner and Brent Ritchie，2003）。

想 一 想

邮轮航线策划需要考虑哪些因素？

二、邮轮旅游活动的设计

乘坐邮轮往返于航线的各个目的地之间，沿途欣赏风光、上岸参观游览、船上品尝美食、参与甲板活动等，都是邮轮旅游产品开发和设计的内容。

1. 船上活动设计

客舱住宿是邮轮旅游产品中标准化程度最高的要素。邮轮客舱住宿的设计应该根据游客的需求和支付能力来安排，既有价位相对便宜、能满足安全和卫生基本前提的适合于大众消费的客舱，也有适合于消费能力强、满足游客个性化需求的豪华套房。

餐饮是邮轮旅游产品的基本组成要素之一。邮轮餐饮产品的设计首先应考虑到游客的需求特征，如饮食习俗、口味习惯、生理和心理需求、饮食禁忌等，再结合航行区域的地域特征，在餐饮产品设计中融入美食文化，并与邮轮活动主题文化有机结合，提升邮轮旅游产品的吸引力。

邮轮娱乐活动的设计是邮轮旅游产品总体设计中的重要环节。在娱乐活动设计时，注意应考虑邮轮的市场定位、游客类型与他们特定的娱乐消费需求，注意娱乐活动的多样性、参与性、体验性等，使娱乐活动真正成为邮轮旅游的亮点。

邮轮旅游购物活动是邮轮旅游活动中的一项重要内容。邮轮上的购物除了设计购买日常用品以外，更多地应体现出购物的特色。在设计购物项目时，应充分考虑到商品的多样性的特色，使邮轮的购物场所成为一条微型商业街。

2. 岸上活动设计

邮轮公司因多种原因提供岸上观光或旅游。很明显，这些活动能给邮轮公司带来收入，但一些旅游供给也成了邮轮度假的组合套餐。对于很多游客来说，这种旅游持续提供了一种安全且无质量问题的度假模式。这种旅游是不同文化背景下的相对安全、便于组织和管理的旅游活动，或者说，这是体验一项活动的机会。由于有陪同或指导，这种旅游体验很受散客的欢迎。岸上观光完全是任选项目，因此，邮轮公司要尽可能设计出能够满足游客需求的岸上观光活动，以求为公司带来更好的收益。根据其活动内容、规模与形式的不同，大致可以有以下几种类型：

（1）**观光类活动**。游客可以在码头乘坐大巴到达岸上各风景名胜点，游览当地自然景观、历史文化遗迹等；可以乘坐水上交通工具去海岛观光；可以乘坐水上飞机从空中游览；也可以步行游览城市市容以及历史保护区等。

（2）**购物类活动**。可以游览港口城市的商业街、逛夜店或者品尝异地风味佳肴。欧洲的很多港口城市常常是游客的购物天堂。

（3）**体育类活动**。游客可以享受一场热带海滨高尔夫球的身心愉悦；也可以体验骑越野自行车、四轮驱动车的乐趣，还可以将有兴趣的游客组成两支队伍进行沙滩足球比赛。

（4）**亲水类活动**。参加潜水游，欣赏充满奇趣的美丽海底世界。

（5）**文化类活动**。走访博物馆或者欣赏乐队的精彩演出。

（6）**探险类活动**。体验旷野与野生历险，感受神秘丛林以及星空帐篷的鲜活之旅。体验南极与北极的白色世界。为了让岸上观光活动别出心裁，一些邮轮公司还专门购买私人岛屿供游客嬉戏游玩。

3. 主题活动设计

在邮轮旅游市场上，一些邮轮公司还创新性地推出一些主题邮轮旅游产品，如意大利地中海邮轮"MSC 辉煌"号的"海上红黑之旅"，有些邮轮公司推出"环游世界八十天"之旅。通过确定邮轮主题，发起宣传攻势，引起公众注意，从而创造新的邮轮客源。

此外，邮轮会议产品也是近年来邮轮产品创新的趋势。邮轮会议旅游产品是指人们利用邮轮举行各种会议而购买邮轮旅游产品和服务的综合消费。这一产品形式主要针对一些公司企业，是一种比较新型的邮轮旅游产品。一个海上会议或者奖励假期融合了最佳的商机与在海上逍遥的乐趣，这些都是在陆地上找不到的，无论是安排小型会议或者是大型集会，邮轮都是最佳的选择之一。

想一想

邮轮活动的设计主要包括哪几个方面的内容？

三、邮轮旅游产品价格设计

邮轮公司在进行产品设计的时候，很多时候会通过价格调节来将产品打包出售以方便游客购买，常见的包价产品有前端包价产品、后端包价产品、全包价产品等类型。

（1）**前端包价产品（Pre-package）**。前端包价邮轮旅游产品包含游客从家到登船港口的交通费用以及旅游费用。有的邮轮公司推出婚礼包价旅游，新人们出发之前在邮轮上举行婚礼，之后随着邮轮的起航开始蜜月之旅。

（2）**后端包价产品（Postcruise Package）**。后端包价邮轮旅游产品是邮轮公司推出的与前端包价产品相对应的包价旅游产品，包括在邮轮抵达最终港口后游客所需要的旅游及返程交通费用。

（3）**全包价产品（Full Package）**。全包价邮轮旅游产品涵盖了游客参加邮轮旅游全过程的所有收费项目，既包括登船之前、离船之后的交通费用，也包括游客参加船上娱乐活动以及岸上观光活动的费用。全包价邮轮旅游产品也被称为"一价全包式"邮轮旅游产品，在一些奢华的小型邮轮上比较常见。

想一想

邮轮旅游产品的价格有几种类型？

📖 本章小结

　　邮轮旅游产品是邮轮公司持续发展的重要支撑，必须时刻了解邮轮旅游市场状况，以求设计出满足游客需求的旅游产品。因此，必须要对邮轮旅游产品的相关内容有一定的认识，掌握在设计邮轮旅游产品时要考虑的问题，并熟悉客人在选择产品时会考虑的因素，进而设计出更有竞争力的旅游航线。

❓ 思考与练习

1. 简单回答下面问题。
　（1）邮轮旅游产品的构成。
　（2）邮轮旅游过程包括哪些步骤？
　（3）邮轮旅游产品的价格构成。
2. 分析现代邮轮旅游市场的特征。
3. 设计一条以中国港口为母港的亚太邮轮旅游航线。

第三章

现代邮轮服务管理

　　在确保回头客和赢得新的商机方面，邮轮公司的成功与其声誉直接相关。过去和现在的顾客及其对服务和产品的质量的感知直接反映声誉。服务水平的高低最终取决于顾客的评判。因此，重视满足甚至超越顾客对产品和服务质量预期的邮轮公司在保持现有顾客和吸引潜在顾客方面具有较强的优势。公司投入时间和金钱的目的是为了优化顾客服务计划，从而使员工和顾客都认识到做好顾客服务的重要性。但是，在提升顾客服务主动性和传递有效顾客服务之间会产生分歧，而且提供持续的、高质量水平的服务确实不是一件容易的事情。员工闹情绪、行程改变等意外事件的发生以及产品问题导致服务输送中断等，都属于对服务质量产生潜在威胁的因素。

教学目标　　　　　　　　　　　　　　　　　　　　　　»

1 引导学生认识邮轮服务的重要性。

2 使学生了解影响邮轮服务质量的因素。

3 掌握如何提供优质服务的手段。

4 帮助学生掌握处理顾客投诉的方法。

5 熟悉邮轮提供的主要服务内容。

第一节 邮轮服务质量的影响因素

一、信息

在载有大量乘客的邮轮上，信息必须准确、有效、及时。大多数邮轮都有一个为乘客提供信息服务的中心——事务长办公室或接待处。在上船后的初期，乘客有一个熟悉邮轮环境的适应期。为达到这一目标，需要提供信息服务——将信息寄到乘客的家庭住址，在客房内放置信息包裹，如在邮轮上各关键位置放置邮轮"新闻"等印刷版的信息资料。毫无疑问，有些乘客会前往接待处问询，有些乘客则是电话联系，还有些则不管遇到谁，会停下来直接询问。

从顾客服务角度来讲，通过预测顾客需求可以获得很多信息。尽管预测邮轮乘客的需求很重要，但有证据表明，第一印象和最后印象对形成服务感知印象及服务体验感知印象是很重要的（Office of Quality Management，2005）。乘客需求预测有助于建立一套既定常规，从而使接待处的人员配备、对提供登船询问服务的人员的培训以及印刷材料的生产量达到最佳效果。在乘客服务中，如果信息处理不当就会产生一些负面影响，例如在接待处等信息咨询处会出现游客不满、拥挤和排队等现象，也会导致超负荷的电话咨询，从而产生无应答或应答迟缓、不称职、缺乏关怀和不专业等不良影响。

二、小费

不管是服务生、客房服务员、公共区域服务员还是酒吧服务员，直接与顾客接触的服务员都有可能得到小费。纵观历史，小费制已是一种惯例，但有时也会使顾客和服务员的关系变得很尴尬。在欧洲的酒店和餐厅，实行"Tronc"（小费）制。这种做法为小费的分配提供了一个范式，并被所有接待行业所效仿。这个制度以职别点数来分配小费，职别点数取决于服务人员的职别。职别点数高的人，如主管或餐厅经理等，分到的小费也较多。

不同邮轮公司的小费制度也各不相同。部分原因是乘客的文化差异，但也有其他原因，如公司或品牌对小费制的立场和态度。一个公司可能称邮轮是无小费区，如"海洋村"号，而另一家公司，如公主邮轮，每日向每位游客收取 10 美元服务费，同时，会自动向顾客加收酒吧账单的 15% 作为服务费，后者可归属于小费偏好类型。服务费是可选的，如果乘客认为不合适，就可以拒绝付服务费。邮轮给潜在的顾客提供了一份小费收取指南，目的是鼓励乘客按惯例给特定员工一定数量的小费。

关于小费制，不同的利益相关者有不同的看法，在服务管理过程中要全面考虑他们的看法。

（1）利益相关者之一——**乘客**。不同乘客对小费的反应各不相同。如果一位顾客习惯了付小费，那么这个习惯差不多会变成第二天性。如果一位顾客习惯于把付小费作为一种一般的退出策略，那么就可以认为是对额外的特殊服务支付奖金。或许有些时候，给小费是因为服务者在某种程度上报酬很低，付小费就可以纠正这种偏差。有些乘客把付小费当作一种进入策略，这就向服务者传达一个信息，会有更多的小费等着拿。一些客人找准一位重要人员，如领班，作为进入策略的重点。乘客通常会很乐意每天支付一定数额的费用作为服务费用，在酒吧账单上，也会支付一定比例的费用。但不可避免地，一些人会谢绝支付服务费，因为他们认为，这对他们不公平，或者这不是他们想做的。

（2）利益相关者之二——**服务者**。钱就是钱，而且在服务性工作中，小费是一笔不少的收入，因而会使工作收入很可观。有时候，收到小费是一种真实的奖励，感谢你使得（游客的）假期变得很有意义；有时候，一些乘客将小费装在信封里，以掩盖只有很少一点钱的事实。给小费会出现不公平的情况，有时候要看顾客是谁，如果运气好会遇到"慷慨女士"，运气不好可能会遇到"吝啬先生"。乘客似乎并没有理解小费对服务者来说真正意味着什么。一些人感觉不自在甚至窘迫，好像这是不好的行为，但这不会让服务者觉得难堪——这一点太重要了。采用固定日薪的管理制度是好的，尤其是对监管人员来说，但也有额外的收益。除了征收的小费之外，顾客仍然可能会给为自己提供良好服务的服务员小费。

（3）利益相关者之三——**雇主**。给小费是邮轮体验的一个基本组成部分。可以这样来理解，雇主支付最低的费用水平，但实际收入是雇员可以接受的。如果收入不能接受，员工将不会再续他们的合约。这就意味着，如果管理不善，小费是产生分歧和不和谐的一个原因。员工会注意同事所收到的小费，有时候，如果服务者没有收到期望的小费，他们就会不高兴。虽然一个有效的小费管理系统会克服这个问题，如利用比例指标和固定工资来分配小费，但一些乘客仍会给小费，这也是显而易见的，这就意味着，不公平的问题只会缩小但不能消除。

从另外一个角度来看，为解决乘客和员工对小费的负面反应的潜在问题，不付小费是一个有用的方法。要申明，不要指望小费，事实上，也不会拒绝小费。还要传递这样的信息，在某种程度上，小费是不公平的，一些顾客对小费感到很不舒服，他们会把精力置于这些不重要的事情上。而且，经营者似乎在建议他们的员工不要要求给小费（大概他们通过工资就能获得奖励），员工也很满意这种情况，好的服务是不用单独掏钱来购买的，它已经包含在产品组合里了。

想一想

对于小费，不同国家有怎样的文化差异，举例说明。

三、员工的生活与工作环境

员工提供的顾客服务会受到与船上生活相关的个人因素的影响。邮轮采用固定期限的雇佣合约形式，在有些情况下，合约为期6个月、8个月或者10个月，员工每天按合约持续有效地工作。一些邮轮公司因为与其竞争对手相比采取了更"开明的"雇佣政策而著称。那些声誉较好的邮轮公司能确保有一个公平和公开的方法来安排离岸时间，包括因生病或不可避免的原因而离开工作区域以及为船上所有人保持良好的社会环境。

不管什么原因引起的服务员闹情绪，都会使顾客服务处于危险状态，此时就有必要中断服务。邮轮上社区的本质就是，它是一个开心的和近乎受庇护的环境。在这里，人们都是朋友和同事，在一起工作，相互支持。如果在安排上出现什么问题，大家都会觉得不舒服；况且，无论是在社交时间还是在工作时间，员工不开心都不符合公司的利益。如果员工之间发生打架斗殴等较严重的事件，将有可能会直接被公司开除，遣送回家。曾经在某邮轮上，两位员工因一份食物大动拳脚，公司直接就将两位员工开除并遣送回家。这样严格的管理制度就是为了保证员工有一个良好的生活和工作环境。

很多邮轮公司都会由全体员工选举或委派一名社交俱乐部负责人，与获得薪水的雇员一起工作，来指导安排各种事件和活动。尽管签订长期合约明显是单调无味的，但每个员工的实际情况不一样。旅行及员工所参观的地方的吸引力，以及食物套餐、廉价饮料、娱乐、活跃的社交生活、可通过电话和互联网来保持联系，这些都意味着，与在家中相比，邮轮上的生活更具有吸引力。很多员工都表明这样一种观点：在家待1个月后，他们就盼着回到邮轮上去工作。

想一想

如果你是邮轮上的员工，和同事发生不愉快的事情时，你会如何处理？

第二节　提供优质的顾客服务

一、顾客服务的内涵

顾客服务是邮轮体验的一个必要的组成部分。餐厅里热情且个性化的服务、客房服务员表现出的关心和共鸣、助理事务长用友好的态度成功化解潜在的问题等，都是重要且令人难忘的。完美优质的顾客服务的效果是产生忠实的顾客。然而，也会出现相反的情况，不好的顾客服务会赶走顾客。实质上，顾客服务是一种直接与顾客打交道的公关（PR）形式（Kudrle&Sandler，1995）。顾客服务需要高水准的沟通以及认识顾客需求的能力。

企业要赢得他们应该得到的顾客，失去顾客的企业应该从自身内部查找原因。所有员工都应该实践顾客服务，尤其是一线员工应该接受培训以展现和实施能产生差异的关键技能。邮轮公司以高品质的顾客服务为基础建立自己的品牌，从而支撑邮轮产品的有形要素。顾客服务本身也是建立在某些关键要素基础之上的，如沟通的能力、产品和服务的知识以及交往技能等；最简单的单个要素，看似在顾客服务过程中发挥着不相称的作用，如每个员工在恰当的时候保持微笑的能力，这是普遍的人类行为，但它传递着积极的信息，也表明愿意以友好的方式进行接触。

顾客服务具有主观性，且顾客以个人的独特方式来理解顾客服务。就其本质而言，顾客服务是高度个性化的，而且会出现错误或问题。一位有经验的一线工作人员会适应他或她知道的每一项个性化的顾客服务事项，以产生符合顾客和公司利益的最好结果。

二、处理顾客投诉的主要阶段

通常情况下，公司很难记住与前台员工没有言语冲突的不满意的顾客。带有消极情绪的、不易相处的顾客通常不会为实现最好的产出创造最好的条件，而且不易相处的顾客也是比较常见的。如果不能妥善处理消极顾客的问题，消极因素就会扩散。妥善处理好投诉，会使不满意的顾客变得满意，产生积极的公关效应，促进销售增长。

（1）树立正确的态度。好的一线员工知道什么时候说话，什么时候倾听。倾听技巧包括：注意力集中和良好的眼神交流（注意），谨慎使用点头和手势以及采用偶尔探问或解释（紧跟），并归纳或确认理解了（反应）（Clark，1995）。此外，处理任何冲突前，采用正确的态度并保持心胸宽广是很重要的。之所以重要，是因为最好要让客户能够毫无顾虑地表达自己，而且能够倾听和包容潜在的令人烦恼的情况。这样做可以双重保护顾客和公司的形象和声誉。

（2）**让顾客说话**。最好总是设想顾客是值得信任的，不要从其他顾客的经历中去查找瑕疵或漏洞。投诉是一种解决问题的争论，而不是一场战斗，记住这一点很重要。顾客总会坚信自己是正确的，而且有时候这个立场可能看似不可动摇。通过交谈，顾客可以将问题传达给应该接收信息的人。所以，员工收集信息的能力很重要，它能帮助顾客冷静下来。这可以缓和情绪并为下一步协商创造一个平台。

（3）**情感共鸣**。如果员工能够表达出对顾客感受的理解，他/她在面对抱怨时就没必要感到内疚。通过使用表示关切的语言和语调，员工稳定情绪并主动表达与顾客一起处理问题的愿望。在这一阶段，工作人员应该查明不清晰的事实，并系统地理解顾客所说的情况。

（4）**解决问题**。在解决问题时，不要说"不"。正确的做法是弄清顾客所需。向顾客说明选择方案，并调查和探究解决方案，以确保最终方案是双方可接受的。要根据公司的政策提供可供选择的处理问题的方案。要对有理的投诉做出表态，要承认问题的存在并予以一定形式的补偿。补偿的回旋余地取决于政策，例如，可能是领班给顾客免费赠送一瓶酒以表示对严重的服务迟缓的歉意，也可能是高级助理事务长向顾客提供100美元的信用，作为对顾客个人财产的损坏的补偿。

绝大多数公司不允许在船上退款。他们希望将顾客的资料送到岸上的相关部门，并根据这些资料适当考虑赔偿。

（5）**继续跟踪**。投诉似乎会伤害员工，但要记住，投诉可能对顾客产生同等的、甚至更大的伤害。此外投诉因是有可能出现更大问题的征兆而引起公司重视，因而公司应欢迎所有的投诉，一线员工应怀着感激之心来面对顾客。要对所采取的任何行动进行跟踪。即使没有跟踪联系的要求，这仍不失为保持与顾客联系的好的做法；通过跟踪，告知顾客员工所做的一切，并且一切正常。

（6）**行动和解决方案**。记录问题和创建描述问题是如何解决的事件日志。在更宽泛的范围内公开问题的细节很重要，这样，相关同事就会了解并更加密切地监督相关情况。很多问题的起因在于缺乏沟通，因此，绝大多数建议是更好地练习沟通。最好是进行预防，而不是出现问题后再去弥补。

（7）**重要的例外**。如果顾客的行为举止不合理，出现言语或行为上的辱骂和威胁，就要按规定采取措施。幸运的是，这类事情很少发生。如果出现这种情况，要找高级领导或立即求助，应该不会发生让员工感到他/她受到侮辱，员工在提供邮轮服务工作时，应该感到安全和安心。

与顾客交谈时，工作人员要注意不要使用一些煽动性言语，根据情况的不同，煽动性言语包括：

①你肯定是弄错了。

②我帮不了你。

③我不知道。

④冷静。

⑤别喊。

⑥那种情况之前从来没发生过。

⑦不是我。

⑧对不起，那不是我的问题。

如果提供顾客服务的员工看起来很厌烦，或在受理投诉过程中被其他同事分心，或者用高人一等的声调说话，这些情形也具有煽动性。工作人员应该致力于给出现实的承诺，并及时识别更坏的情形。服务改进会使顾客印象深刻，加深顾客印象是永恒不变的目标，少承诺和超额兑现是一种好的做法。

想一想

在处理顾客投诉时，应该注意哪些问题？

第三节　邮轮服务的主要内容

表3-1列出了能满足美国市场需求的、一艘典型的大级别邮轮上的典型服务，这些服务是邮轮游客可能体验的服务。随着邮轮业的继续发展和目标市场的细分，相应地将不断创新产品和服务，因此，这个列表并不详尽。本节将其大致分成3类进行简单介绍。

表3-1　船上服务

上　船	医疗服务	美容和健身
欢迎仪式	口岸讲解员和信息服务	娱乐活动
情况介绍和引导	住宿服务	赌　场
安全和救生船演习	管家服务	夜总会和迪斯科
餐饮服务	娱乐服务	岸上观光
商店和精品店	运动和消遣服务	上岸服务

一、客舱服务

邮轮客舱是游客基本的住宿空间。细致、优质的客舱服务是游客获得美好邮轮旅程的关键，在很大程度上体现了邮轮的服务水平和质量。

邮轮客舱服务是对已经预订邮轮客舱的旅游者，在其到达邮轮后为其提供的干净整洁的客舱以及相应的热情周到的服务，使其完满地实现出游目的。

邮轮客舱服务是邮轮游客体验的必要组成部分，邮轮公司以高品质的客舱服务建立自己的品牌，并且不断进行创新和探索，从而支撑邮轮产品的有形要素，赢得更加忠诚的顾客。

1. 客舱服务的主要任务

（1）**保持客舱的干净整洁**。客舱是游客休息的地方，也是游客在邮轮上停留时间较长的场所，因此，必须经常保持干净整洁的状态，这就要求客舱服务员每天检查、清扫和整理房间，为游客创造良好的船上住宿环境。此外，由于客舱服务员具有清洁卫生的专业知识和技能，所以，除了保持客舱清洁以外，通常还要负责邮轮上部分公共场所的清洁卫生工作。

（2）**提供热情周到的服务**。为了使游客享有愉快的邮轮假期，客舱服务员要为游客提供热情周到而有礼貌的服务。除了保持客舱的干净整洁外，还要为游客提供问询、24小时客房送餐、叫醒、物品租赁、贵重物品保管、行李等服务，以确保游客在邮轮度假时有温馨如家的感觉。

（3）**确保设备运行良好**。为了提高游客在客舱入住期间的舒适度，现代邮轮通常在客舱配备了很多现代化的客舱设施与设备。客舱服务员要做好邮轮客舱设施设备的日常保养工作，一旦设施设备出现故障，应立即通知相应部门维修，尽快恢复其使用价值，以确保邮轮游客的权益。

（4）**保障游客安全**。安全需要是游客最基本的需要。邮轮客舱服务的重要任务之一就是做好客舱的消防、安全、防盗等工作，并与邮轮上的安保部门紧密协作，确保游客的人身及财产安全。邮轮客舱服务员要有强烈的安全意识，为游客介绍邮轮基本安全常识，做好各项日常安全检查，消除各类安全隐患。

（5）**负责布草洗涤保管**。邮轮上一般设有洗衣房，承担着对床单等布草以及客衣、员工制服的洗涤任务。洗衣房不仅要做好对布草等各类棉织品的管理，降低客舱经营成本与费用，还必须按质保量完成各项洗涤任务，保证满足游客的洗衣需求以及邮轮经营活动的顺利进行。

2. 客舱对客服务项目及服务规范

（1）**客舱清扫（Cabin Cleaning）**。相关调查表明，游客选择邮轮需要考虑多种要素，尽管不同类型、不同层次的游客对客舱的期望不尽相同，但对客舱清洁卫生的要求却是相同的。邮轮接待游客，要时常保持客舱整洁、舒适典雅、用品齐全。邮轮上的每间客舱都配有客舱服务员和助理客舱服务员，来负责日常的维护和清扫工作，以保证客舱达到规定的卫生标准。邮轮客舱清扫的项目主要包括撤换布草、整理床铺、清洁除尘以及补充日耗品等。

①撤换布草。定时或根据游客需要及时撤换游客使用过的布草，比如床单、枕套、浴巾和毛巾等。

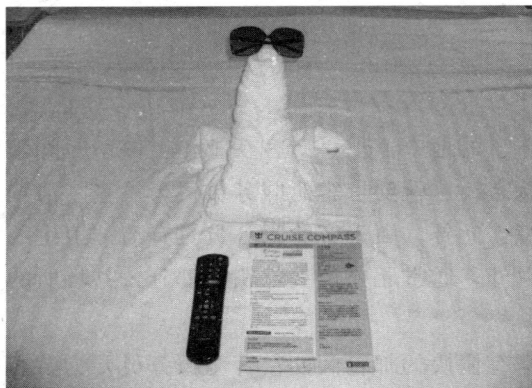

图 3-1　"加勒比水手"号邮轮上的客房员工为客人准备的客房宠物

②整理床铺。整理床铺是客舱清扫的重要内容。客舱服务员整理床铺，应该做到美观整洁、方便舒适、高效快捷。绝大多数邮轮为游客提供"开夜床"服务，部分邮轮还为游客制作"毛巾宠物"（Towel Pet），并且每天更换不同宠物花样，如图 3-1 所示。"毛巾宠物"是邮轮上的一大特色，深受游客的喜爱和欢迎。

③清洁除尘。包括倒垃圾及废弃物品、清理卫生间等。应该做到眼看到的地方无污迹、手摸到的地方无灰尘、卫生间清洁无异味等。与陆地酒店不同的是，邮轮客舱一般不配备烟灰缸。基于安全方面的考虑，邮轮上所有室内区域完全禁止吸烟，邮轮客舱也不例外。

④补充日耗品。适时适量对客舱日耗品进行补充，以方便客人使用。

小资料　🔍搜索

"开夜床"服务

"开夜床"（Room Turn-down Service）是对客房或客舱内的床铺进行简单整理，通过打开被角、放置问候卡等方式（图 3-2），使客人感到舒适温馨、同时方便客人入睡的一种个性化服务。"开夜床"服务的时间一般是晚上 6 点至 9 点之间。

"开夜床"服务

一般情况下，邮轮客舱每天至少清扫 3 次，分别是早晨客人起床以后、中午和晚上客人入睡之前。客舱服务员不仅要按照规定时间进行客舱整理，而且还要根据客人要求，随时为其提供清扫整理服务，做到定时与随时相结合。

客舱清扫作业的标准时间为 25 ~ 30 分钟，客舱服务员平均每天清扫客舱 14 ~ 16 间。

此外，有些项目是每天都要进行的工作，比如床铺整理、地毯除尘、写字台干擦等，有些项目则是隔一段时间才进行一次，比如翻转床垫、换床罩、除污、维修等。

不同的客舱状况，对清扫的要求和程度也有所不同。住客房只需要进行一般性清扫，游客下船之后的走客房则需要进行彻底清扫。

想一想

邮轮客舱清扫你更注重哪一项服务？

（2）**客舱洗衣**（Laundry Service）。邮轮上一般都向游客提供洗衣服务，并且大都设有洗衣房，从洗涤方式上说，洗衣服务有干洗（Dry Cleaning）、水洗（Laundry Service）和烫洗（Pressing）三种类型。从洗涤速度上说，有普通服务（Regular Laundry Service）和快洗服务（Express Service）两种类型，每种服务都要在规定的时间内完成。

邮轮客舱放置有洗衣袋和洗衣单，游客若有需要洗涤的衣物，可填写洗衣单放进洗衣袋，或者要求服务员代填并将衣物送至洗衣房干洗、水洗或烫洗。一些邮轮也有投币式自助洗衣设备。填写洗衣单时，要注明姓名、房号、日期、所需洗涤各类服装的件数，并标明要求提供普通服务还是快洗服务。服务员收到客人送洗的衣物时，必须仔细检查客人衣物有无破损、严重污点、褪色、不适合洗涤，衣袋里有无东西，衣物的扣子有无脱落等情况。如有问题，必须与客人讲明，并得到客人的最终授权后方可为客人提供洗涤。送洗的衣物必须按质、按时、按要求，如数送交客人。若有缺损，应按照洗衣单中关于赔偿的事项，向客人进行赔偿。大多数邮轮公司还会为游客提供皮鞋保养服务（Shoe Shine Service），通常情况下，保养后的皮鞋会在 1 小时后送还。

想一想

在为游客提供洗衣服务时应注意哪些问题？

（3）**客舱送餐**（Room Service）。客舱送餐是指应顾客要求将其所点餐饮送至客舱的一种服务。在邮轮上，某些游客由于生活习惯或特殊需求，如早起、患病、会客等，会要求在客舱内用餐，因此客舱送餐服务同样是满足游客饮食需求、增加经济收入、提高服务质量的重要环节。

在邮轮客舱内，有专门设计的客舱送餐服务餐牌，摆放在床头柜或是写字台上，上面标明客舱送餐服务电话。客舱送餐可以用托盘提供，也可以用餐车送上。这要视所送餐食饮料的多少而定，如用餐车送餐，要小心谨慎，以免因地毯不平或松动而翻车。另外，送餐时要使用保温、保暖和保持清洁卫生的用具。

提供客舱送餐服务时，要及时将客人用过的餐具和剩物撤出，一般在 1 小时后，征得客人同意后撤出，以免影响客舱内卫生和丢失餐具。收东西时，要注意清点餐具并检查有无破损，同时还要注意保持房间内的清洁。

此外，为了方便游客在客舱内享用酒水、饮料，一些邮轮公司还会在客舱内配备小酒吧（Mini Bar），存放一定数量的软硬饮料和干果，并注明储存数量和单价，供游客自行取用。客舱服务员每日清点酒水饮料数量，记录客人的耗用情况，同时按照规定的品种和数量补充齐全。

（4）卫星电话（Communication Service）。邮轮上的每间客舱都安装有卫星电话，船上还备有传真机可以接收、发送重要信息。卫星电话可以直接拨打全球各地电话，拨通后不论是否有人接听，即开始计费，收费标准由各邮轮公司制定；客舱之间拨打电话只需要直拨房间号码即可。此外，客舱电话还可以为游客提供自动电话叫早服务（Morning Call）。

（5）数码客舱（Digital Cabin）。随着现代信息技术的发展和网络的广泛应用，现代邮轮客舱为游客提供了便利的网络环境。游客可以在私人客舱内享受拨号上网的乐趣或通过无线方式联通网络。此外，"海洋荣光"号邮轮客舱中等 iPad 等数码产品供客人使用，也使得现代客舱服务迈上了一个新的台阶。

（6）物品租赁（Rental Service）。游客在入住客舱期间，可以享受物品租赁服务，如临时借用婴儿床、睡枕、冰袋、体温计、手机充电器、无线上网设备等。在邮轮客舱服务指南中，标明了可供借用的物品名称及借用方法。游客借用和归还物品时，需要办理借用和归还手续。游客下船之前，客舱服务员应通知客人归还借用的物品。

（7）贵重物品保管（Safe Deposit Service）。邮轮客舱一般设有保险箱，游客搭乘邮轮旅游时如果携带有珠宝首饰、重要文件、摄影机、照相机、手提电脑、现金、信用卡等贵重物品，一般应提醒游客放置于随身行李中保管，或者锁在邮轮客舱内的保险箱中。

除此之外，游客在客舱入住期间，还可以享受货币兑换、行李、问询与留言等各项服务。由于种种原因，游客在船上期间还有可能要求调换客舱，尽管这在一定程度上给邮轮客舱接待服务和管理工作带来不便，但还是应在条件许可的情况下尽量满足游客的要求，使游客在邮轮客舱入住期间一切称心如意。

想一想

邮轮客舱服务与酒店客舱服务有什么差别?

3. 客舱特殊客人服务接待

（1）贵宾客人服务（VIP Guest Service）。在邮轮客舱日常接待服务中，对贵宾的服务是一项极为重要的工作，主要包括准备服务、迎接服务、入住期间服务和离船服务四个环节。

①准备服务。贵宾一般入住邮轮上的豪华套房。在贵宾抵达邮轮之前，选派经验丰富的客舱服务员彻底清扫客舱，按规格配备好各种物品，摆放船长问候信、迎宾鲜花及果篮等。同时，通过"贵宾接待通知单"全面了解贵宾的相关情况与需求细节，以便为其提供个性化服务。

②迎接服务。在贵宾抵达邮轮时，有专人负责为其办理登船手续和行李服务。比如丽星邮轮公司为上将级的贵宾客人（Admiral Class）提供"黄地毯"登船服务，使用专属的贵宾通道登船。相关级别的管理人员在登船口或廊桥迎接问候，向贵宾致以欢迎和问候，并根据情况进行适当介绍和引领。

③入住期间服务。优质的对客服务，可以让贵宾在客舱入住期间感受到特别的尊重和礼遇。客舱服务人员应正确称呼和问候贵宾，根据所了解的情况和服务观察为其提供各种针对性服务，并对贵宾在邮轮上的用餐、娱乐等各项活动进行跟进，为其提供各种便利。在邮轮靠岸期间，为贵宾提供相应的岸上观光指引。同时，配合安保部门做好安全工作。例如，在服务中为贵宾保守其身份和行踪秘密，不将客舱号告诉无关人员等。

④离船服务。贵宾离船之时，客舱服务员应主动为贵宾提供行李服务，并迅速检查客舱，查看有无客人遗留物品，如有发现，应尽快归还客人。若遇设备损坏，应通知上级管理人员，由相应级别管理人员进行处理。除非有重大损失，一般不要求贵宾赔偿。

⑤贴身管家服务（Butler Service）。为了给贵宾提供周到、完善的服务，绝大多数邮轮提供贴身管家服务，由专属邮轮管家对贵宾进行全程接待。

贴身管家服务是游客在邮轮旅游期间所获得的全过程跟进式服务，"We will try our best to do almost anything that is legal for you"（我们将尽全力满足您所有合理要求）是贴身管家服务的理念。贴身管家服务体现了一些邮轮公司高品位、个性化服务的特征。

贴身管家服务的主要内容包括：查询游客的历史信息，根据客人的喜好做好客舱布置和赠品摆放；协助游客办理相关手续，做好客人抵达时的迎候工作；安排客舱清洁、整理、送餐、洗衣等各项服务，确保客人的需求在第一时间予以满足；做好游客在餐饮、娱乐等方面的沟通和跟进，满足并超越顾客期望等。

（2）**病客服务**（Disease Guest Service）。游客在海上邮轮旅游期间，可能会因不适应而突发病情。如遇到游客在邮轮上生病，客舱服务员应给予其特殊关照，并表现出同情、关怀和乐于助人的态度。

病房服务的主要内容有：

①礼貌询问客人病情，提醒并陪同客人前往邮轮医务室就诊。

②建议并协助客人与亲朋好友取得联系，推荐适合客人的饮食。

③将客人生病情况及时上报上级管理人员。

④若有人要求代买药品，应婉言拒绝并建议客人前往邮轮医务室就诊。

⑤如遇病危客人应及时与邮轮上的医生取得联系。

⑥对客人住过的客舱应进行彻底清洁并消毒。

想 一 想

当客人要求帮忙买药时，应如何应对？为什么？

（3）**残疾客人服务**（Disabled Guest Services）。在残疾客人中，常见的有三种类型：一是坐轮椅的腿部有残疾的客人；二是盲人或视力有障碍的客人；三是听力不佳的客人。在邮轮客舱服务中应根据残疾客人行动不便以及生活自理能力差等特点，给予特别的照料。

残疾客人服务的主要内容有：

①各人抵达前。了解客人的姓名、残疾的表现、生活特点、有无家人陪同以及特殊要求等，做好相应的准备工作。

②客人抵达时。问候客人并协助客人提拿物品、入住客舱；向客人介绍客舱内物品，帮助客人熟悉客舱内的环境。

③客人入住期。给予客人特殊照料，通过邮轮上其他相关部门的协作，提供让客人满意的服务等。

现代邮轮上均配有专门服务于残疾人的客舱，通过配备轮椅、无障碍出入、防滑地面、遥控自动窗帘、灯光显示门铃等，为残疾客人提供便利。

想 一 想

在邮轮上为 VIP 提供特殊服务引起一般客人的不满，如当大家都在排队用餐时，VIP 客人可以不用排队，如遇这种情况，该如何应对？

二、餐饮服务

无论是传统的邮轮还是现代邮轮，满足游客饮食需求的各式菜谱、装饰装潢别具一格的各类餐厅、热情而又个性化的餐饮服务，都是邮轮产品的重要组成部分。

邮轮餐饮服务是邮轮餐饮员工为游客提供的有关餐饮消费的设施、餐具、菜肴、酒水以及帮助游客用餐的一系列行为的总和。

邮轮餐饮服务分为直接对客的前台服务和间接对客的后台服务两大部分。前台服务是在主餐厅、自助餐厅、酒吧等场所面对面为游客提供服务；后台服务是厨房、管事部门所进行的工作。前台服务与后台服务相辅相成，构成了为就餐游客提供菜肴饮品的全过程。

邮轮上的餐厅与美食是邮轮体验的构成部分，绝大多数包含在度假费用之中。然而，邮轮品牌为了创收以及丰富游客的就餐体验，为游客提供了更多、更为方便的就餐选择，而且这种趋势正在不断增强。

1. 邮轮上的餐厅

邮轮上经营各种不同类型的餐厅，以满足不同游客的需求，主要包括：

（1）**主餐厅**。邮轮主餐厅常常反映出邮轮品牌的风格和标准，通过提供色、香、味俱全的精致饮食，使游客品尝世界顶级厨师的创作，沉浸在一次较为正式的就餐体验之中。

（2）**休闲餐厅**。邮轮上的休闲餐厅通常以自助餐为主，为游客提供更为轻松自在的就餐选择。主餐厅和休闲餐厅一般都会提供下午茶。

（3）**特色餐厅**。比萨店、汉堡店、热狗店等为特定游客提供了选择的机会；冰激凌售卖点一般设在泳池甲板以及休闲活动区域。除此之外，还有一些突出主题特色的收费餐厅，如意大利餐厅、墨西哥餐厅、烧烤餐厅、亚洲主题餐厅、行政总厨餐厅（Chef's Table，品尝由行政总厨特别推出的菜肴）等。

如果这些餐厅的就餐选择没有满足游客的需求，游客也可以选择邮轮上的 24 小时客舱送餐服务。

2. 邮轮上的美食

邮轮上的美食选用世界各地优质的原材料，由世界顶级厨师烹饪而成，西式菜点、中式美食、泰式风味餐应有尽有，一天 24 小时均有美食供应。

（1）**邮轮早餐**（Cruise Breakfast）。在新的一天开始的时候，游客可以期待邮轮上的早餐，主要提供水果（Fruit）、冷冻果汁（Chilled Juices）、谷类食物（Cereals）、酸奶（Yogurt）、面包（Bakery）、饮料（Beverages）等。早餐一般采用半自助式形式，即一部分自点，一部分需要从自助餐台自取。

（2）邮轮午餐（Cruise Lunch）。邮轮上的午餐主要以西餐餐食为主，开胃菜、沙拉、主菜、甜点供应充足。游客既可以在主餐厅享用，也可以在自助餐厅用餐。

（3）邮轮晚餐（Cruise Dinner）。邮轮晚餐在邮轮上享有盛誉，除了享受丰盛的美食外，也是游客在邮轮上为数不多的着正装的机会。

（4）午夜自助餐（Midnight Buffet）。午夜自助餐曾经是邮轮上的特色，但目前邮轮上均已实行24小时餐饮服务，故午夜自助餐正逐渐淡化。

（5）邮轮甜点（Cruise Desserts）。邮轮甜点品种丰富多样，还有专门为孩子们提供的儿童餐，诸如意大利面（Spaghetti）、肉丸（Meatballs）、热狗（Hotdogs）、汉堡包（Hamburger）、薯条（Fries）和比萨饼（Pizza）等。

在邮轮上，用餐的地点及餐食的内容选择及变化相当丰富，通常早餐和午餐的地点可以随意挑选。游客若有素食、低盐、低糖、低胆固醇等特殊餐食要求，邮轮公司也会尽量满足游客的合理需求。

我国是世界公认的三大烹饪王国之一，有着悠久的烹饪历史。很多邮轮公司开始把目光投向地道的中国菜肴，而邮轮上的中餐厅也在满足游客饮食需求、引领饮食潮流方面发挥着重要作用。

此外，邮轮等级的高低在一定程度上体现在食物上。美国嘉年华邮轮公司的船上有大量烹制的宴会食物，比如鱼子酱、鹅肝和新鲜龙虾。意大利银海邮轮公司的船上，很多菜肴都是现场制作，用料十分考究。

想一想

现在邮轮大多提供的是西餐，当有游客提出想吃中餐时，你会如何应对？

3. 餐厅服务内容

（1）主餐厅服务。

①主餐厅服务礼仪规范。邮轮上的主餐厅以提供西餐正餐为主。餐厅里洁白的桌布，闪亮的刀叉、餐具和玻璃器皿，精心挑选的色调、材质和家具，还有柔和的光线、音乐以及环境的戏剧风格等增添了不少用餐气氛。

主餐厅正餐服务一般包括餐前服务、餐间服务和酒水服务。

a. 餐前服务礼仪规范。游客到邮轮主餐厅用餐，餐厅服务员应引领客人至就餐座位并祝客人用餐愉快。引领入座应一步到位，走位合理，手势规范。服务员选择合理的站位，目视客人，双手呈递酒单、菜单。向客人介绍菜品时，应尊重客人的饮食习惯，并询问客人有无忌口的食品，征求客人对生熟程度的要求。

b.餐间服务礼仪规范。厨房出菜后，服务员应及时上菜。传菜时使用托盘。托盘干净完好，端送平稳。传菜服务员行走轻盈，步速适当。西餐上菜速度与客人用餐速度相适宜。热菜和冷菜应分别放入经过加热或冷却处理的餐盘中。上菜时，双手端平放稳。报菜名时吐字清晰、音量适中。需要派菜时，服务员选择合理的站位，手法熟练，动作卫生。随时观察客人的用餐情况，适时撤盘。

c.酒水服务礼仪规范。尊重客人的饮食习惯，根据酒水与菜品搭配的原则，向客人适度介绍酒水。服务整瓶出售的酒品时，应先向客人展示所点酒品，经确认后再当众开瓶。斟倒酒水前，保证饮用器具清洁完好，征得客人同意后，按礼仪次序依次斟倒。酒水斟倒量应适宜。

②主餐厅餐位安排。邮轮上游客众多，主餐厅晚餐的座位和梯次通常由邮轮公司事先做好安排。游客如果要在主餐厅用餐，需要通过预订确定就餐梯次和桌号。

一般情况下，第一梯次（First Seating）游客用餐时间在18:00左右，第二梯次（Second Seating）游客用餐时间在20:00左右。餐厅餐桌的尺寸大小不一，用餐规模在2～8人不等。如果是梯次用餐，邮轮公司通常会采取"编桌入席制"，游客固定餐桌座位号，也有一些邮轮公司推介自由就餐地点，即"自由座席制"，一般由服务人员做引导，安排落座。在用餐人数较多时，可能会出现拼桌的情况。有的邮轮公司采用两种就餐方式相结合，这样依据邮轮离岗时间来定，一般离港时间在第一梯次就餐时间前的，采用梯次用餐；若晚于该时间，则采用自由就餐；海上巡游时间采用梯次就餐方式。

此外，礼节和着装也是很多邮轮的特色，很多邮轮品牌倾向于为游客创造着正装的机会，以此加深游客的印象。邮轮游客在主餐厅享用晚宴时，邮轮公司都会预先提醒游客注意"服装穿着代码"（Dress Code）。如传统上男士需要穿着燕尾服（Tuxedo），更多的时候穿着西装外套，配以衬衫、领带、黑色或深色皮鞋。女士穿着西式晚礼服或中式旗袍，并搭配相应的配饰。正式的晚宴穿着牛仔裤、圆领衫是失礼的行为。

想一想

思考梯次用餐和自由用餐的优缺点，分别适用于什么情况。

（2）邮轮自助餐服务。

①自助餐特点。自助餐是由游客自己动手，在餐厅事先布置好的餐台上任意选菜，自行取回到座位享用的自我服务的用餐形式。邮轮上自助餐的主要特点有：

a. 就餐形式自由活泼。在主餐厅中由服务人员完成的服务项目，在自助餐厅由游客自己完成或者餐厅只提供部分服务。这种就餐形式活泼、挑选性强、不拘礼节，被更多的邮轮游客接受。

b. 员工操作简单快捷。自助餐厅餐桌摆设、标准化区域都很简单，铺地毯的区域也相对较少，因此员工操作起来更加简便。自助餐避免了餐厅在早、中餐时的紧张，既能更加有效地调配员工，厨房也可以更加准确地计划生产。

c. 菜肴设计丰富多样。为使食物对游客产生足够吸引力，自助餐厅使用一些设备来显示食物种类，表明食物处于适宜温度中。尽管一些普通食物种类，如面包、沙拉、调味品等，每天基本一致，但汤、鱼、肉等主要食物种类会根据行程计划而每天变换。食物种类的设计跟行程计划上所到的港口的烹饪特色是相呼应的。

②自助餐厅服务程序。

a. 开餐前的准备工作。开餐前的准备工作包括：

• 清理自助餐台，并摆放鲜花等装饰点缀。

• 已经消毒的餐具、刀叉、餐盘、筷子等要准备充足，并按照规定码放整齐。

• 根据菜点精心准备菜卡、明档品种牌等。

• 准备酒水台，酒水、酒具摆放合理。

• 小件酱料、餐巾纸等物品齐备，检查到位。

• 及时出菜，其中热菜要放在炉中保温，从而使菜品始终保持其温度。

b. 开餐中的服务工作。开餐中的服务工作包括：

• 客人进入餐厅时，服务员要礼貌、热情、面带微笑地迎接客人，并且向客人递送餐盘、介绍菜品口味。

• 当客人取菜后，服务人员要及时整理自助餐台，撤下空菜盘，及时添加菜品，使自助餐台的菜品始终保持丰盛、整洁、美观。

• 当客人离座取菜时，将客人餐位整理好。巡视过程中及时添加餐巾纸、牙签等物。

• 当客人用餐完毕离开时，要主动拉开座椅，面带微笑送走客人，并表示感谢。

• 收台要及时，确认客人已走方可收撤餐具。

c. 结束工作。开餐后的结束工作包括：

• 撤掉自助餐台菜品，自助餐台清理干净。

• 将所有消毒后的餐具进行检查。

• 做好地面及其他区域的卫生，桌椅摆放整齐。

（3）**酒吧服务**。酒吧是经营各类酒水和饮料的场所。酒水服务是餐饮中最重要的内容之一。美酒佳肴不仅能够使菜品增色，还有助于游客之间沟通感情、活跃气氛、创造美好的就餐氛围。除邮轮餐厅外，邮轮酒吧备有各式酒水、饮料和点心供应，也是亲友小酌聊天的好去处。

①酒吧类型。邮轮上的酒吧类型多样，诸如主酒吧、鸡尾酒廊、主题酒吧等。

a. 主酒吧（Main Bar or Pub）。主酒吧大多装饰美观、典雅、别致，具有浓厚的欧洲或美洲风格，视听设备比较完善，并备有足够的靠柜吧凳，酒水、载杯及调酒器具等种类齐全，摆设得体，特点突出。许多主酒吧的另一特色是具有各自风格的乐队表演或向客人提供飞镖游戏。来此消费的客人大多是来享受音乐、美酒以及无拘无束的人际交流所带来的乐趣，因此，对调酒师的业务技术和文化素质要求较高。在这类酒吧中，客人一般直接坐在吧台上，面对调酒师，当面欣赏调酒师的全套调酒表演。

b. 鸡尾酒廊（Lounge）。鸡尾酒廊规模相对较小，其装饰特点、设计风格与咖啡厅类似，以经营鸡尾酒和饮料为主，另外还提供一些中西式小点心。鸡尾酒廊的调酒师不仅需要具有良好的社交能力、礼仪知识，还需要了解各国风俗，方便为客人提供优质、准确、到位的服务。

c. 主题酒吧（Saloon）。邮轮上比较流行的"高尔夫吧"（Golf Bar）、"游泳池吧"（Pool Bar）、"赌场酒吧"（Casino Bar）、"帆船酒吧"（Schooner Bar）等均称为主题酒吧。这类酒吧的明显特点即突出主题，来此消费的客人大部分也是来享受酒吧提供的特色服务的，酒水往往排在次要的位置。比如，"海洋神话"号邮轮的思古诺酒吧是以海洋为主题的音乐酒吧，晚上有钢琴弹奏，氛围浪漫优雅。

d. 多功能酒吧（Grand Bar）。多功能酒吧大多设置于综合娱乐场所，它不仅能为午、晚餐的用餐客人提供用餐酒水服务，还能为赏乐、蹦迪（Disco）、练歌（卡拉OK）、健身等不同需求的客人提供种类齐备、风格迥异的酒水及其服务。这一类酒吧综合了主酒吧、鸡尾酒廊、主题酒吧的基本特点和服务职能。良好的英语基础、技术水平高超、能比较全面地了解娱乐方面的有关知识，是考核能否胜任调酒师的三项基本条件。

e. 外卖酒吧（Catering bar）。外卖酒吧是根据邮轮旅游的需要，在某一地点临时设置的酒吧，例如邮轮在所到的一些小岛会根据需要设置临时酒吧。

f. 服务酒吧（Service Bar）。服务酒吧是一种设置在餐厅中的酒吧，服务对象也以用餐客人为主，多位于西餐厅。西餐厅服务酒吧较为复杂，除要具备种类齐全的洋酒之外，调酒师还要具有全面的餐酒保管和服务知识。

g. 宴会酒吧（Banquet Bar）。宴会酒吧是根据宴会标准、形式、人数、厅堂布局及客人要求而摆设的酒吧，临时性、机动性较强。

②酒吧服务礼仪规范。

a. 营业前工作程序。营业前工作准备俗称"开吧"，主要涉及酒吧内的清洁、领货、酒水补充、酒水记录、酒吧摆设和调酒准备等工作内容。

● 酒吧内的清洁。包括酒吧台与工作台清洁、冰箱清洁、地面清洁、酒瓶与灌装饮料表面清洁、酒杯与调酒工具清洁以及酒吧柜台外公共区域清洁等。

- 领货。领取酒吧每日所需的酒水、酒杯、瓷器、食品以及各类百货。
- 酒水补充。将领取的酒水分类放置，如啤酒、果汁需要放入冷藏柜冷藏，补充酒水要遵循先进先出的原则。
- 酒水记录。记录酒吧每日存货、领用酒水、售出数量以及结存等具体数字。
- 酒吧摆设。酒吧的气氛和吸引力往往集中在瓶装酒和酒杯的摆设上，因此要注重摆设的美观大方，贵重酒水和便宜酒水要分开摆放，不常用的酒水摆放在酒架高处等。
- 调酒准备。进行冰块、配料、水果装饰物、量杯、调酒棒以及鸡尾酒签的准备。

b. 工作程序。营业时工作程序包括酒水供应、调酒操作、侍客服务、结账等。

- 酒水供应。酒水供应的基本程序是客人点酒、调酒员开单、收款员立账、调酒员调配酒水、供应酒水。客人点酒时，服务员要认真细致告知其酒水品种、产地以及鸡尾酒配方等，并询问客人所需酒水品种、数量以及特别要求等。
- 调酒操作。调酒师要有丰富的酒水知识和熟练的调酒技术，选取正确的配方、正确的杯具、优质的材料和漂亮的装饰，根据顾客的喜好调制鸡尾酒。
- 侍客服务。通过留心观察并及时服务，保持客人台面干净整洁，比如收集客人使用过的空杯并立即送洗消毒，然后取回酒吧备用。
- 结账程序。服务员仔细核查账单，核对酒水品种、数量有无错漏。客人认可账单后，帮助客人使用房卡（Seapass Card）结账。

c. 营业后工作程序。营业后工作程序包括清洁酒吧、清点酒水、每日工作报告等。

- 清洁酒吧。一定要在客人全部离开后才能开始清洁酒吧，包括收拾酒水、清洗酒杯、擦拭工作台、清理垃圾等。
- 清点酒水。记录当天销售酒水及酒吧现存酒水数量，贵重瓶装酒尤其要十分精确。
- 每日工作报告。记录当天营业额、客人人数、平均消费、特别事件等，掌握酒吧营业详细状况和服务情况。

做 一 做

查资料说明不同的邮轮公司对客人饮酒有怎样的规定，为什么？

4. 邮轮餐饮服务管理

（1）**餐饮供应管理。**邮轮上的餐饮供应管理具有高度技术性和专业性。对于邮轮公司来说，这一管理过程是从总部开始的，同时，还要与船上和岸上的众多专业人士磋商。制订餐饮供应计划需要考虑的因素包括之前的消费类型、预期的工作变动、为不同类型的乘客和行程设计菜谱以及预测的需求量。合同的基本要素包括供应能力、质量和价格等。由于合同的规模很大，且交易利润高，吸引力强，因此，巨大的经营规模必然导致一些供应商也无法达到合同投标的要求。

邮轮的首要目的是为公司创造收益。因此，在设计邮轮时，就要注意保证空间的合理分配。如果邮轮是按照10天的航程来设计的，那么仓库就要做相应的设计。出发前，储藏量达到最大化，而在航行结束时，储藏量将会最小化。所以邮轮上的仓库管理十分重要。仓库管理由仓库管理组长或仓库经理负责，通常配备一名助理和一名行政人员协助他们工作。另外，船上还常雇用一位负责酒水的酒窖总管。所有这些雇员都向餐饮部经理或同等职位的管理人员负责，并与厨师长或酒吧经理密切合作。一般来说，邮轮到达出发港后就开始例行的接收和存储货物的工作。这里所说的出发港可能是母港，也可能是所挑选的可以允许游客上下船的港口。

码头上的货物装在由供应商密封好的集装箱内，并在船舶到达之前就已经通过海关检查。船舶停泊好并经过海关或港口官员检查后才可以装载货物。尽管船上通常使用传送带系统，但货物装载通常使用叉车和托盘。多数大型船舶在码头区的出入口装载货物。这些出入口通常被称为"枪端口"——一个古代航海术语。在承包商的监督下，码头工人将货物搬运到船上，同时调派船上的一般助理负责监督各种供应物资是否正确存放。仓库经理负责核实物资的准确性和质量。如果质量不符合规格要求，就可以退货。

大多数邮轮公司使用计算机操作的库存管理系统，从而能准确地支配货物。可以从厨师长办公室或酒吧经理办公室获得电子版的采购单，然后，对照采购单采购和检查库存。利用库存管理系统，对照记录，工作人员很容易检查仓库、酒窖以及酒吧的存货情况，从而确保不会出现偏差。

仓库经理负责仓库的安全和精确度管理。为了安全地完成任务，仓库助理及任何参与货物处理的人员必须经过培训。大量物料的上船可能对以下几方面产生压力：一是要求尽快储存好物料；二是从健康和安全的角度考虑不伤害搬运重物的工作人员；三是以一个适当的、安全和卫生的方式来处理物料。货物必须安全地堆放或存储，才能确保在船舶突然移动或存储条件不完备的情况下，货物不会受损或引起意外事故。必须轮换易腐烂的货物，从而把浪费降到最低，并提供最高质量的产品。

鱼子酱及陈年葡萄酒等存储品因其声望价值而需要仔细处理，需要更加安全地存放。为了备用，也要储存其他物品，如新鲜蔬菜。在提供给供应商的采购清单中，要列出期望的产品要求，例如新鲜产品的成熟状态。货物从仓库调出后就进入流程的下一个阶段：饮品类流入酒吧或餐厅的独立酒吧，食品类进入厨房、客房送餐服务厨房或主厨房的备餐室。

（2）**食品生产和服务的传递系统。**对邮轮上的餐饮经营管理来说，可描述为食品生产系统（涉及食品配备、生产、存储及传送）和餐饮服务系统（涉及饮食服务和就餐、清扫、清洗碗碟以及酒吧）。食品生产是将原料、半成品以及事先准备好的材料转变为可供消费的食物的过程。系统的有效性和效率既体现在投入和产出的关系上——浪费量、能源效率、劳动力效率，也体现在服务传递因素上——消费者满意度、品质感及服务问题。

邮轮上的食品生产系统包括三个关键要素：与饮食相关的策略（各种销路，影响需求的因素，餐饮经营类型，服务的时效性）；菜谱（风味和品质因素，点菜或套餐菜对生产的影响，菜肴的数目、种类和标准，准备食品时要注意标准化的食谱、容量、服务要求以及分量控制）；厨房设计。

在邮轮上，食品生产系统是很难见得到的，因为，为防止污染并维持高水平的卫生状况，要在封闭区域进行备餐。因此，设计主厨房时，要使准备食品的流水线比较合理，这样，服务员就可以有效地为顾客提供餐饮服务，且不会导致食物外观、温度或口味方面质量下降。厨房的位置对保证食物的质量是很重要的，最好的位置是靠近备餐室及其所服务的餐厅附近。最理想的是把备餐室和餐厅设置在同一层，否则就要用电梯把备餐室的食物运送到船上的卫星餐厅——小酒馆或特色餐厅的厨房。如果这样，电梯就要优先用于运送食品，并做相应的处理，一般在邮轮厨房内会设置专供餐饮部使用的电梯，以提高餐饮部的工作效率。这种位置分布也适用于员工餐厅以及清洗和存储区的布局。

船上厨房需要有良好有效的通风设备，以确保工作条件舒适、冷凝作用最小及控制烹调气味。另外，厨房也需要用于饮用、烹饪和清洗餐具的冷水供应和其他用途的热水供应。厨房必须有足够的排水系统以及安全、便于使用、耐用及卫生的地板，光线充足，也必须有卫生、安全、易用的工作台。

餐饮服务系统是向顾客传送食物和饮品的系统。在使顾客满意方面，以及展示食品服务与食物制作具有不可分离性方面，餐饮服务系统的效率是至关重要的。事实上，在有些邮轮上，这两个过程是很模糊的，正如在邮轮烧烤餐厅的烧烤间所看到的，食物的烹饪是在餐桌上以夸张的方式完成的。邮轮上禁止在桌上使用气体燃料进行食物加工，而是使用大功率的电器设备加工食物。

饮食服务系统要考虑很多因素，包括：时间安排（顾客何时需要服务或安排的服务何时提供）、地点（餐厅、自助服务、客房服务）、顾客需求（全银服务、半银服务、瓷器服务以及员工与顾客之间的社交程度）。服务系统的类型通常是历史上曾经出现过的服务方法的混合版本。因此，在正式就餐区，服务员和助理服务员可以用瓷器或半银器将食物送到餐桌。在非正式就餐的自助餐厅，可能使用餐桌服务和自助服务相结合的服务方式。混合式服务也是一种服务方式，这是为了适应顾客需求而产生的，并形成了相应的服务惯例。

（3）餐饮经营的控制行为。首先，根据 Davis 等（1999）的研究，在提供餐饮服务的过程中，需要系统的质量管理，包括检查，分析，以团队为中心、以质量为导向的方法以及防范问题的系统设计。质量控制源自团队把握关键要素的方法，把握了这些关键要素，公司就能在预算范围内安全地生产和提供饮食，从而满足或超越顾客的期望。对酒吧服务员来说，质量可能反映在产品的口味和外观上，以及房间的氛围和将产品送给顾客的服务技能。如果分量不对，盈利能力降低，质量可能就会大大降低。

邮轮上的平衡就是在没有浪费的情况下生产食物。这种平衡表现为，根据历史数据生产食物，以满足合理的预期为目标向顾客提供产品。盘子上食物份额的设计既要看上去赏心悦目，也要满足顾客期望。一些顾客可能吃得比其他人多，可以通过传送可接受的分量来处理这一问题，如果必要的话，也可以按要求增加分量。

其次，需要重视食品安全和卫生。

如果安全性和卫生条件差，饮食的生产和服务就会受到影响。因此，邮轮非常重视促进最好的饮食管理实践。另外，港口卫生当局要对邮轮的卫生状况进行检查，这种检查具有高度透明性，而且对邮轮的声誉也很重要。在美国，疾病控制与预防中心（CDS）负责船舶卫生计划（VSP）已40多年。该政府机构每半年对运载13名及以上乘客的船舶进行一次检查，检查内容包括水、食物、水疗中心、游泳池、员工个人卫生以及总体清洁状况，并按百分制进行评分。此外提供一个称为"绿皮书"的年度总结，以强调存在的问题并提出整改建议。

CDS检验饮用水的供应，以确保引用水的存储和输送设备是干净的，同时也对饮用水进行微生物分析以确保饮用水的消费安全。要检查泳池和按摩浴油以确保它们是安全的并且维护良好。对员工的检查主要侧重于传染病、卫生管理、员工卫生知识以及食品安全的监督。此外，也要对安全卫生工作及培训计划方面的建议的执行情况进行检查。

要对食品进行监测，还要检测食品存储或保存的温度，记录解冻工作，检查交叉污染，监督食品保护与储存等常规工作以及贴标签和食品分配等工作。诸如接触食物表面的设备、生产设备、清洁设备以及器皿之类的都要经过检查。要检查厨师和食品处理人员的制服、抹布或毛巾，同时，对洗手设施也要仔细检查。捡查要相当细致深入，甚至连舱壁和舱顶板都要进行检查。医疗记录也是需要检查的部分。任何得分低于86分的邮轮都不能通过检查。

想一想

为什么邮轮非常重视食品安全与卫生？

（4）**酒单的设计。**葡萄酒是用餐时非常理想的附带品或组成部分。喝葡萄酒似乎比喝啤酒或烈性酒更容易被社交场所所接受，因为葡萄酒蕴含了知识和鉴赏力方面的内涵，因此，葡萄酒的销售收益颇丰。葡萄酒既可以是社交时的饮料，也可以是餐饮的组成部分。

对从事酒水销售的人来说，在设计酒单和销售酒水时要注意很多重要的方面。邮轮品牌具有销售大量酒水的潜力，作为一种产品，种类繁多的酒水为提供适合不同环境的酒和满足不同顾客的需求创造了可能。

邮轮品牌处于优势地位，员工在选择酒水储藏和销售方面有着长期的知识积累。然而，就像食物一样，各种各样的因素会影响葡萄酒类型的流行性和接受度。这些因素包括乘客类型和邮轮方面的可变因素，例如年龄等人口统计特征、社会经济背景、酒水知识以及社会文化环境。

每艘邮轮都要在一开始就好好考虑酒单编制的合理性和实用性，这样可以确保产品是适合的和满足预期需求的，从而提高销售量。也可以提供尽可能多的酒水种类，从而满足宽泛的市场需求。酒水种类的选取受多种因素的限制，包括存储空间的可用性、过剩或产品变质的可能性、供应的可行性和持续性、船上酒窖管理的复杂性以及大批量供应所引起的投资费用。

这一争议的逻辑过程表明，拥有确定消费群体的现代邮轮品牌可以研发一份标准的酒水清单，如果需要的话，可以对其做出调整。酒水清单构成了补给清单（对特定餐厅而言）或报价（当天酒水）的基础，它是邮轮品牌的采购团队与认可的酒水供应商之间密切协商的产物。如果酒水购买量大，就会符合某些普遍性规律。供应的连续性取决于生产量。整个船队都使用的酒水清单上的葡萄酒将由批量生产葡萄酒的生产商供给。这就意味着，一般不会考虑规模较小的生产商，尽管它们的产品品质享有较高声誉。

选择葡萄酒时通常根据以下因素——颜色（红色、白色或玫瑰红）、生产工艺（蒸馏、发泡或加酒精）、瓶身（深色到浅色）以及酸度和糖分（干到甜）。选择不同的葡萄酒有助于在种类上满足顾客的需求和期望。有些邮轮品牌可能需要收藏具有较高品牌价值的葡萄酒，这就需要收藏年份香槟酒，昂贵的法国勃艮第酒，来自加利福尼亚的受人青睐的葡萄酒，或来自澳大利亚的知名葡萄酒。从销售情况看，大多数邮轮的库存中的廉价葡萄酒很少。

设计酒单时，应注意以下几点：

①酒单要具有逻辑性，易于顾客理解。首先要区分白葡萄酒和红葡萄酒，然后标明生产国家或地区。也可以使用更加传统的方法，就是从"船上促销"的角度，按重要性列出生产国。酒单越简短就越容易让人理解，但是，如果酒单太过拘泥，就可能缺乏冲击力或想象力。

②要选择品质始终如一的葡萄酒。品质可以通过标签信息加以说明，标签信息随葡萄酒本身及其生产国家而不同，标签信息能够确定和保证原料来源。品质是主观的，所以品尝酒样有助于消费者做出关键决策。向批量供应商采购时，要定期评估质量，从而确保标准是始终如一的。

③年份（葡萄收获的年份）对大多数葡萄酒来说是重要的。年份可以表明可能的保存期，也是对"出售截止"日期的提醒。一些葡萄酒，主要是红酒和一些发泡葡萄酒会老化，例如年份香槟酒，由于它们的酿造方法，它们会在瓶里变熟。其他葡萄酒，主要是白葡萄酒和清淡型红葡萄酒，最好在装瓶 1 ~ 2 年内饮用。

④葡萄酒行家和新手喜欢熟悉的葡萄酒。这些葡萄酒可以作为一个参考，使新手品尝起来更为舒适，也使行家更加信任。酒单可以包含这些熟悉的名字与其他可以信赖的品牌。葡萄酒可以用葡萄品种来命名，例如雷司令、白索维农、夏敦诶、比诺格里斯、维欧尼、黑比诺、西拉以及卡勃耐等。这是一种常见的方法，能使消费者感到可以通过它们的品种性质来鉴别葡萄酒。其他葡萄酒则以品牌或产地来命名，例如博若莱（法国勃艮第的一个小镇）、桑赛尔（法国卢瓦尔的一个小镇）、古威销巴（一个加利福尼亚纳巴山谷的品牌）、巴罗洛（意大利皮埃蒙特的一个小镇）以及维拉玛利亚（一个新西兰品牌）。

⑤销售价格（SP）很重要。有些顾客可能不受价格的约束，然而在大多数情况下，顾客会考虑价值与销售价格之间的关系。与食物相比，服务似乎对提升葡萄酒的价值影响不大。对有些人来说，这可能意味着，如果产品价格远远超过其零售价格，那么就不值得消费。一些邮轮游客会感觉到，以前的邮轮旅游价格包含了在船上的饮料，这样就降低了利润，因为以前的基本邮轮旅游价格与现在的情况相比，利润空间要大。葡萄酒具有较高的利润回报率，但要注意玻璃器皿、设备以及员工方面的投资。

⑥酒单设计要综合考虑葡萄酒的类型、产地（注意与航程的关系）、价格幅度以及顾客类型，还要提供各种选择，例如，半瓶酒（对那些不想喝整瓶酒的人）、按杯计量的酒以及低酒精含量或不含酒精的葡萄酒。通常也有这样的做法，即乘客不是按杯或半瓶购买，而是订购一瓶葡萄酒，然后把喝剩下的送回酒吧保管。

（5）**菜谱的设计**。在邮轮上，设计菜谱和食物是一项系统化的工作，对于邮轮公司来说需要拥有一些菜谱可以满足为期横跨 3 ~ 30 天不等的航程。菜谱的设计要充分考虑乘客的国籍，以便满足他们的偏好。

员工同样也必须吃好。为了满足他们的需求，行政总厨需要设计一份使用 30 天的菜谱。菜谱的制定融入了营养学家和员工代表的意见，这就确保能适当满足员工的需要，因为他们来自不同国家，具有不同的文化背景和宗教信仰，会有特殊的偏好或者饮食习惯。

想一想

作为邮轮旅游产品的重要组成部分，邮轮餐饮的未来发展趋势如何？

三、休闲娱乐服务

1. 休闲娱乐活动的分类及安排

（1）休闲娱乐活动的分类。休闲娱乐是具有现代意义的旅游新概念，也是邮轮旅游中必须加以强调和重视的旅游观念。邮轮游客与酒店客人不一样，只能待在邮轮上，要解决漫长的时间问题，必须安排各种休闲娱乐活动，让不同生活规律的人都能找到自己感兴趣的娱乐活动。邮轮上的休闲娱乐活动大致可以分为以下几类：

①邮轮运动类娱乐服务。运动类的娱乐活动是邮轮上娱乐活动的重要组成部分，有迷你高尔夫球场、保龄球馆、台球厅、网球场、壁球馆、健身房、游泳池等。

②邮轮室内休闲娱乐服务。这种娱乐项目主要是为不喜欢运动的游客准备的，有剧院、舞厅、赌场、图书馆等场所。

③邮轮保健娱乐服务。随着人们生活水平的提高，越来越多的人开始重视自身的保健，为了满足这类游客的需求，邮轮上提供了 SPA、美容美发、氧吧、桑拿等保健类服务。

④冒险性娱乐服务。随着邮轮游客队伍的年轻化，年轻人的需求成为邮轮公司关注的焦点，这类人群比较喜欢刺激、有冒险性的娱乐活动，蹦极、蹦床、冲浪、攀岩、索道、滑冰、轮滑、海洋冒险、滑水等冒险性的娱乐服务也是应有尽有。

做一做

选择一艘比较熟悉的邮轮并查找相关资料，讨论该邮轮提供的休闲娱乐产品有哪些，这些娱乐项目都有什么特色。

（2）邮轮娱乐活动安排。绝大多数邮轮通过印刷内部资料来告知游客邮轮娱乐活动的安排。游客登上邮轮以后，会收到邮轮每天的"活动日志"，比如皇家加勒比邮轮上的"每日指南"、丽星邮轮上的"丽星导航"、歌诗达邮轮上的"Today"等。"活动日志"上详细列明了邮轮上全天的活动安排，比如各大餐厅开餐时间、剧院演出时间、邮轮出发靠岸时间等，同时还提供了各种岸上旅游线路信息，以及游客所需要的一切联系号码等。

邮轮娱乐活动项目通常采取无现金支付系统，游客使用邮轮卡（Seapass Card）支付一切消费，比如礼品商店消费、SPA 和美容服务、岸上观光服务等。在巡游结束时，游客将收到列明所有船上消费的账单并进行支付。

2. 休闲娱乐活动指南

（1）剧院（Theater）。邮轮上的剧院是进行重要演出活动的场所，如大型音乐演出、喜剧表演、歌舞表演或者魔术表演。剧院也是最大的游客集中区域，既可以用于应急演习，又可以作为岸上旅游的集合地点。通常每个晚上有 2 ~ 3 场表演。表演活动是按照时间滚动进行的，这样的设计确保节目看起来新鲜、有趣和新颖。

当前，邮轮上的剧院可以给游客带来更加梦幻的体验。"迪士尼魔力"号邮轮上的"怀特迪士尼剧院"拥有 977 个座位、40 英尺宽的舞台、可移动背景、舞台升降机、最新式的灯光以及音响系统，供游客观赏原版百老汇风格的迪士尼现场表演、迷人的迪士尼音乐剧以及最新的数字 3D 电影。

在"怀特迪士尼剧院"演出的剧目中，既有经典的"灰姑娘的故事"，又有和陆地影院同步的最新的迪士尼电影首映。服务人员会在演出开始前 30 分钟等候在剧院入口，协助游客找到各自的座位，对于残疾游客会有特定的轮椅观看区，如果游客想要找到前排的座位，则至少需要在演出开始前 10 分钟联系入口处的工作人员寻求帮助。在"迪士尼魔力"号主泳池的旁边是泳池剧场，巨大的 LED 显示屏可以用于播放新闻、体育赛事、音乐会以及首映电影。2004 年，美国公主邮轮的"加勒比公主"号邮轮首次引入了泳池剧场，其后在其他邮轮上推广。公主邮轮给这种泳池剧场命名为"星空下的电影"，如果天气允许的话，游客可以躺在甲板上的椅子上一边吃爆米花一边观看夜间电影。

（2）赌场（Casino）。赌博一向被认为是赢家的一种消遣。除了停靠码头外，现代邮轮绝大部分的时间都是在公海上航行，各国的法律规则对其没有绝对的约束力，因此，绝大多数的邮轮上都设有赌场。邮轮上的赌场是一个充满激情与刺激的场所，和拉斯维加斯的赌场具有相似的浮华与美丽，但性质却大有不同。现代邮轮往来于世界各大邮轮航线，主要是以游客观光游览和休闲度假为主，赌场的开设除了能获得盈利外还稍带见识博彩文化的意味。邮轮赌场大多是在公海航行时开放，个别国家的港口也允许进行赌博交易，甚至在邮轮停靠时也可以。赌场必须严格依法经营，也受到最为严格的监控。绝大多数邮轮赌场面向 21 岁以上的游客开放，部分邮轮将游客年龄放宽至 18 岁。

邮轮上赌场常见的玩法有扑克牌 21 点（Blackjack）、轮盘赌（Roulette）、加勒比海扑克（Caribbean Stub Poker）、三张牌扑克（Three Card Poker）、掷骰子（Craps）、老虎机（Slot Machines）。游客使用签单账户购买老虎机代金券或赌博筹码（Chips），每日购买额度有一定的上限。赌场内不允许吸烟，禁止使用照相机或摄像机，邮轮公司会告知游客相关的赌场礼仪规范。

国际邮轮理事会是一个非营利性的行业协会，主要致力于帮助邮轮行业为游客提供一个安全、可靠、趣味性、娱乐性的环境。由于绝大多数成员公司邮轮上均开设以娱乐为主的赌博项目，国际邮轮理事会制定了邮轮赌博的指导意见（ICCL Gambling Guidelines），内容涉及赌博设备、赌博经营、内部控制及顾客服务等多个方面。

①赌场指导纲领（Goals）。提供合理的规则，用以指导所有经营赌博项目的邮轮，确保赌博的公平性和专业性；提供游客信任的内部控制，以诚信经营赌场；提供满足游客需要的娱乐形式。

②赌场设施设备（Facilities and Equipment）。邮轮上赌博设备的购买与安装需要符合当地博彩管理局或其他管辖区的监管标准。

③赌场游戏规则（Rules of Play）。邮轮上应向游客提供赌博指南，详细介绍赌场的游戏规则，这些游戏规则应该依据相应的监管标准制定；赌博游戏最大赌注和最小赌注都要清楚明白地标注在每项赌博游戏上。

④赌场内部控制（Internal Controls）。邮轮内部审计部门对赌博经营进行定期检查，一般不超过12个月。所有的赌博项目都有详细的内部控制标准，比如现金和筹码的数量、赌博游戏规程等。邮轮采取一些监督表格来确保游戏各方的公平性。此外，赌博项目操作和财务核算要尽可能地分清，收银员和发牌员要遵守各自的岗位职责。

⑤赌场对客服务（Customer Service）。邮轮上的赌博业务由酒店经理（Hotel Manager）全权负责，以确保赌场工作人员高标准地工作。如果发生争议，而游客又认为赌场经理（Casino Manager）不能妥善解决，则应该直接将争议提交酒店经理来处理，酒店经理应尽一切努力解决问题。如果争议不能在船上解决，可以将相关争议材料移交至邮轮公司岸上办公室，最终给游客合理的答复。邮轮公司也会使用顾客意见卡来提高赌场的经营水平。

想一想

在提供赌场服务时，应注意哪些事项？邮轮上和陆地上的赌场有什么差异？

（3）摄影（Photograph）。邮轮上的摄影师为游客提供摄影服务。从游客登上邮轮开始直至游客下船，摄影师们会出现在游客登船的舷梯、船长欢迎晚宴、泳池甲板区域或酒吧等区域，为游客拍摄专业的、具有纪念意义的照片，为游客留下美好的回忆。

很多邮轮公司会通过数码技术合成一些照片，或者将其制成一些小型的纪念品，通过出售给游客来获取收益。冲洗出来的照片会在邮轮上的展示区展出，让游客看到这些照片并且购买，这是邮轮摄影师的主要工作任务。

（4）青少年及儿童活动（Youth&Teen Program）。乘坐邮轮旅游的游客中有很多喜欢带着小孩，邮轮行程也非常适合全家人一起欢乐出游，除了有适合大人的娱乐活动外，对于青少年和儿童的节目安排也很精彩。针对不同年龄段的孩子，邮轮上提供不同的活动项目。青少年可以欣赏音乐、电影和视频游戏，3～12岁左右的儿童有专属的特色俱乐部，3岁以下的孩子也会有专人进行照料。所有活动均在受过专门训练的辅导员或保育员的监督和指导下进行，以确保孩子们安全、愉快。

（5）特许经营服务（Concessionaires）。特许经营作为一种商业经营模式，受到了邮轮公司和很多经营者的喜爱。一些邮轮品牌签约一些特许服务，允许一些知名的美容、发艺设计等品牌在邮轮上经营业务，并向邮轮公司支付一定的费用。这些经营者们拥有独立的财务核算，也可以雇用自己的员工。邮轮公司既可以获得收益，又可以满足游客多种多样的需要。常见的一些特许经营服务项目包括：SPA、面部护理、发型设计、美甲、营养讲座等。

📖 本章小结

邮轮服务贯穿于邮轮经营的全过程，是邮轮企业生存和发展的重中之重。作为邮轮上的管理人员，主要职责就是通过多种手段，带领员工提供优质服务，让每一个游客都能度过一段美好、难忘的邮轮之旅。

服务对象不单是外部的顾客，还包括内部顾客——员工。管理者如何为员工提供服务是其必须掌握的管理技能，如果不能善待员工，就不能期望他们提供优质的服务。因此，邮轮也要为员工提供优质的服务。

❓ 思考与练习

1. 影响邮轮服务质量的因素有哪些？
2. 如何正确地处理顾客投诉？
3. 邮轮服务的主要内容有哪些？
4. 举例说明什么是特殊服务。

第四章 现代邮轮公司人力资源管理

邮轮公司人力资源管理就是恰当地运用现代管理职能，通过合理的招聘、选拔、录用、培训和激励等手段，实现人员配备的优化组合，调动员工的积极性。邮轮就业岗位的特殊性对邮轮公司人力资源管理提出了很高的要求。为了做好邮轮人力资源管理，首先要进行的就是人力资源的合理规划。

教学目标

1. 向学生讲解人力资源规划的含义。
2. 使学生了解邮轮员工招聘的渠道及程序。
3. 了解邮轮员工与一般酒店员工的差异。
4. 了解员工的培训和激励制度。
5. 熟悉邮轮上的船员机构及邮轮酒店各部门的岗位设置及要求。

第一节 邮轮人力资源规划

一、邮轮人力资源规划基础

1. 人力资源规划的含义

人力资源规划（Human Resource Planning，HRP）是以企业发展战略为指导，以全面核查现有人力资源、分析企业内外部条件为基础，以预测企业对人员的未来供需为切入点，所进行的包括组织人事规划、制度建设规划、员工开发规划等各项人力资源管理。

邮轮公司人力资源规划有利于确保公司发展过程中对人力资源的需求，保障人力资源管理活动的有序进行，合理控制各项人力资源成本，同时调动邮轮员工的工作积极性和创造性，为邮轮公司的经营运作提供强有力的人员保障。

2. 人力资源规划的内容

邮轮公司的人力资源规划必须根据公司总体发展目标进行，一般包括战略规划、组织规划、制度规划、人员规划以及费用规划五个方面的内容。

（1）**战略规划**。战略规划是根据公司总体发展战略目标，对公司人力资源开发和利用的方针、政策和策略的制定，是各项人力资源具体计划的核心。

（2）**组织规划**。组织规划是对公司整体人力资源框架的设计，主要包括组织信息的采集、处理和应用，组织结构图的绘制，组织调查、诊断和评价以及组织机构的设置等。

（3）**制度规划**。制度规划是公司人力资源总体规划目标实现的重要保证，包括人力资源管理制度体系建设的程序以及制度化管理等内容。

（4）**人员规划**。人员规划是对公司人员总量、构成和流动的总体规划，包括人力资源现状分析、公司定员、人员需求和供给预测、人员需求和供给平衡等内容。

（5）**费用规划**。费用规划是对公司人工成本、人力资源管理费用的整体规划，包括人力资源费用的预算、核算、结算以及人力资源费用控制。

想 一 想

邮轮进行人力资源规划的必要性是什么？

二、邮轮公司组织与人员规划

1.邮轮公司组织规划

组织是一个合作系统，一个邮轮公司就是一个组织。通过组织，人们可以完成只凭个人之力无法完成的工作或达到个人之力无法达到的目标，还可以实现比同样数量单独工作的个人更高的工作效率。要做好邮轮公司的人力资源管理，首先要科学设计邮轮公司的组织结构（Organizational Structure），即邮轮公司全体员工为实现经营目标，在各项工作中进行分工协作，在职责范围、责任、权利等方面所形成的结构体系。

从全球范围来看，各大邮轮公司规模大小不同，组织结构也略有不同。小型邮轮公司内部组织结构分工较粗略，一般邮轮公司实行董事会下的总经理负责制，包括市场部、巡航部、财务部、人事部等部门。国内的小型邮轮公司多是下面这种组织结构（图4-1）。

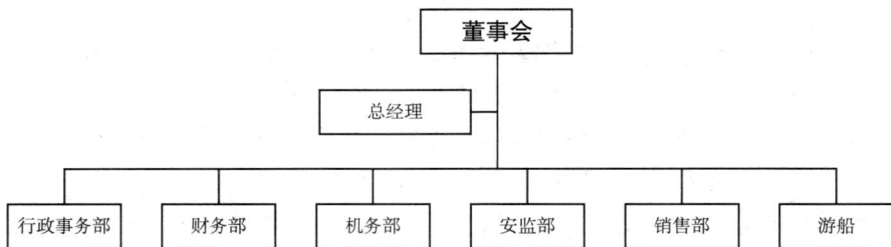

图4-1　国内邮轮公司组织结构示意图

大型邮轮公司员工有上万人，内部组织结构分工更为细化，一般实行董事会之下的总裁负责制，以北美典型的大型邮轮公司为例，其组织机构设置一般为董事会（董事长）之下的总裁负责制。其组织结构如图4-2所示。

想一想

国内外邮轮工作组织结构的差异是什么？

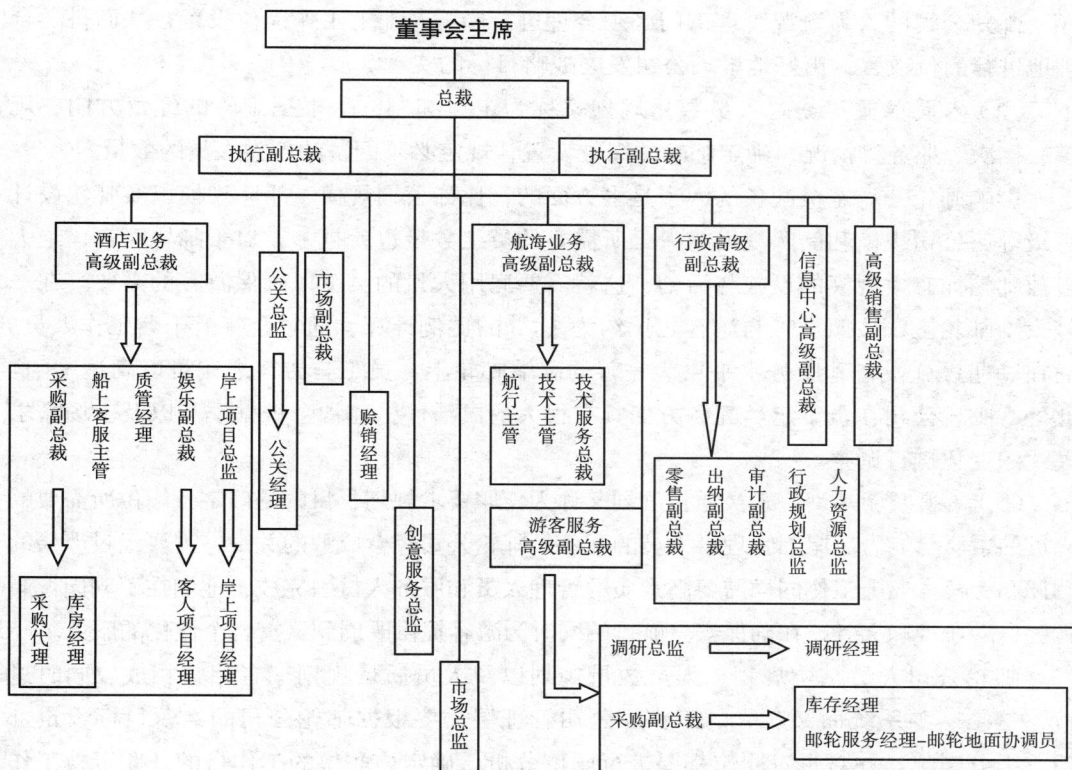

图 4-2　大型邮轮公司组织结构示意图

2. 邮轮公司人员规划

邮轮公司进行人员规划，需要关注的焦点问题包括：人员数量；员工应具备的素质和技能；如何对员工进行培训开发；员工招聘如何进行等。概括来讲，主要包括三个方面的内容，即人员结构规划、人员数量规划和人员质量规划。

（1）**人员结构规划**。人员结构规划又称为层级规划，即确定合理的人员分层分级结构，是人员数量规划和人员质量规划的基础。要做好人员结构规划，需要对公司的职位进行分类、分层，然后对公司现有人员结构进行诊断，并给出未来人员结构的优化建议。

按照工作地点的不同，邮轮公司的工作岗位可以分为两种：

①岸上工作岗位（Onshore Position）。岸上工作岗位主要涉及管理、预订、市场、销售、客户服务、技术、人力资源等领域。

②船上工作岗位（Onboard Position）。船上工作岗位主要涉及船舶安全航行以及游客接待服务等领域。

邮轮公司的人力资源管理部门必须合理进行岸上及船上工作岗位设置，从而科学合理地进行岗位设置，更好地推动公司发展战略目标的实现。

（2）**人员数量规划**。人员数量规划又称为定员编制，是根据邮轮的经营方向、规模、档次、业务等情况，确定邮轮的岗位设置，规定必须配备的各类人员的数量。

影响邮轮公司定员配备的因素是多方面的，比如公司规模、船队规模以及邮轮设计等级等。公司规模和船队规模越大，所需要的员工数量也就越多。对于邮轮而言，绝大多数邮轮拥有大规模的设施与活动，这就需要雇用大量的员工以确保游客的需要。在一艘大型邮轮上，按照员工与游客之比约为1∶3的比例计算，通常会有上千名工作人员。而在一些设施设备和服务水平更为完善的高端邮轮上，员工与游客之比可以高达1∶1。此外，邮轮公司在员工定员配备方面具有很大的灵活性，通常会根据季节以及市场需求模式的变化进行调整。

（3）**人员质量规划**。人员质量规划又称为任职要求规划，目的是确定各岗位所需要的人员的素质与能力。岸上管理层人员的配备是邮轮公司经营成败的关键，需要经过严格的测评和考核。船上工作同样需要高素质的管理人员和服务人员去完成，他们在不同岗位履行各自的职责和义务，在确保安全航行的同时为游客提供既周到又富含个性化的服务。

邮轮公司人员结构规划、人员数量规划以及人员质量规划三者相辅相成、同时进行，这是一项系统而又庞大的工作。公司管理层需要根据邮轮公司的经营目标设定部门、细分岗位，并对每一职位都要进行职位分析，确定该职位的工作目的、职责、工作内容、工作环境、所需知识与技能要求等，同时确定现在及未来对员工数量的需求情况，据此制订详细的计划并实施。

第二节　船员的招聘

船员招聘是人力资源管理中一个非常重要的环节，是寻找并且筛选合适的申请人填补岗位空缺的过程。现代邮轮经营活动能否正常运营，能否为游客提供高质量的服务，取决于邮轮员工的综合素质、业务能力和服务水平；而员工素质的高低、能力的强弱又与员工招聘、培训等工作密切相关。恰当的选择并激励员工有助于确保在所有对客接触中保持邮轮的形象和价值。

一、招聘工作的重要性

（1）**招聘工作是增补新员工的有效途径**。一般情况下，邮轮员工的流动性比较大，容易产生岗位空缺。原因可能有以下几种：邮轮企业之间人才的竞争；邮轮企业内部员工的调配；因意外事故而产生的自然减员；老员工退休；设置新的服务项目等。弥补这些岗位空缺的主要途径就是招聘新员工，从而使员工队伍保持稳定，使正常的经营不受影响。

（2）**招聘工作是促进员工队伍优胜劣汰的重要手段。** 员工队伍应当保持稳定，但这种稳定是相对的；员工的适当流动是合理的，适当的流动可以使员工队伍保持活跃，促进整体素质的提高，从而提高服务质量，提高经营业绩。

招聘工作就是通过对应聘人员在德、能、勤、技等方面的考核，择优录取，让更符合岗位要求的员工从事相应的工作。这样，有利于优秀员工的流入和不良员工的流出，使员工队伍处于良性流动状态。

二、船员招聘的渠道及程序

1. 招聘渠道

船员招聘可以分为内部招聘和外部招聘，采用内部培养提升和适当引进相结合的办法，以保证邮轮工作人员的有效利用和持续开发。

（1）**内部招聘。** 内部招聘，就是从邮轮内部工作人员中发现和挖掘人才，主要途径有：

①提升。从内部提拔一些合适人员来填补职位空缺是常用的办法。它可以使邮轮企业迅速从员工中提拔合适的人选到空缺的职位上。内部提升给员工提供了机会，使员工感到在组织中是有机会发展的，个人职业生涯发展是有前途的。这对于鼓舞士气、稳定员工队伍是非常有利的。同时由于被提升的人员对组织较为了解，他们能很快地适应新的工作环境。

②工作调换。工作调换也称"平调"。它是指职位级别不变，工作岗位调整，是内部人员的另一种来源。工作调换可以提供员工从事邮轮上多种相关工作的机会，为员工今后提升到更高一层职位做好准备。

③工作轮换。工作调换一般用于中层管理人员，且在时间上往往可能是较长的，甚至是永久的，而工作轮换则一般用于有发展潜力的员工，使其能够积累各个岗位的工作经验，为下一步的晋升做准备。

④内部人员重新聘用。邮轮企业会接受由于员工个人原因导致的辞职，但如果员工以后想重新回来工作，企业会对其重新聘用。

内部招聘的主要方法有布告法、推荐法和档案法三种。

想一想

邮轮公司在什么情况下会选择内部招聘？

（2）**外部招聘**。内部招聘固然有许多优点，但其明显的缺点是人员选择范围小、数量有限且易产生"近亲繁殖"的弊端。所以，邮轮人力资源部门还必须注重人员外部招聘。其途径主要有：

①借助网络。21世纪是网络经济的时代，互联网以特有的方式改变着人的思维与观念。据有关部门资料显示，在世界历史上，职业网是信息技术中发展最快的部分，已经取代了网上售书、网上知识入门、网上拍卖的地位。网上招聘将成为企业招聘的主要渠道之一，因为网络招聘不仅可以节省开支和时间，而且信息传递便利、快捷。邮轮公司一般都是国际型的大公司，招聘的员工遍布世界各地，网络招聘是最方便、最快捷的招聘方式之一，一方面可以通过商业性的职业网站发布招聘信息，另一方面可以在自己公司的主页上发布招聘信息。

②借助中介。中介是邮轮公司与应聘员工之间的桥梁。为了提高服务水平，适应来自世界各地旅游者的需要，邮轮公司倾向于从世界各地招聘员工，这就需要从各地选择合适的邮轮招聘代理商或招聘中介进行代理招聘。邮轮公司提供招聘岗位需求和岗位职责，由招聘代理商的专业招聘团队设计专业的招聘方案，并负责整个招聘过程中发布招聘信息、搜索人才、收集和遴选简历、进行人才评估等各个环节的工作，根据邮轮公司需要提供符合邮轮职位要求的人选供邮轮公司选择。代理招聘简单快捷，不仅更有针对性，而且可以节约招聘成本、降低招聘风险，因此被各大邮轮公司广泛采用。

③借助会议。随着各国邮轮市场的不断扩大，世界知名的邮轮公司都争相开拓市场，建立合作关系，邮轮公司可以借此类机会广为宣传，积极网罗人才。同时，要注意了解当地人力资源状况，同行业及其他行业的人事管理政策和人力资源需求状况，以便知己知彼，有的放矢。

④员工推荐与申请人自荐。邮轮公司还可以通过现有员工推荐的方式雇用新员工，这样既可以节约招聘成本，又可以获得忠诚且可靠的员工。另外，对于毛遂自荐的应征者，邮轮公司也应该给予礼貌而及时的答复。

想一想

我国现有的邮轮员工招聘途径是什么？

2. 招聘程序

（1）**制订招聘计划**。根据邮轮上对员工的特殊要求，制订相应的招聘计划；根据职位说明书的要求，制定招聘标准。

（2）**确定招聘渠道**。可以在报纸上刊登广告从社会上招聘；也可以直接从专业团体或行业协会招聘；也可以通过中介机构或私人推荐招聘。

（3）**审阅应聘资料**。通过应聘报名表或履历表了解应聘者的相关情况，包括姓名、年龄、住址、技能、文化程度、健康状况、工作经历等，以初步判断应聘者是否能达到职位说明的要求。

（4）**面试**。面试是通过与应聘者面对面的交谈，观察应聘者的表情、动作姿态、谈话态度、思维广度、回答速度以及心理素质，评价应聘者是否适宜邮轮职位、是否具有培养潜力等。邮轮上的很多工作岗位会与顾客高度接触，因此，招聘者需要评价应聘者的性格，诸如善于与人相处、灵活、有专业态度、有上进心以及注重外表等。有实际技能、知识和领悟能力的应聘者很可能成为有价值的邮轮员工。

（5）**技能测试**。这是考核应聘者实际技能的重要环节。技能测试可以从两方面进行：一是通过口试或笔试以测试其理论修养；二是通过具体操作测试其实际能力。

（6）**核实资料**。首先，通过应聘者的证明人进行核查，以核实应聘表中的情况是否属实，进一步了解其学习情况和工作经历及个人爱好。其次，通过原单位或雇主了解其以前的工作态度、工作业绩、个人品质、健康情况等。根据面试、技能测试、核实材料，可以对应聘者能否适应工作做出基本判断。

（7）**办理相关证件**。

①护照、签证与工作邀请函。通过邮轮公司面试之后，员工会接收到邮轮公司所寄出的工作邀请函。员工持工作邀请函与护照办理相应的签证手续。

②健康证、国际预防接种证。近年来，随着国际交流的增多，国际间疫情频发，出、入境人员均有卫生检疫要求，需要办理健康证以及国际预防接种证。

③海员证、船员服务簿。通过相关海事部门专业考核所获得的海上从业证书。

（8）**依据工作邀请函上的时间前往邮轮上岗**。

想一想

为什么邮轮员工招聘要经过严格的程序？前往邮轮工作需要办理哪些相关证件？

第三节 船员的培训与激励

对船员的培训和督导工作，是邮轮公司加强管理、改善经营、提高服务质量、稳定客源、增加收入的重要手段。培训又是娱乐服务人员提高能力、发挥作用、争取晋升、体现价值的有效途径。邮轮员工应该得到适当的培训和学习机会。而督导工作则是培训的继续和延伸。

一、邮轮员工的培训

1. 培训的含义

培训是一种有组织的管理训诫行为。为了达到统一的科学技术规范、标准化作业，通过目标规划设定、知识和信息传递、技能熟练演练、作业达成评测、结果交流公告等现代信息化的流程，让员工通过一定的教育训练技术手段，提高水平，达到预期的目标。

邮轮员工培训是一个系统的过程，它通过提高员工的技能水平，增强员工对邮轮公司未来规划和理念的理解，改进员工的工作态度，旨在提高员工个人能力和工作要求之间的配合程度。常见的邮轮员工培训包括入职培训（Induction Training）和在岗培训（In-Service Training）两种类型。

（1）入职培训。入职培训又称为岗前培训，是邮轮员工在正式进入邮轮工作之前所接受的培训。

入职培训的目的是让新员工对邮轮工作特性与岗位职责有一个初步的了解和基本认识。对于很多第一次上邮轮工作的员工来说，进入一种陌生的环境，往往会感受到很大的压力，比如环境与人员的陌生、经验与岗位的暂时不适、理想与现实的落差等，从而导致不能全身心或愉快地投入工作，既不利于邮轮的经营，也不利于员工的自身发展。入职培训可以缓解员工的焦虑和困惑情绪，帮助员工快速消除陌生感并尽快融入邮轮工作环境，培养员工对邮轮工作的积极态度，因此，不容忽视。

邮轮公司新员工的入职培训时间一般为两周至1个月，采取集中课堂培训的方法，并对每个人的培训效果进行严格测评。主要内容是：公司培训讲师向新入职员工介绍公司创建背景、经营理念、品牌特色、客源状况、组织结构、规章制度等，以此帮助员工融入企业文化，培养员工的归属感。培训讲师在新员工培训方面具有很多优势，比如：丰富的邮轮实务经验，熟悉邮轮公司文化，熟悉邮轮内部专用沟通语言，擅长与新员工沟通和交流等。各大邮轮公司根据情况的不同可以灵活安排入职培训，以达到预期的效果。

（2）**在岗培训。**在岗培训是对已经有一定教育背景并且已经在岗位工作的员工进行的再培训活动。根据培训目的不同，在岗培训可以分为转岗晋升培训以及改善绩效培训两种类型。

①转岗晋升培训。转岗培训是对已经批准转换岗位的员工进行的，旨在使员工达到新的岗位要求；晋升培训主要针对拟晋升人员，旨在使其达到更高一级岗位要求。转岗晋升培训内容主要是新岗位或高级岗位的任职要求与技能训练。

②改善绩效培训。改善绩效培训是希望员工提高工作绩效所进行的在岗培训，培训内容涵盖公司经营理念、邮轮品牌特色、岗位规章制度、对客服务技巧等方面，通过集中授课、操作要领指导等方式进行。皇家加勒比、歌诗达等邮轮公司都为员工制作了书面以及视频培训资料，员工在工作之余要进行自学并接受考核。

提升在岗员工操作技能常用的方法是工作指导（Job Instruction），即对某项工作需要做什么以及如何做进行详细的指导，是在岗培训的一种极为有效的方式。工作指导可以从知识、技能等方面进行，主要侧重于工作岗位业务知识的掌握和对具体操作规程进行培训，尽量使员工熟练地掌握必备的服务技巧以及应对突发事件的能力。

培训过程主要包括两个方面：一是展示并告知受训者做什么、怎么做；二是让受训者实际操作并按照正确的做法独立熟练操作。培训实施者首先必须解释和示范工作内容，然后让受训者练习，一步一步示范操作，必要时纠正错误，直到受训者能正确履行岗位职责为止。

岗位工作指导对于员工完成相对单一的工作任务非常有效，其有效性归根于为员工提供了广泛的实践机会并收到针对性很强的反馈。每个员工理解和吸收培训材料的速度不同，遇到的问题也不同。入职培训使邮轮员工具备了基本的岗位任职资格，但并不意味着员工已尽善尽美，也不能确保每个员工都能达到要求。工作指导可以使入职培训的不足得以弥补，使邮轮员工进一步发展和提高自己的工作能力，更好地完成邮轮上的对客服务。

想 一 想

邮轮上的在岗培训是如何进行的？

2. 培训的作用

（1）**提高员工的认识水平。**首先，通过培训可以提高员工对服务工作的认识，引导他们正确地对待人生，正视各种社会现象，摆正金钱、物质和本职工作的关系，提高遵守职业道德标准的自觉性。服务工作是社会工作非常重要的一部分，在社会中，我们每个人既是服务员又是顾客，既是生产者又是消费者。作为一名服务员，必须具备爱岗敬业的职业道德。其次，通过培训可以提高员工的质量意识，使员工认识到"宾客至上，服务第一"的重要性，在服务态度、礼貌、礼节、操作技能、工作效率、心理素质等方面自觉地加强修养，在工作实践中为客人提供优质服务。

（2）**掌握专业技能**。邮轮上的不同岗位之间存在着明显的差距，因此服务员除了具备基本的服务技能外，还要掌握某些项目的专业服务技能。这些专业服务技能必须通过比较认真的培训才能掌握。某些特殊岗位，如游泳池的救护员、按摩室的按摩员、歌舞厅的调音师等，还需要特定培训机构培训并经过严格考核之后，才能获得社会和行业认可的上岗合格证。

（3）**提高劳动效率**。通过培训，可以使员工提高认识、掌握技能、增强独立工作的能力，有助于劳动效率的提高。员工工作能力的加强也可以将管理人员从事必躬亲的烦琐工作中解放出来，从而有助于邮轮整体工作效率的提高。另外，培训也可以为员工创造晋升机会，激发其不断进取的工作热情，从而提高邮轮的整体工作效率。

（4）**降低经营成本**。计划周密、系统的培训，能够提高服务员的工作水平，降低邮轮的经营管理成本。

心理学的分析表明，员工当工作有困难而变得心烦意乱时，就会产生工作压力，如果这种压力得不到有效缓解，员工的工作态度就会变差，工作效率就会降低，最终导致人心不稳、人员流动，进而影响服务质量。实践证明，人员非正常流动是造成邮轮企业劳动力成本过高的主要原因。成功的培训能减轻服务员的工作压力，减少人员流动，提高生产效率，降低劳动成本。

（5）**提高服务质量**。游客判断服务质量的高低主要是依据员工的工作态度、工作能力等综合素质，从这个意义上说，员工的态度和工作表现成为邮轮经营成功与否的关键。而要提高员工的综合素质，就必须做好培训工作。

想 一 想

邮轮为什么要设置严格的培训计划？

3. 培训的方法

岗位培训之所以广受欢迎，是因为它花费较少，具有灵活多样的培训方式。以下介绍几种常见的培训方法：

（1）**讲授法**。属于传统的培训方式，优点是运用方便，便于培训者控制整个过程。缺点是单向信息传递，反馈效果差。常被用于一些理念性知识的培训。

（2）**视听技术法**。通过现代视听技术（如投影仪、DVD、录像机）对员工进行培训。优点是运用视觉与听觉的感知方式，直观鲜明。但学员的反馈与实践较差，且制作和购买成本高，内容易过时。它多用于邮轮企业概况、传授娱乐服务技能等培训内容，也可用于概念性知识的培训。

（3）**讨论法**。按照费用与操作的复杂程序又可以分成一般小组讨论与研讨会两种方式。研讨会多以专题演讲为主，中途或会后允许学员与演讲者进行交流沟通。优点是信息可以多向传递，与讲授法相比反馈效果较好，但费用较高。而小组讨论法的特点是信息交流时方式为多向传递，学员的参与性高，费用较低。多用于巩固知识，训练学员分析、解决问题的能力与人际交往的能力，但运用时对培训工作人员的要求较高。

（4）**案例研讨法**。通过向培训对象提供相关的背景资料，让其寻找合适的解决方法。这一方式使用费用低，反馈效果好，可以有效训练学员分析解决问题的能力。另外，培训研究表明，案例、讨论的方式也可用于知识类的培训，且效果更佳。

①优点：可以帮助员工学习分析问题和解决问题的技巧；能够帮助员工确认和了解解决问题的可行方法。

②局限性：需要较长的时间；可能同时激励与激怒不同的人；与问题相关的资料有时可能不甚明了，影响分析的结果。

（5）**角色扮演法**。受训者在培训者设计的工作情境中扮演其中的一个角色，其他员工与培训者在学员表演后做适当的点评。由于信息传递多向化，反馈效果好、实践性强、费用低，因而多用于人际关系能力的训练。

①优点：能激发员工解决问题的热情；可增加学习的多样性和趣味性；能够激发热烈的讨论，使学员各抒己见；能够提供在他人立场上设身处地思考问题的机会；可以避免可能的危险与尝试错误的痛苦。

②局限性：观众的数量不宜太多；演出效果可能受限于员工过度羞怯或过深的自我意识。

培训时应注意的问题：要准备好场地与设施，使演出员工与其他员工之间保持一段距离；演出前要明确议题所遭遇的情况；谨慎挑选演出员工与角色分配；鼓励员工以轻松的心情演出；可由不同组的员工重复演出相同的情况；可安排不同文化背景的员工演出，以了解不同文化的影响。

（6）**自学法**。这一方式较适合于一般理念性知识的学习，由于成人学习具有偏重经验与理解的特性，让具有一定学习能力的学员自学是既经济又实用的方法，但此方法也存在监督性差的缺陷。

（7）**互动小组法**。也称敏感训练法。此法主要适用于管理人员的人际关系与沟通训练。让员工通过培训活动中的亲身体验来提高他们处理人际关系的能力。其优点是可明显提高人际关系与沟通的能力，但其效果在很大程度上依赖于培训者的水平。

（8）**网络培训法**。是一种新型的计算机网络信息培训方式，投入较大。但由于使用灵活，符合分散式学习的新趋势，节省学员集中培训的时间与费用。这种方式信息量大，新知识、新观念传递优势明显，更适合成人学习。这种方法也是邮轮上对员工培训时常用的一种方法，这也是培训发展的一个必然趋势。

（9）**个别指导法**。师徒传承也叫"师傅带徒弟"、"学徒工制"、"个别指导法"，是由一个在年龄上或经验上资深的员工来支持一位资质较浅者进行个人发展或生涯发展的体制。师傅的角色包含了教练、顾问以及支持者。身为教练，会帮助资质较浅者发展其技能；身为顾问，会提供支持并帮助他们建立自信；身为支持者，会以保护者的身份积极介入各项事务，让资质较浅者得到更重要的任务，或运用权力让他们升迁、加薪。

优点：在师傅指导下开始工作，可以避免盲目摸索；有利于尽快融入团队；可以消除刚刚进入工作的紧张感；有利于传统的优良工作作风的传递；可以从指导人处获取丰富的经验。

（10）**场景还原法**。场景还原法是一种新型的员工培训方法。其主要方式是让新员工有一个途径从项目、任务、客户、同事等多个维度来了解事情发生的前因后果和上下文，而这个途径就是"活动流"。领导系统可以让员工根据工作需要去进入相应的活动流中，如项目活动流、任务活动流、客户活动流、个人活动流等。如果想了解项目，通过进入项目活动流可以了解项目的目标、资源、执行过程、文档等所有信息。如果是接手一个项目中未完成的任务，可以将任务重新分配给新的同事，这个新同事会马上了解到任务执行的前期记录，因为任务活动流中记录了执行过程中的所有问题、解决方法以及客户的反馈等，像放电影似的展现在眼前。如果一个新领导想了解部门员工的话，可以具有权限进入每个员工的个人空间去了解他们的工作、兴趣、爱好、工作真实进度，对工作所提的建议，以及所完成的项目、任务、文档等。这样领导就能快速融入团队，快速开展工作。

二、邮轮员工的激励

激励（Motivation）一词原是心理学的一个术语，是指激发人的动机的心理过程。从字面含义中可以看出，激励既包括激发、鼓励、以利益诱发之意，也包含约束和规划之意。

1. 员工激励的重要性

邮轮员工激励是邮轮公司通过创设适当的奖励形式和工作环境，以一定的行为规范和惩罚性措施，激发、引导、保持和规范邮轮员工行为，从而有效地实现邮轮及其员工个人目标的系统活动。

现代邮轮是一个庞大、交流密集的社区。在这里，人们都是朋友和同事，在一起工作，相互支持。无论是在社交时间还是工作时间，邮轮员工任何形式的消极沮丧都与邮轮公司的利益相悖。邮轮公司聘用员工采用固定期限的雇佣合约形式，一般情况下，合约为期 6 个月、8 个月或者 10 个月。在雇佣合约的约束下，员工每天持续、重复地干一种工作，很容易产生焦虑、乏味的情绪。这就要求邮轮公司采用科学有效的激励措施，以调动员工的工作积极性，开发员工的潜在能力，促进员工更好地发挥聪明才智与创新精神。

想一想

邮轮为什么要不断地对员工进行激励？

2. 邮轮员工激励的类型

邮轮员工激励可以分为内在激励（Intrinsic Motivation）和外在激励（Extrinsic Motivation）两种类型。

（1）**内在激励**。内在激励来源于员工和工作任务之间的直接联系，完成工作本身产生的成就感、挑战感和胜任感，都可以成为某种内在激励因素，对工作本身的兴趣也是一种内在激励因素。

（2）**外在激励**。外在激励来自于外部的工作环境，诸如工资、附加补贴、公司政策和各种形式的监督等。比如，邮轮公司为船上员工提供的免费自助餐、免费工作服、免费洗衣服务、免费饮料啤酒、免费娱乐设施、免费生活日用品以及亲属邮轮旅游折扣等服务都可以成为外在激励因素。休假期间，有的邮轮公司还会为员工免费提供往返机票。此外，安全的工作环境也为邮轮公司所注重。

某些因素既是外在激励因素，又有内在激励性质。绝大多数邮轮公司注重对邮轮员工的激励。歌诗达邮轮公司为员工颁发跨越赤道证书，为员工留下环游世界的印证，也是一种独特的员工激励方式。皇家加勒比邮轮公司为员工提供与船长等领导层的集体合影，免费的网络，一次客人餐厅的免费用餐机会等，这些都是独特的员工激励方式。

第四节　船员结构及岗位要求

一、邮轮上的船员结构

与油轮或货轮相比，邮轮大部分工作人员都要为游客提供服务。在现代邮轮业中，雇员分为管理者、乘务员和一般职员。管理者是指具有特定权利的雇员，他们分布在4个部门内：航海部、轮机部、广播部以及酒店服务部。乘务员也相应地被分配在这4个部门，数量是最多的。一般职员包括商店经理、理发师、美容师、表演人员、赌场工作人员、摄像师，其中有很多是与特许经营者签约而在船上工作的。图4-3是大型邮轮的组织结构图。

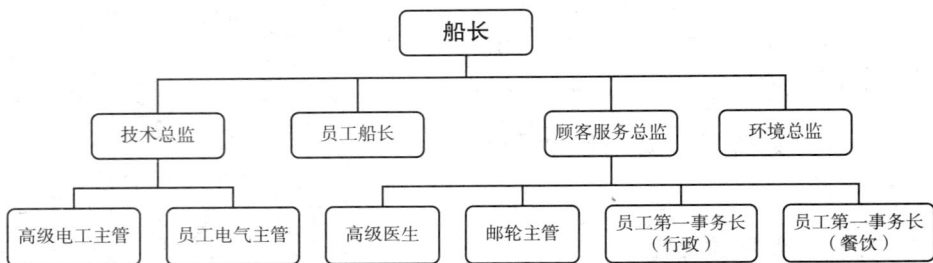

图 4-3　以邮轮高级委员会为例的船员组织管理结构示意图

由此形成的"邮轮公司"是一个庞大而多元化的社区，因规模大且情况复杂，要求细心管理和协调。

1. 航海部

航海部主要负责邮轮航海、船体保养和船舶营运中的货物积载、装卸设备、航行中的货物照管；主管驾驶设备，包括导航仪器、信号设备、航海图书资料和通信设备；负责救生、消防、堵漏器材的管理；负责舱、锚、系缆和装卸设备的一般保养；负责货舱系统和舱外淡水、压载水和污水系统的使用和处理。

（1）**航海部职业分类**。航海技术（船舶驾驶）部海员职业可以分为：船长、驾驶员（大副、二副、三副）、值班水手等。其中船长和大副属于管理级的海员，二副、三副属于操作级海员，水手属于支持级海员。

（2）**航海部的岗位职责**。

①管理级海员的职责：

船长：船长是船舶领导人，负责船舶安全运输生产和行政管理工作，对公司经理负责。主要工作包括领导全体船员贯彻国家的方针政策、法令法规和公司下达的各项指示和规定；优质全面地完成运输生产和其他任务，最大限度地保障船舶和生命财产的安全以及发挥船舶正常航海和运货；严守国际公约和地区性规定及承担应尽的国际义务；遇到应急情况时果断而稳妥地处理各项事务。

在英、美等国，船长不属于船员，而单独作为一种职业。在我国，船长也是一个职称（"船长"是中级职称，"高级船长"是高级职称）。如今，我国有很多非船员的职业也多由或者必须由具有船长资质的人来担任，比如海事调查官、航运公司或国际船舶管理公司的海务部、船务部负责人以及指定人员等。

想一想

船长在我国和英、美等国有什么差异？

大副：主持甲板日常工作，协助船长做好安全生产和船舶航行，担任航行值班；主管货物装卸、运输和甲板部的保养工作；负责制订并组织实施甲板部各项工作计划；负责编制货物积载计划、维护保养计划；主持安全月活动和相关安全工作。

②操作级海员的职责：

二副：履行航行和停泊所规定的值班职责；主管驾驶设备包括航海仪器和操舵仪等的正确使用和日常维护；负责航海图书资料，通告及日常管理和更正工作，以及各种记录的登录。

三副：履行航行和停泊所规定的值班职责；主管救生、消防设备的日常管理和维护工作。

③支持级海员的职责：

水手长：在大副领导下，具体负责木匠和水手工作；做好锚、缆、装卸设备的养护维修工作；带领水手做好油漆、帆缆、高空、舷外、起重、操舵及其他船艺工作。

一水：执行操舵、航行值班职责和日常甲板部的维护保养工作。

二水：执行带缆、收放舷梯和甲板部的各种工艺工作。

航海部可以通过他们所佩戴的肩章上的纯金色的条纹来辨别，总长和船长肩章上的条纹为4条。图4-4为皇家加勒比邮轮公司船长和大副的制服，航海部主任肩章上的条纹为3条，大副为2条半，二副为2条，三副为1条半，四副为1条，学员一般为1条或半条。航海部的标志是钻石。

图4-4 船长和大副的制服

资料来源：皇家加勒比邮轮公司资料

2. 轮机部

轮机部主要负责主机、锅炉、辅机及各类机电设备的管理、使用和维护保养；负责全船电力系统的管理和维护工作。

（1）**轮机部职业分类**。轮机部海员职业可以分为：轮机长、轮机员（大管轮、二管轮、三管轮）、电机员、铜匠、修理工、值班机工。其中，轮机长和大管轮属于管理级的海员，二管轮、三管轮、电机员属于操作级海员，铜匠、修理工、值班机工属于支持级海员。

（2）**轮机部岗位职责**。

①管理级海员的职责：

轮机长：是全船机械、电力、电气设备的技术总负责人。全面负责轮机部的生产和行政管理工作；检查轮机部各项规章制度的执行以使各种设备保持良好的技术状态。

大管轮：在轮机长的领导下，参加机舱值班，维护机舱正常的工作秩序；主管推进装置及附加设备，锅炉以及润滑冷却、燃油、起动空气、超重动力和应急装置的使用和维护。

②操作级海员的职责：

二管轮：履行值班职责，主管辅机及其附属系统、应急发电系统与燃油柜、驳运泵、分油机、空压机、油水分离设备和污油柜的使用和维护工作。

三管轮：履行值班职责，主管副锅炉及其附属系统、各种水泵、甲板机械、应急设备和各种管系。

电机员：主管船上所有电器设备，主要职责是电路板维修与电器设备保养。

③支持级海员的职责：

铜匠，修理工，值班机工：在轮机长和大管轮的领导下，履行轮机值班职责，参加机电设备的维修保养工作。

轮机长有4条金色与紫色相间的条纹。总电工有3条，大管轮2条半，二管轮2条。该部门有两个标志：佩戴推进器标志的是技术工程人员，佩戴电流图标志的是电工。

（3）航海部与轮机部的职业特点。

驾驶海船，漂洋过海，海员是一种特殊的职业，受到国际公约的保护。其职业特点与其他职业具有共性，但更有许多不同点。

技术性。驾驶与管理船舶需要有专业知识。

独立性。驾驶与管理船舶的过程中每个海员发挥着不同的作用，互不替代。

团队性。驾驶与管理船舶是个系统工作，需要海员协同工作。

艰苦性、风险性。海员远离陆地，以船为家，在相对封闭的环境中驾驶船舶，在各种海况的大海上长期航行。

这些特点，决定了海员不仅要有强健的体魄、娴熟的专业技能，还要具备良好的心理素质、较强的环境适应能力和应对突发事件的应变能力，海员职业对从业人员具有相当高的职业素养要求。

依据邮轮航行时海员工作的特点，一般工作时间被划分为4小时一班，即：04:00~08:00、08:00~12:00、12:00~16:00、16:00~20:00、20:00~24:00、24:00~04:00，由当值驾驶员、轮机员、值班水手、值班机工分别按时轮流工作。

3. 无线电人员

通常有一个无线电主任，根据船上需要，可能还会增加额外的无线电人员。无线电部门负责所有的通信，包括广播、电传、电报、电话以及互联网和卫星通信。无线电人员及其助理（协助无线电人员的员工）隶属工程技术部，但他们与导航员工作合作密切，因此，无线电室通常位于靠近船舶横梁的位置。

无线电（或通信）主任佩戴3道金色和绿色相间的条纹，其他无线电人员与甲板部人员和工程人员的划分类型一样。无线电或通信部的标志是无线电信号。这个职位正在快速消失，在电子化时代，技术类职位可以由一位电信负责人承担。

4. 医疗部

由于邮轮上有一个特定规模的社区，邮轮上需要医疗队。主任医生在医生的支持下领导这个部门。根据船舶和客人的需要，可能还要安排一个或两个甚至更多的护士（一般是有官级的）。一些船舶还雇用勤杂工，他们通常是普通员工。大型邮轮还会雇用药剂师、理疗师和牙医。一些船上还有太平间。

医务人员通常有3条金色和红色的条纹。该部门的标志是 MERCURY 的手杖（二蛇盘绕，为医术的标志）。在船上提供医疗服务对船上社区的健康是必要的。医疗队通过提供专家服务也创造收益。正因为如此，一些邮轮公司将医疗队安排在酒店服务部。

5. 娱乐部

邮轮主任通常是一位娱乐界的资深专业人士，他领导娱乐部。娱乐部负责安排邮轮游客（和船员）的所有娱乐活动，因此，雇用的人员众多，包括音乐师、舞者、喜剧演员、演员、歌手、社交主持、音响和灯光工作人员、舞台技术人员、客座讲师、港口讲解员、保健人员、保健和运动指导、负责儿童的工作人员和专家等。

副主任经常协助邮轮主任。邮轮主任通常跟 3 道条杠的长官是同等级别的，并与酒店服务部门的相类似。

6. 酒店部

酒店服务人员在员工数量上是否占主导地位，这取决于经营规模。负责这个部门的人通常称为酒店经理、酒店服务主管、顾客服务主管或执行事务长。传统意义上讲，"Purser" 这个术语是指事务长，是 "Purse" 的派生词，但是，不同的邮轮公司的使用方式不同。负责酒店服务部的高级官员有 4 条金色和白色相间的条纹。行政总厨、餐饮经理和副事务长有 3 条。高级助理事务长、助理餐饮经理、酒吧经理和客房经理有 2 条半。第二事务长有 2 条。该部门的标志是三叶草叶。

根据邮轮公司的不同以及所关注的核心价值、顾客类型和提供的产品的不同，酒店部可能是较传统的，也可能是较现代的，犹如陆地上的现代酒店一样。因为该部门是本书的重点，该部门的各类职位将在以下部分进行更加深入的描述。

二、邮轮酒店部各部门的岗位设置及岗位要求

1. 邮轮酒店部的岗位设置

邮轮酒店部的岗位设置因为所属邮轮公司的不同而有所不同，但常见的岗位通常包括前台经理、餐厅经理、酒吧经理、行政总厨、客舱经理、赌场经理、娱乐经理以及其各自下属的职位等。

（1）前台经理（Front Deck Manager）。前台经理管理前台接待员（Receptionist）为游客办理住宿期间的入住、退房手续，核查游客入住客舱期间的账单，同时受理顾客投诉、行李遗失、调换房间以及货币兑换业务。

（2）餐厅经理（Food and Beverage Manager）。餐厅经理负责带领餐厅部门的员工为游客提供各式食物和饮品，同时进行餐厅的收支核算。餐厅经理领导的主要员工有餐厅

服务员领班（Dining Room Head Waiter）、餐厅服务员（Dining Room Waiter）、餐厅助理服务员（Dining Room Assistant Waiter）、咖啡厅服务员（Café Wait Staff）、自助餐服务员（Buffet Server）、洗碗工（Dishwasher）、餐厅勤杂工（Busboy）等。与高级职员相比，这些员工的薪水较低，但获得小费的机会比较多。

（3）**酒吧经理（Bar Manager）**。酒吧经理带领酒吧服务员（Bar Server）、鸡尾酒服务员（Cocktail Server）、调酒师（Bar Tartender）以及侍酒师（Wine Steward）等为游客提供各类酒水服务。

（4）**行政总厨（Executive Chef）**。行政总厨负责所有厨房部门的运营与管理，监督食物的准备过程，确保离开厨房的所有食品的品质。在邮轮上的厨房，行政总厨带领副厨师长（Sous Chef）、西式糕点主厨（Pastry Chef）、厨房领班（Chef de Partie）、面包师（Baker）、屠宰员（Butcher）等为游客准备美味可口的食物。

（5）**客舱经理（Housekeeping Manager）**。客舱经理同样需要有良好的组织管理能力和沟通能力，从而更好地协调客舱服务员领班（Head Room Attendant）、客舱服务员（Room Attendant）、洗衣房主管（Laundry Master）、洗衣房员工（Laundry Attendant）、行李员（Bell Man）以及甲板保洁员（Cleaner）等的工作。

（6）**赌场经理（Casino Manager）**。赌场经理需要有丰富的赌场从业经验，并且掌握至少两种赌博游戏。赌场员工主要有发牌员（Dealer）、收银员（Cashier）、老虎机技师（Slot Technician）等。赌场一般在邮轮停靠港口的时候就会关闭，这也给了赌场员工们更多上岸观光的机会。

（7）**娱乐经理（Cruise Director）**。娱乐经理协调邮轮上的所有娱乐活动，乐于社交，殷勤有礼，负责主持游客登船欢迎会和船长招待会，是邮轮员工和游客之间的沟通纽带。娱乐经理助理（Assistant Cruise Director）是娱乐经理的得力助手。娱乐部的工作在邮轮上也是比较受欢迎的，包括娱乐部职员（Cruise Staff）、活动协调员（Activity Co-ordinator）、潜水教练（Dive Instructor）、音乐主持人（Disc Jockey）、艺人（Entertainer）、嘉宾艺人（Guest Entertainer）、喜剧演员（Comedian）、歌手（Singer）、舞蹈演员（Dancer）、乐师（Musician）、演说家（Lecyuer）等。

除了这些岗位之外，邮轮酒店部还设有秘书（Hotel Secretary）、库存经理（Inventory Officer）、客户关系经理（Guest Relation Manager）、排版员（Desk Top Publisher）、总管事（Chief Crew Steward）等职位。

邮轮上的工作经常是交叉重叠的。邮轮规模越小，其工作交叉进行的可能性也就越大。此外，按照国际惯例，很多为游客提供的服务项目都是采取服务外包或者特许经营的模式，因此并不是所有邮轮酒店部的工作人员都是邮轮公司的员工。但一般情况下，邮轮酒店员工被统称为"邮轮乘务员"或"海乘"。

2. 酒店部任职资格

任职资格是指为了保证工作目标的实现，员工必须具备的知识、经验、技能、素质与行为等方面的要求。

邮轮在浩瀚的大海上航行，邮轮上的游客来自世界不同的国家，这些都对邮轮乘务员任职条件提出了更高的要求。对于邮轮员工来说，良好的心态、健康的体魄、娴熟的技能以及必备的专业证书是其任职的基本条件。

（1）**良好的心态**。良好的心态是在邮轮上工作的首要条件。邮轮员工生活和工作在邮轮这个特殊环境中，对其心理有一定的影响。在船工作期间，因职务、岗位、分工的固定化，加上工作性质的特殊性，导致员工无论是工作期间还是休息期间，所扮演的角色基本一成不变。按照心理学理论，角色的不断变化，是促进一个人身心健康的重要指标之一。而邮轮员工在一段时间里角色相对固定、长期缺乏与社会进步信息的交流等容易造成邮轮员工心理活动的模式化，从而导致其心理疲劳，主要表现在强烈的思亲情绪、有一定的孤独感、情绪容易变化且心理宣泄的渠道较少等方面。因此，除了邮轮公司加大对员工的关心和辅导之外，邮轮员工也应该树立良好的心态，具备自我调节能力以及团队合作能力，处理好船上的人际关系。

（2）**健康的体魄**。除了要具备良好的心态之外，邮轮员工还需要有健康的体魄。邮轮招聘员工时对性别没有严格限制，但是对年龄的要求则很明确。亚洲邮轮一般要求员工年满 18 周岁以上，而欧美邮轮一般要求员工年满 21 周岁以上。邮轮公司对员工视力没有特殊要求，但要求脸部应无明显疤痕，不能有慢性疾病、传染性疾病以及遗传性易发疾病等。由于邮轮员工负荷的工作量比较大，因此，求职者应该加强体能训练，保持健康体魄。

（3）**娴熟的技能**。邮轮是个特殊的工作场所，除航海、轮机、医疗等技术部门员工需要掌握相关的专业技能以外，酒店部的员工也必须要在登船工作之前有相关的酒店或邮轮工作经验（Relevant Professional Background），并且能够熟练使用英语或者其他外语进行交流（Good Command of Foreign Language），以便更好地为邮轮的游客提供服务。

（4）**必备的专业证书**。邮轮的工作环境不同于陆地上的酒店，且航行的范围较为广泛，因此需要取得相应的海上适任证书和其他相关证件。

①护照、签证与工作邀请函。通过邮轮公司的面试之后，员工会收到邮轮公司所寄出的工作邀请函。员工持工作邀请函与护照办理相应的签证手续。

②健康证、国际预防接种证。近年来，随着国际交流的增多，国际间疫情频发，出、入境人员均有卫生检疫要求，需要办理健康证以及国际预防接种证。

③海员证、船员服务簿。通过相关海事部门专业考核所获得的海上从业证书。

小资料 🔍搜索

中华人民共和国《海员证》、《船员服务簿》

《海员证》是由中华人民共和国海事局统一印制并签发的中国海员出入中国国境和在境外使用的有效身份证件，是海员的专用护照。它表明持证人具有中华人民共和国国籍，其职业为船员。《海员证》签发给在中国籍国际航线船舶和在外国籍船舶工作的中国海员。

《船员服务簿》是记录船员本人的资历、有关训练和参加体格检查情况的证件，是船员申请考试、办理职务升级签证和换领船员适任证书的证明文件之一。为了加强对中国籍船员的服务和监督管理，记载并核定船员的服务资历，中华人民共和国海事局于1985年1月1日颁布并实施了《船员服务簿》制度。《船员服务簿》由各海事机关负责签发、监督、管理。

邮轮乘务员申请《海员证》与《船员服务簿》，需要经过系统培训并获取相关专业培训合格证书、特殊培训合格证书以及国际航行船舶船员专业英语考核合格证明。

📖 本章小结

邮轮公司要想正常运行，就必须做好人力资源管理。人力资源管理是指管理人员对员工进行招聘、培训与激励等工作。招聘工作包括招聘的渠道和程序；培训包括培训的种类及方法等；同时还有激励方式的制定等管理内容。

❓ 思考与练习

1. 国内外邮轮公司的组织结构有什么异同？
2. 请说明员工招聘的重要性。
3. 招聘的渠道有哪些？
4. 岗前培训和在岗培训指的是什么？
5. 分组模拟一次邮轮面试。

第五章 现代邮轮物资设备管理

物资和设备是邮轮正常运营的物质基础，本章简述邮轮物资与设备管理，以便学生掌握邮轮物资设备日常管理的基本方法和内容。

教学目标

1. 向学生说明物资管理和设备管理的作用。
2. 引导学生熟悉物资和设备管理的内容。
3. 要求学生掌握邮轮物资和设备管理的程序和基本方法。
4. 帮助学生学会制订邮轮设备保养计划。
5. 让学生了解备件管理的内容。

第一节　物资管理

邮轮物资，是指邮轮在生产经营活动过程中所必需的各种劳动工具和生产消耗品的总和，包括各种小型设备、家具用品、食品原材料、工具、器皿、办公用品、物料用品等。它是邮轮业务运转中必不可少的一个关键因素，对邮轮内各种物资进行科学有效的管理，能节约成本费用支出，对邮轮经济效益的提高具有非常重要的意义。

邮轮的物资管理，是对邮轮物资材料进行计划、采购、保管、使用和回收，使之有效发挥应有的使用价值和经济效用的一系列组织和管理活动的总称。由于客人对邮轮物资需要的数量和质量要求有所不同，邮轮物资的种类异常丰富，邮轮的经营情况也直接影响到邮轮的物资采购和使用，因此，邮轮物资管理有一定的复杂性和艰巨性。总的来说，邮轮物资管理主要包括以下内容：

（1）核定邮轮各种物资需求量，编制并执行物资供应计划，根据市场情况、邮轮业务情况的新变化不断修正供应计划，提高物资供应的科学性。

（2）全面了解邮轮所需要的各种物资的特性，深入研究适合各种物资的保管、储藏方法，使物资安全度过从采购到使用之间的过渡期。

（3）编制科学、严密的物资管理制度。制定邮轮各类物资的流通程序、设计物资流转过程的管理方法和严格的规章制度。

（4）核定邮轮各类物资的消耗定额，监督各类物资的使用过程，核算其使用效率，使所有物资在业务过程中充分发挥其应有的使用价值和经济效用。

（5）最大限度地回收邮轮各种尚有利用价值的报废物资，并设法使其再次为邮轮经营做出贡献，达到物尽其用节约经营成本的目的。

一、物资的采购与验收

1. 物资的采购

邮轮物资采购工作，是指参照既定的物资定额（包括消耗定额和仓储定额），在不同的时间段内采购不同品种、不同数量的物资，以维护邮轮的正常运转。物资采购管理的任务是管好、理顺邮轮的一切采购行为和采购环节。邮轮物资采购管理工作是一个内容复杂的业务活动过程。其主要工作内容有：

（1）认真分析邮轮所有业务活动的物资需要，依据市场近况，科学合理地确定采购物资的种类与数量。

（2）根据邮轮各业务部门对物资的质量与价格需求，选择最为合适的供货商，并及时订货或直接采购。

（3）控制采购活动全过程，堵塞每个环节中可能存在的管理漏洞，使物资采购按质、按价、按时到位。

（4）制定采购各种物资的严密程序、手续和制度，使控制工作环环有效。一般邮轮物资采购的程序为：部门上报计划、采购部汇总、财务审批、总经理审批。同时，建立科学的采购表单体系，为每一环节的工作流程留下可资查询的原始凭证，并以制度保证所有原始凭证得到妥善的收集、整理和保存，为邮轮结付货款及物资管理的其他环节提供可靠的依据。

（5）制作并妥善保管与供货商之间的交易合同，保证合同合法有效并对邮轮公司有利。

（6）协助财务部门做好邮轮对供货商的货款清算工作。

想一想

邮轮采购管理的工作内容有哪些？

2. 物资的验收

邮轮物资验收管理，是物资入库或发放前所必经的一步。验收管理工作的好坏直接关系到物资管理工作的效果。验收，是邮轮物资管理的一个关键环节。在这一环节上，物资的所有权发生了转移，即从供货商转移到了邮轮，使物资由"别人的"变成了"自己的"。如果验收工作做得好，就可以保证"自己的"物资质优、量足。

验收，是指物资采购任务完成以后，由邮轮验收人员根据订货单及经过批准的请购单，检查所购物资交货是否按时，质量、数量、价格是否准确，并详细记录检验结果，对合格物资准予入库或直拨到使用部门，不合格物资则予以拒收的过程。验收之时，是邮轮有关人员初次接触所采购的物资实物，对于物资能否入库或发放具有重要的把关作用。因此，有人形象地称验收为物资进入邮轮的"红绿灯"。

物资验收主要是核查有关物资采购的凭证、质量、数量、价格、时间等项目，验收合格的物资，验收员要做详细的记录，填写验收清单及进货日报表，并将这些物资分类后及时入库或发放给相关的使用部门。

（1）**物资验收的程序**。验收必须严格按照标准程序进行。

①前期准备工作。采购员采购任务完成后，应及时将订货单转给验收部门，并将采购物资的基本情况通知验收负责人。验收人员应将订货单与财务部门转送的经批准的请

购单相对照，若订购内容与上级批准的采购内容有出入，应及时向财务部门报告。

验收管理人员应在物资到达验收点之前，督促下属安排好相应的物资验收位置和具体的验收人员；检查验收人员是否已准备好订货单，以便与到达的物资核对，同时准备好各类验收设备、工具及场地，确定验收范围。

②验收操作，物资入库。当物资上船后，验收人员要根据订货单或订货合同的内容清点货物的件数，逐个检查密封容器是否有启封的痕迹、逐个称量货物的重量，特别是检查袋装物品的内容、重量是否与袋上印刷的内容、重量相一致，以防短缺。在清点数量时，验收人员必须使用专用戳，在点过数的物资包装上加盖印记，以防重复点数或漏点，同时按照采购规格书上所规定的质量标准检查和测试货物的质量、外观及内在质量是否完全合乎要求。此外还要逐个检查物品的规格是否符合要求。在对全部货物进行测试、检验、清点之后，若发现任何问题，要及时同送货人员进行交涉，并做出相应的处理，包括拒收及由双方签字认可。对完全符合要求的货物要尽快选择仓储位置或发放给使用部门，不要让货物在验收地点长时间存放。否则，将有可能由于不具备必需的储存条件而影响物资的质量，而且不够安全。

③记录验收结果。验收人员最终应以书面形式阐述验收情况，包括签填验收单据、形成验收报告及进货日报表。

（2）**拒收**。物资验收过程并不是走过场的仪式，而是认真履行物资管理程序。在这一过程中，不可避免地会遇到货物不符合要求的情况。此时就必须采取拒收行动。拒收，是指物资验收人员在验收过程中对照有关标准，发现有严重出入时，拒绝物资入库或进入生产领域。拒收是杜绝伪劣假冒物资流入邮轮的有效手段，是维护采购方正常权益的有力保证。拒收应填写拒收通知单，写明拒收理由，并经送货方和验收方双方签字，将拒收通知单和原料及有关凭证一同退回。在处理拒收问题时，必须特别注意以下几点：

①要认识到这是交易过程中常见的问题，而并非供购双方的纠纷，故邮轮方面应在坚持原则的前提下尽量保持与供货商及送货者之间的良好关系，以良好的态度向送货人耐心解释拒收的原因，并为因此给他们带来的额外负担表示歉意。

②在退货通知单上要详尽写明退货原因，并请送货人签字证明，为与供货商的进一步交涉留下原始凭证。

③要尽快通知邮轮采购部门和相关的物资使用部门，这批物资无法及时到位，敦促他们及时寻找替代品。

想一想

在对邮轮物资进行验收时，需要注意哪些问题？

二、物资的仓储与发放

1. 物资的仓储

仓储管理是物资管理的一个重要环节，但并不是所有的物资都必须经过仓储管理，有的物资可经采购验收后直接进入使用过程而不经过仓储。这类物资就不存在仓储管理。因此，我们首先要明确仓储管理的对象。

（1）**仓储管理的对象**。仓储管理的对象，是购入后未马上投入使用的在库物资及其相关的凭据和信息资料。不经过仓库直接进入使用部门的物资不属于仓储管理的对象。这些物资一般要有：

①邮轮所需要的鲜活类物资，可直接由供货商送到使用部门，以保证物资的鲜活度。

②业务部门在经营过程中随市场新形势而产生的新的物资需求，如小包菜、小番茄等各种新近研究生产的特殊品种的果蔬。

③供应暂时中断，对经营活动的正常进行影响不大，而货源又不十分难寻的物资，如操作工具。

（2）**仓储管理工作的内容**。广义的仓储管理，是指物资从入库到出库之间的完整的管理和控制过程。它从验收物资开始，将各类物资合理储藏，保障库存物资的数量安全与质量安全，并进行物资出库控制。仓储管理工作主要包括以下内容：

①适当安排仓储场所。不同的仓库有不同的设施条件和不同的设备配置。什么物资应在邮轮的哪个仓储场所储存应该进行明确的事先确定。这是仓储管理工作的第一步。它关系到物资仓储的质量和仓储管理的效率。确定各种物资的仓储场地，可以依据的原则主要有：

a. 物资导向原则。即按照物资的基本属性和加工工艺决定储入哪种仓库。原则上，同类物资集中仓储。这样做的最大好处是便于对同类物资进行集中管理，可以充分利用专有仓库的相应设施设备，提高仓储效果。

b. 就近选库原则。物资最终要被使用部门消耗。因此，在选择仓库时，应考虑到使用部门在领料上的方便和快捷要求。这项原则规定了仓库和使用部门间的距离。一般而言，为提高使用部门的领料速度，减少物资分配过程中的运输时间，物资入库时应选择距使用部门最近的仓库进行仓储。例如，邮轮上的厨房仓库一般都位于距厨房较近的地方。

②入库存放。物资入库后必须进行合理的堆放。为充分使用仓库现有的一切仓储条件，物资的堆放必须遵循一定的原则进行，以使现有物资得到妥善保管，并加大仓库利用率，减少仓储成本。

a. 经济合理原则。这一原则的出发点是仓储的经济性，即节省仓储成本。贯彻这一原则，至少可以最大限度地利用仓库、最大限度地节约人力成本。如方便存放、方便盘点、方便领料、方便清扫。

b.技术合理原则。这一原则从物资的质量要求出发，要求在堆放物资时必须依据物资的性质、形状、包装、轻重等因素，将货物堆码成一定形式的货垛，以不损害物资。如玻璃器皿要竖放、橡胶物品要挂起来、新鲜物资要密封等。

c.方便点数、盘存。这一原则的出发点是方便物资的数量控制。物资在堆放时要讲究合理、牢固、定量、整齐、节约、方便。常见的堆放方法是五五制堆放。即以五或五的倍数在固定区域内堆放，使物资"五五成行、五五成方、五五成包、五五成堆、五五成层"，做到堆放横竖对齐，上下垂直，过目知数。

③物资保管。物资保管的目的，是使物资在仓储期间尽量不发生或少发生各种减量，使所有入库物资都能真正为邮轮经营活动服务。

a.保证数量。在仓储周期内保证物资在数量上完整无缺，品种不混淆，将仓储期内物资的自然减量控制在最低水平。这就要注意物资的安全保管，要求仓储人员实施各种安全措施。

b.保证质量。经验收入库后的物资，基本上是不存在质量问题的。在保管期间，要注意防止产生新的质量问题，即提高保管质量。保证库存物资质量的方法有：

先进先出。即在发放物资时应先发放最早入库的物资。这就要求仓储人员在物资入库时及时登记各类物资入库的时间，并定期查看物资的"储龄"，使得发放时心中有数。

保持良好的仓储环境。如温度、湿度、通风条件、照明、清洁卫生等。

加强仓储物资的养护管理。即研究各种物资质量变化的规律及影响物资质量变化的内外因素，制定科学的物资养护制度和养护方法，防止库存物资质量下降。

做好库存物资的检查工作。邮轮仓储管理人员应根据物资特性、仓储条件、气候变化等因素进行定期与不定期的物资质量检查，特别是在季节转换时节和突发性天气变化之时，一定要进行这种检查。要把检查结果详细填写在库存物资质量检查记录中，并在查过的物资包装上做好标记（如检查日期、物资状况等），为下次检查提供信息，防止每次检查都抽到同样物资，以扩大每次抽查的范围。检查记录要报上级主管过目。

总之，在保管物资时，应该做到五保：保量、保质、保安全、保成本、保急用，同时还要做到三化：仓库规范化、存放系列化、保养经常化，这样才能体现物资仓储管理的科学性，真正为企业生产经营服务。

想一想

对邮轮物资进行保管时，需要做哪些工作？

④仓储账务管理。仓储账务管理，是仓储财务管理的文字依据，仓储管理的另一项工作内容就是为所有物资建立卡、账，设立账务系统，随时记录物资的流动情况及在库情况。这就是邮轮仓储的账务管理。进行账务管理有利于控制存货量、决定订货量、计算发货量，确定成本和审核。

仓储账务管理的另一个重要工作是库存盘点。盘点又叫盘存，是仓储管理人员对库存物资进行仔细点数清查，将实际库存数与物资保管账目相核对，以确保库存物资不发生数量上的缺损。盘点是仓储管理人员保证库存物资数量安全的重要手段。通过盘点，能够使仓储管理人员及时发现库存物资数量上的溢余、短缺、规格互串等问题，并能够及时采取措施，挽回和减少损失。盘存不仅是点数量，还应该在清点过程中附带检查库存物资有无质量变化，或是从账、物核对结果中了解哪些物资库存不足，需及时购进；哪些物资超储，需及时利用或处理。这些对于科学的仓储管理都非常重要。盘点时需逐件点清物资数量。这是一项非常耗时耗力的工作。为提高效率，在物资入库堆放时，应以容易点数的物资分批，如5件一层或10件一批，做到分批堆放，层批清楚，并在货架上逐层明确标量、流动后零头尾数要及时合并，从而方便盘点。

邮轮内仓库的盘点方式一般有以下几种：

a.日常盘点。通常称为"日动碰"，即每日对当天有进出的货架层进行及时盘点，将实际物资数量与账目结存数量相对照。

b.定期盘点。又称实地盘存，是指定期对每一种在库物资的量进行清点。其优点是简单、方便。

c.延期盘存。按价值将已经盘存并获得的库存量顺推或倒推到年度结算之日。

d.临时盘点。这是应某项工作需要而进行的临时性突击盘点。如遇特殊情况突击出（入）库后，或保管员调动交接时，或管理人员对库存产生疑问时，都可以临时进行库存物资的货账核对。

2. 物资的发放管理

（1）**物资发放管理重点**。无论哪一种形式的物资发放都必须按照一定的程序进行严格控制，达到准确、及时、安全、经济的基本要求。在物资发放管理中，首先应抓住人的因素，其次做好物的管理。

①审批人。审批人，是物资发放的把关人。审批人从根本上控制着物资发放的量。审批人是从需求量的客观性出发进行物资审批工作的。邮轮必须以制度形式确定物资分配的各级审批人。审批人平时注意和基层保持密切联系，掌握物资使用情况的动态信息，以动态的眼光来把握好物资分配量。如邮轮上厨房物资的审批人一般为行政总厨，其掌管着邮轮上大大小小所有餐厅的物资审批权，所以此人要了解每个餐厅每天的物资

使用情况。

②执行人。执行人，是指涉及物资发放过程中各方面的工作人员，包括仓储管理人员（发料人）、核算员和部门领料人员。发料人负责实物分发工作、核算员负责记账工作并据此进行成本控制。物资发放过程中，核算员要逐一核算已发物资的价值。尤其要注意的是，实物发货人与发货记账人应分岗设置。执行人素质的高低直接关系到发放工作的质量。因此，应加强对这些人员的日常管理。

③发货区域。仓库是邮轮物资储存的重地，每种物资对储藏环境和条件都有明确而严格的要求，而大量人员频繁进出仓库，会极大地影响应有的储藏环境，同时会威胁仓储物资的数量安全。因此，应在仓储空间之外到仓库大门之间设置专门的发货区域。发货人员将即将发放的物资搬运到发货区域；领货人在此区域点数交割，而不能直接进入仓库领料，这是防止物资发放出差错的重要手段。

④发货时间。发货时间可以根据物资的用途，采取定时和不定时相结合的办法。

⑤货物交接。发货工作人员与部门领货人员之间的物资交接，是物资发放管理的最后环节。若这一环节中出现差错，就会给仓库账目及部门的成本核算等许多管理环节造成混乱，且在事后发现这种差错时，往往会因为物资已投入使用而很难查清问题及责任所在，使管理工作处于被动。因此，在进行物资交接时，发领双方都必须按照发货单和领料单复核检查，清点所发物资的品种、规格和数量，确信无差错时才准予出库。

⑥物资数量短缺问题。物资发放过程中很容易出现物资数量的短缺。其直接的起因是物资在入库时一般都是批量采购，因此一些以重量为计量单位的物资入库时都是大秤进，而在发放过程中由于执行限量分配制度，每次发放量相对小于进货量，即小秤出，这样就会出现重量流失问题。因此，在盘存时很可能会有数量上的出入。为解决物资重量流失问题，可采取以下办法：

a.为每种物资的收发制定合理的损耗率。如整进整出物资的收发差错率应是零，特别是贵重物资，不允许有任何的量的短缺；而整进零出的物资则应允许收发量之间有一定的差额，允许拆零时发生一定限度的散失和损耗。这些指标应作为发货工作人员的业绩指标与奖惩挂钩。

b.对整进零出的物资，在进货之后预先进行拆零包装，按照一般的单位需求量将整包物资变为小包物资。这样操作之后在发放时就会比较从容，还可以预先核对整零重量，避免发货时现称，忙中出错。

（2）**物资发放原则**。为确保物资发放过程的严谨性，在发放物资时应遵循如下原则：

①先进先出原则。先进先出原则，既是仓储管理保质保量的工作内容之一，又是物资发放的原则之一。它要求物资发放人员在发货时必须仔细验查进货账目和货架标签，先发早入库的物资，目的是防止物资久存而导致老化变质，从而影响物资的使用。

②保证经营原则。邮轮仓库中储存的物资种类繁多，以适应不同部门、不同岗位的需求。因此，物资发放工作人员在每日规定的发料时间内常常十分繁忙，在面临多个部门同时领料的情况时，应按照急用，急需物资先备料、先分配的方法处理，以保证生产经营的连续性。

③补料审批制度。邮轮的接待部门常常会因为经营业务的变化而临时出现某类物资的特急需求。在这种情况下，由于时间紧迫，往往不能按照常规填制正规的领料单据，并逐项办理领料审批手续。这时需要特事特办，以保障前台业务顺利进行为重。但即使是特急领料，也必须有交接双方的签字和部门管理人员批准的领料单据，且须规定补办手续的时限。如在游客晕船情况严重时对青苹果的紧急需求。

另一种情况是部门工作人员凭手续齐全的请领单到仓库领料时，仓库经审核准予发放，但发放时却发现存货不足，只能发放其中一部分物料。这时，需填制反映实际领料情况的发货单，当仓库进货后，再通知部门补领。补领时虽不用再次履行请领手续，但必须补办上次请领物资的不足部分的手续。

以上这些解决问题的方法，都必须制度化才能防止差错和作弊行为的发生。这就是补料制度。

④退库核错制度。有时，由于计划变更或其他原因，物资使用部门发生物资剩余，这时，应将这些余料退回仓库，并办理退料登记手续。

⑤以旧换新制度。为防止物资使用过程中未用完就急于领新物资的浪费行为，在物资发放管理中，应对一些用量较大或价值较高的多次耗用物资采用以旧换新的领用制度。如，客房棉织品应报废后再发新品，并统一处理报废物资。同时，许多物资的盛装器皿具有回收价值。邮轮物资管理部门应通过制定以旧换新制度全面回收和处理，以减少浪费。

（3）物资发放程序。

邮轮在发放各类物资时，应遵循以下基本程序：

①点交。部门在领取物资时必须每次填写请领单。仓库接到请领单后，要认真检查单上所列的物品名称、规格、等级是否与库存物品相符，凭证字迹是否清楚，有无涂改现象，印章是否齐全，领料日期是否正确。审查无误后，即可将待发物资发放给请领部门；同时，根据实际发出的物资品种、规格、数量等填制必要的物资发放单据。

②清理。物资点交工作结束之后，仓储人员还须进行内部清理。具体清理内容如下：

a.账面上的清理。即做相关的文字记录、数据统计，以便为永续性盘存提供信息；同时，也时刻掌握在库物资的情况。

b.地面上的清理。即进行清洁、整理工作，保证库内环境卫生。

c.物资管理。对于一些开箱或开包物资，做好保洁、保质工作，谨防由此引起物资损耗。

③复核。为防止物资发放过程中出现差错，仓库发货人员必须对物资发放作业过程中的每一个环节仔细地进行自查、复查，层层复核。在物品准备齐备即将发放时，按照"动碰复核"的要求，一方面复核发货单与实发物资是否相符；另一方面要以复核货位结存量来验证出库物资的品种、数量是否正确。发货人员自查后，还应由专职或兼职的复核员在搬运过程中进行复核。凡未经复核，单货不符或手续不齐全的物资都不能准予出库。这是物资发放管理的重要内容，具有重要意义。一般来说，物资复核的主要内容有：品种、规格、数量。

想 一 想

邮轮物资的发放程序是什么？

第二节　设备管理

邮轮设备，是邮轮各部门所使用的机器、机具、仪器、仪表等物质技术装备的总称。设备是邮轮经营的依托，是经营的载体，也是邮轮组织系统中的重要链条之一，是市场营销中亮出品牌等级的杀手锏，也是保证服务质量、降低成本的重要环节。

一、邮轮设备分类

邮轮设备可以从不同角度进行分类。

1. 按固定资产管理的要求分类

邮轮财务部门对设备的管理着重于资产管理，依据经营用途和使用情况相结合的形式可以分为七大类：邮轮本身，机器设备，交通工具，家具设备，电器、影视设备，文体、影视设备，其他设备。

2. 按技术管理的要求分类

邮轮设备的技术管理主要由工程部承担。因此，从设备的技术管理要求出发，邮轮设备可以按其功能组成系统的不同进行分类：供（配）电系统，给（排）水系统，供热系统，制冷系统，空调通风系统，运送系统，通信系统，电视系统，音响系统，计算机信息系统，消防报警系统，自动化管理系统。

组成以上各个系统的设备，按照其功能与作用可以分成动力（主机）设备、传输设备和工作设备三类。例如，给水系统的动力设备是水泵，水泵通过管道将水送到各个用水设备或水龙头。水管是传输设备，各种用水设备或水龙头就是工作设备。又如，电话系统中程控交换机是主机，话机是工作设备，电话线就是传输设备。在这三类设备中动力设备比较重要，是邮轮的心脏，安装也较为集中。传输设备安装隐蔽，是将动力设备发出的各种能源传送到各工作设备处，一般由工程部或专业技术人员管理。

3. 按设备的工作性质分类

各设备系统的工作设备数量多、分布广，为便于管理，可以将工作设备分成以下几个设备系列：厨房设备系列，洗衣设备系列，清洁设备系列，客房设备系列，休闲娱乐设备系列，维修设备系列，办公设备系列。

以上设备大部分由各部门使用，这些设备的管理往往是邮轮设备管理的薄弱环节。

二、邮轮设备的基础管理

要对设备进行有效的管理，首先要掌握设备的种类、数量和分布情况，设备的基本性能、特点，设备的基本参数、工作状态、润滑要求、寿命周期，各设备系统的构成、功能和操作、维护规程等。因此，必须认真做好设备的基础管理工作。设备的基础管理工作包括设备分类编号、完善设备管理的基础资料等。

1. 设备分类编号

设备分类编号的方法很多，现介绍一种比较适合邮轮设备管理的，按设备性能、用途分类的编号方法：根据设备的性能、用途，将邮轮上所有的设备分为若干大类，每一大类又分为若干分类，每分类再分为若干组。每大类、分类、组分别用 0 ~ 9 的数字表示，并依次排列。这样，就可以用一个 3 位数字表示某一种类别的设备。如"203"，即为第二大类"动力、机械设备"中，零分类"水泵"类中的第三组"变频泵"。

（1）**大类**。邮轮设备共分为 10 大类。其中第 8 类空缺，以便于今后调整或补充，实际为 9 大类。大类号位于编号的首位。设备大类代号如下：

①供、配电及控制设备。

②水暖空调设备。

③动力、机械设备。

④电子信息设备。

⑤音频、视频设备。

⑥厨房设备。

⑦洗衣、清洁和消毒设备。

⑧娱乐、健身和美容设备。

⑨其他设备（空缺）。

⑩家具。

（2）**分类**。每大类又可以按设备的属性分为若干分类。分类号位于编号的第二位。现以两大类"动力、机械设备"为例，说明其分类代号：

①水泵。

②通风设备。

③变速传动设备。

④升降设备。

⑤交通运输设备。

⑥工程维修设备。

⑦木工机械设备。

⑧电动工具。

⑨其他设备（空缺）。

⑩电器设备。

（3）**组别**。每一分类的设备又可以分为若干组，每组的名称应具有代表性，同一组设备可以包括结构相同（或功能、型号相同）而规格不同的设备，组别号位于编号的第三位。以水泵类为例，其组别及代号如下：

①单级离心泵。

②多级离心泵。

③恒压泵。

④变频泵。

⑤潜水泵。

⑥管道泵。

⑦蒸汽往复泵。

⑧污水泵。

⑨其他设备（空缺）。

⑩油泵。

以上每一大类都可以由分类和组别组成大类目录表，而所有大类的目录构成了《邮轮设备分类及编号目录》。

（4）**设备的基本编号**。邮轮设备资产的基本编号采用二节数字编号法，第一节为类别编号，第二节为来源代码和建账顺序号：

类别编号：×××　　　　来源、顺序号：×××

（5）**邮轮自编号**。邮轮为了管理上的需要，还希望能在编号中反映出该设备是否是低值易耗品、属于哪个设备系统、安装地点在何处等。因此，可以在设备基本编号的前后加上规定的代号。

想一想

邮轮设备编号的方法除了上述提到的外还有哪些?

2. 完善设备管理的基础资料

设备管理的基础资料，包括设备台账、设备卡片、设备档案等。邮轮工程部、财务部和各设备使用部门都应根据本部门对设备管理的要求，建立和完善必要的设备管理基础资料。

（1）**设备台账**。设备台账，是各部门掌握设备概况的最基本的资料，不同的部门根据管理的需要按不同的形式编制设备台账。

①固定资产分类台账。由财务部编制使用的固定资产分类台账，按固定资产的分类进行编制。它主要反映邮轮设备资产的价值情况和资产变动情况。因为，固定资产每年都要提折旧，所以，固定资产分类台账每年都要进行记录。这对手工操作是很难做到的，但对电脑来说却是一件轻而易举的事。

②设备系统分类台账。它是将设备按系统进行分类，并按一定顺序编制的台账。它反映了邮轮各设备系统拥有各种类型设备的情况、各系统设备的分布情况。设备系统分类台账是由工程部编制的，便于工程部对整个邮轮设备系统的管理。

③设备使用分类台账。它是部门对拥有的设备，根据不同的用途来编制的台账。设备使用分类台账是由设备使用部门来编制的，便于使用部门的设备管理和设备资产清点。

（2）**设备卡片**。设备卡片是最简明的设备档案，是设备资产的凭证。财务部、工程部及使用部门都应建立相应的设备卡片。不同部门设置的设备卡片可以分别记录设备的资产变动情况、技术变动情况、使用和维护要求等内容。设备卡片是搞好设备管理的基本资料。

①固定资产卡片。固定资产卡片由财务部设立，卡片内容侧重反映设备的价值变动情况，包括设备每年计提的折旧额、净值等。若邮轮固定资产采用计算机管理，则固定资产卡片可以由计算机生成。

②设备技术卡片。设备技术卡片由工程部设立，卡片的内容主要反映设备的基本技术参数和技术状况的变动，包括检修记录、事故记录等。

③设备使用卡片。为了便于设备使用部门的管理，方便查找有关资料，各部门应设置设备使用卡片。该卡片除记录设备的基本情况外，还详细说明设备的操作（使用）规程和维护规程。

（3）**设备铭牌**。为了使设备的账、卡、物一一对应，每台设备都应按设备的编号制作铭牌，钉在设备的明显部位。设备铭牌的内容包括邮轮名称、设备编号、设备出厂日期和安装日期。

（4）**设备档案**。设备档案，是设备运行过程中和对设备运行全过程管理（包括技术管理和经济管理）所产生的所有文字、图纸、图表、照片、录像等资料的集合体。它记录了设备从购买安装到最终报废的整体的运行情况。邮轮的主要设备及各设备系统都要建立技术档案。设备档案是搞好设备管理的基础和依据。

设备档案主要有下述五方面的内容：

①与设备一起装箱的技术文件。

②设备系统工程设计资料及施工图纸。

③设备安装及验收过程中产生的技术文件。

④设备使用过程中产生的技术文件。

⑤设备检修、改造过程中产生的技术文件。

三、邮轮设备的管理程序和方法

邮轮设备是邮轮正常经营必须具备的物质条件，管理好这些设备是经营工作的一部分。要管好这些设备，除了要有较强的专业技术人员以外，还需要一套合理的程序和科学的方法。本节就设备管理的基本程序和方法进行讨论。

1. 邮轮设备管理的程序

按设备管理的不同阶段，管理程序可以分为更新、技术改造、报废三部分。

（1）**设备更新程序**。这是指从设备更新的计划、决策、选型、订购到日常管理的运行程序。

①制订设施设备更新计划。

②申报、审批。

③收集资料，选定型号。

④联系商家，订购设备。

⑤设施设备到货，入库保管。

⑥安装调试。

⑦办理设备的移交、入账和建档手续。

⑧进行使用方法的培训。

⑨日常管理。

（2）设备技术改造程序。

①收集在设备使用中所发现的结构、配套、安装等方面不适应经营需要的问题。

②召集由管理人员、使用人员、工程技术人员参加的设备改造研讨会，制订设备改造方案。

③设备改造施工。

（3）设备报废程序。

①制定设备报废的原则。

• 国家指定的淘汰产品。

• 无法修复的设备。

• 已超过使用期限、损坏严重、修理费用昂贵的设备。

• 因事故损害，且修理费用接近或超过原价值的设备。

• 虽能运行，但有严重隐患，且修理费用昂贵的设备。

• 虽能正常使用，且未超过使用期限，但盈利能力很差的设备。

②办理设备报废手续。

• 使用部门提出报废申请。

• 由工程部会同有关部门进行技术鉴定和确认。

• 价值较大的设备，报请总经理审批。

• 将设备移出经营场地，到固定资产管理组办理销账手续。

2. 邮轮设备管理的基本方法

（1）建立设备技术档案。邮轮设备的种类和数量都很多，使用范围广，更新周期不一致。为加强管理，便于维修，降低损耗，延长使用寿命，必须建立设备档案。这项工作应由工程技术部、财务部、使用设备的相关人员共同负责。

（2）制定科学的使用、操作、保养、维修规程。在设备管理中，可以采用按类归口，分片包干，将责任层层落实到班组和个人的办法。还应当制定统一的使用、操作、保养、维修制度。一般由邮轮各部门负责日常保养、一级保养和小修；工程部负责二级保养、中修和大修。

（3）定期考核设备管理效果。邮轮的设备管理水平，对邮轮各项经营活动的开展和经济效益的提高会产生很重要的影响。因此，有必要定期考核设备管理和使用效果，以评定设备管理水平。主要考核内容有：

①设备完好率。设备必须随时处于完好状态，可以用设备完好率来考核设备管理的效率。如果用 Z 代表设备的总台数，用 W 代表完好设备数量，则设备完好率 H 的计算公式为：$H=(W/Z)\times100\%$。设备完好率的最佳值是 1，但是保持最佳值是很难的，因此，设备完好率应该趋向于 1，当完好率明显小于 1 时，就需要加强维修管理，以保证正常营业。

②设备维修费用率。设备在使用过程中，每年都需要支付一定的维修费用，一定的经营条件和时间内，维修费用越低说明设备管理越好。设备维修的费用情况，可以用年度百元营业额的维修费用率来考核。如果用 X 表示年度维修费用，Y 表示年营业额，则年度营业额的维修费用率 F 的计算公式为：$F=(X/Y)\times100\%$。

四、邮轮设备的保养与修理

邮轮设备的保养与修理是设备管理的重要组成部分，直接决定着设备的完好率和使用寿命，也影响着邮轮的经营成本和整体经济利益。因此，邮轮管理者要重视设备的维护和修理。本节将就如何做好这方面工作做一些简单的介绍。

1. 设备的保养

（1）制订和实施设备保养计划。这是指按照设备的使用说明书所要求的保养项目和时间制订保养计划。要科学地安排保养时间和内容，并落实到具体工作人员。内容有以下三个方面：

①以文字形式提出具体设备的保养要求。每启用一台设备，就应该在设备登记卡上的维护保养栏内写明该设备的保养要求。如果是进口设备，则应及时将这部分资料翻译，为日后保养维修提供方便。

②制订每日、每周、每月、每季、每半年、每一年的维护保养计划。一般日常保养和每周保养都有服务、使用人员承担，每月、季、半年、一年的保养由专业维修人员承担。

③利用工作单落实保养计划。由主管或领班填写工作单。工作单上应写明保养设备的名称和保养内容。要将保养计划落实到具体人。保养工作完成后，填写所用材料、工时和保养情况记录。工作单要保存备查。

（2）三级保养法。三级保养法是根据设备保养工作量的大小及难易程度，把设备保养划分为日常维护保养、一级保养、二级保养三个级别，并规定出相应的工作内容。

①日常维护保养。

• 保养工作人员：设备操作人员，大部分是服务员。

- 保养部位：主要部位是设备的外部。
- 保养时间：每天进行例行保养。
- 具体工作内容：检查设备的操纵机构、变速机构及安全防护装置是否灵敏可靠；检查设备润滑情况，并定时、定点、定量加注相应的润滑油；检查设备易松动脱落的部位是否正常；检查附件、专用工具是否齐全；搞好设备及其周围的卫生。

②一级保养。

- 保养工作人员：以设备操作员为主，以设备维修人员为辅。
- 保养部位：部分内部装置。
- 保养时间：设备连续运转 500 小时进行一次一级保养，一般每月进行一次。配合间隙；清扫、擦拭设备表面和电器装置；清洗附件和冷却装置。

③二级保养。

- 保养工作人员：以专职维修人员为主，以设备操作人员为辅。
- 保养部位：设备内部结构。
- 保养时间：设备累计运转每 3000 小时进行一次，一般每年进行一次。
- 具体工作内容：根据设备使用情况部分解体检修；对各种传动箱、液压箱、冷却箱清洗换油；更换易损部件；检修电气箱、电动机，清理电路板接插件；检查需要调整的零部件和电子器件使之恢复精度，校正水平。

每次一级保养或二级保养之后，都要填写保养记录卡，并将保养记录卡存入设备档案中，以备查阅。

2. 设备的修理

设备的维护保养和修理是两个既有联系又有区别的工作，但目的是一致的，都是为了使设备正常运转，以满足经营需要。它们的工作内容是有区别的，维护保养是指设备尚在正常运行时对发生的较小变化进行处理；修理一般是指更换可能发生故障的零部件和修复已经出现故障的设备。

在设备运行过程中，即使维护保养工作完全按规定、按计划进行，也难免发生故障。一些零部件、电器元件随着设备的运行和时间的推移会出现磨损、消耗、老化；环境的变化（如温度、湿度、有害气体等）以及电压突然过高、剧烈震动、违反规定的操作等，都可能引发故障。当设备发生故障时，应该立刻修理。

（1）**按规定修理日期分类修理。**

①标准修理法。又称强制修理法或主动修理法。这种方法是根据设备零件的使用寿命，在维修计划中明确规定修理日期和调整、更换零部件等修理内容。设备在经过规定的一段运行时间后，不管零部件的实际磨损及运转情况如何，根据标准工艺要求，都要

进行强制修理，零件也需强制更换。

这种方法的优点是，便于在修理前做好准备工作，组织工作简化，停机时间短；缺点是需要经常检测零件的磨损程度，修理费用大。

这种方法一般适用于必须严格保证安全运转和特别重要的设备的修理，如大型室外设备、桑拿设备、按摩设备、水处理设备等。随着检测手段的不断进步，方法有不断扩大应用的趋势。

②日常检修法。设备在运行过程中，零部件的磨损都有一个从量变到质变的过程，故障的产生一般是先有苗头的。专业维修人员在设备运行过程中应当经常巡查监测，即时发现、解决问题和消除事故隐患。

这种方法的优点是，对保证设备的安全运行、防止事故的发生能起到很好的作用，而且所需要的工作量也相对较少。适用于一般设备的修理，如电子游艺机、台球设备、网球设备等。

③即时修理法。这是指设备发生故障，不能正常工作或完全停止运转后而进行的修理。邮轮设备发生故障是很难避免的，故障发生后应及时查清产生故障的原因并尽快修复。修理工作结束后，必须认真填写修理记录单，同时应由管理人员对修理工作进行检查、验收。

这种方法虽然是一种被动的方法，但是在现实中却是一种经常使用的方法，也确实能解决一些问题。但是这种被动修理法不如前两种主动修理法的效果好，因此，如果能用主动修理的方法解决问题时，尽量不采用被动的方法。

（2）按修理内容的复杂程度分类修理。

①部件修理法。即将需要修理的部件拆下来，换上事先准备好的部件。这种方法可以明显缩短停机时间，但需要储备一定数量的部件用于更换，占用一些资金。因此，这种方法适用于那些具有一定数量的同类设备的部门，也适用于修理一些虽然数量不多但属于关键性的设备。

②局部修理法。即将整体设备划分成几个独立的部分，按顺序修理，每次只修理其中的一部分。这种方法的优点是，可以把修理的工作量化整为零，以便利用较分散的时间，从而提高工作效率和设备利用率。它适用于具有一系列结构上相对独立的设备或修理时间比较长的设备。

③同步修理法。这是将若干台在功能上相互紧密联系而需要修理的设备，安排在同一时间段内修理，以减少分散修理所耗费的时间。这种方法常用于配套设备的修理，如保龄球的自动计分系统、回球系统、升瓶系统、置瓶系统，因为它们之中无论哪个系统出了故障，都会影响整条球道的运行。

第三节　邮轮设备的备件管理

一、备件管理的主要任务

在设备的维护和修理工作中，用来更换已磨损到不能使用或损坏零件的新制件和修复件称为配件。为了缩短设施设备修理停歇时间，事先组织采购、制造和储备一定数量的配件作为备件。备件是设备修理的主要物质基础，及时供应备件，可以缩短修理时间、减少停机损失。供应质量优良的备件，可以保证修理质量和修理周期，提高设备的可靠性。我们把与备件的采购、储备和供应有关的经济、技术、物资管理工作称为备件管理（Spare Parts Management），它是设备维修工作的重要后勤保障。

备件管理的主要任务是：

（1）及时有效地向维修人员提供合格的备件。为此必须建立相应的备件管理机构和必要的设施，并科学合理地确定备件的储备品种、储备形式和储备定额，做好备件保管供应工作。

（2）重点做好关键设备维修所需备件的供应工作。企业的关键设备对产品的质量影响很大，因此，备件管理工作的重点首先是满足关键设备对维修备件的需要，保证关键设备的正常运行，尽量减少停机损失。

（3）做好备件使用情况的信息收集和反馈工作。备件管理和维修人员要不断收集备件使用中的质量、经济信息，并及时反馈给备件技术人员，以便改进和提高备件的使用性能。

（4）在保证备件供应的前提下，尽可能减少备件的资金占用量。备件管理人员应努力做好备件的计划、生产、采购、供应、保管等工作，压缩备件储备资金，降低备件管理成本。

备件管理的目的是用最少的备件资金、合理的库存储备，保证设备维修的需要，不断提高设备的可靠性、可维修性和经济性。要达到这一目标必须实现备件管理的科学化和现代化。要做到以下几点：把设备突发故障所造成的停工损失降到最低限度；把设备计划修理的停歇时间和修理费用降到最低限度；把备件库的储备资金压缩到合理供应的最低水平。

二、备件的储备

1. 备件的分类

（1）根据备件用途特性的不同，我们把设备备件分为四类：

①常用备件：在邮轮服务接待和设备维修中经常使用的需要数量大的备件。

②易损备件：在设备运行中工作频繁，容易磨损和损耗的零配件。

③事故备件：为防止设备的关键部位发生突发故障造成的停机而准备的替换件。

④修理备件：在设备修理中经常使用的更换零部件和成套组件。

（2）在各种备件中还含有三种类型的备件：

①标准件：即符合国家标准系列要求的备件；

②专门件：即按照制造厂自定标准制造的备件；

③特制件：即根据邮轮设备自行设计特制的备件。

2. 备件储备条件的审查

什么零部件具备储备的资格，这就是储备条件。审查储备条件的目的在于使那些该储备的零部件得到储备，不该储备的零部件不储备，从而实现备件的合理储备和供给，减少资金积压。

备件审查依据是：

（1）维修记录和损耗件记录；

（2）设备事故或突发性故障记录；

（3）设备制造厂有关易损零件的资料；

（4）对零配件技术特性因素的考虑；

（5）使用运行人员经验性意见等其他信息。

邮轮要根据备件供应的条件和设备拥有条件决定储备对象。审定结束后要编制备件目录、备件图册，以便订货采购和委托加工使用。

3. 备件的保管

备件的保管工作包括备件验收、入库、领用和仓库管理。

（1）**备件的验收入库管理。**

①验收：按装箱清单或托收凭证清点时，检查检验合格证。核对备件名称、规格、图号、价格和数量，做到数量清、质量清、型号规格清、备件用途清、单位总价清。委托加工件要委托加工图纸、检验合格证等验收入库。入库时要由入库人填写备件入库单。

②领用：备件的领用要有凭据——备件领用单由领用人填写，技术项目主管审批。邮轮要根据自己的实际情况制定领用制度。

（2）**仓库管理。**

①备件入库后要登记上账，涂油防锈，挂好标签卡片，卡片上注明名称、数量、图号、型号、规格等。

②定期检查，做好防腐防锈，发现问题及时处理。

③要注意分类存放，妥善保管，对精确度高、保管条件要求高的备件要重点保管，存放适宜地点。备件放置摆列要整齐。

④要做到统计账目制度健全，账务要相符，做到日清、月结、季清点、年盘点。每季度末由仓管人员统计出入库的实物数量、金额情况、分析备件储备情况，找出短缺或积压原因，以便及时修订储备定额。

（3）**仓库设置**。邮轮的备品、配件品种繁多，技术性能各异，储存的条件也各不相同，库房的内部设施也必须相适应。对仓库设置的基本要求如下：

①仓库位置要便于备件出入、运输，方便领用。要尽量避开腐蚀性气体、潮湿、粉尘、辐射热等有害物质的危害。

②库房要考虑防水排水，避免库区积水。

③库房的水、电要方便。水是仓库安全消防的重要条件；电是备件运输、装卸机械化的动力和照明所必需的。

④库房要求防尘、防热、防冻、防潮、防震。既能封闭隔离，又能达到通风良好。

📖 本章小结

物资和设备是邮轮服务质量的物质基础。物资的储备和保管情况、设备的运行情况等，直接关系到游客及员工的安全，也关系到服务的质量。因此，必须加强对物资和设备的管理工作。

❓ 思考与练习

1. 邮轮物资管理包括哪些内容？
2. 邮轮设备管理的程序和方法是什么？
3. 请设计一个邮轮设备的保养计划。

现代邮轮营销管理

　　市场营销活动很早就在人类社会出现了，它在激发顾客的购买行为、实现企业目标方面具有重大作用。在邮轮业全球化竞争逐渐加剧的市场环境下，市场营销管理已成为全球邮轮企业经营管理活动的重要组成部分。成功的市场营销活动能帮助邮轮企业树立鲜明的形象，建立良好的顾客关系，能有效增强企业的营销实力，扩大其销售业绩，增强竞争力，促进邮轮公司更快地发展。

教学目标　　　　　　　　　　　　　　　　　　　　　　　　　　　　　　　>>

1 引导学生认识邮轮市场营销的重要性。

2 向学生讲解邮轮市场营销的概念、作用和内容。

3 使学生掌握邮轮市场营销组合策略。

第一节　邮轮市场营销管理概述

一、邮轮市场营销管理的概念

　　邮轮市场营销管理，是对邮轮市场营销活动进行管理的过程，即通过研究邮轮市场供求变化，以满足邮轮游客的需求为导向，开发适销对路的邮轮产品，获得最大的社会效益和经济效益的邮轮市场经营管理活动。邮轮市场营销管理具有如下三层含义：

　　（1）以交换为中心，以顾客为导向，协调邮轮上的各项经济活动，力求提供有形产品和无形劳务，通过使游客满意来实现经济和社会目标。

　　（2）邮轮市场营销管理是一个动态过程，包括分析、计划、执行、反馈和控制五个阶段。这个过程更多地体现为邮轮公司的管理功能，是对营销资源（诸如邮轮市场营销中的人、财、物、时间、空间、信息等资源）的管理。

　　（3）邮轮市场营销管理的范围较广，一方面体现为邮轮市场营销管理的主体广，包括所有邮轮经济个体；另一方面体现为邮轮市场营销管理的客体多，不仅包括对有形实物和无形劳务的营销，还包括由邮轮经济个体所发生的一系列经济行为。

二、邮轮市场营销管理的作用

　　邮轮市场营销管理作为邮轮在市场中生存发展的有效途径，对邮轮的影响巨大。总体而言，邮轮市场营销管理具有如下作用：

　　（1）顾客导向作用。邮轮的一切经营活动都必须以顾客需求作为出发点和归宿。由于邮轮的服务对象和接受服务的对象都是人，因而，如何针对不同人的需求来设计、开发和提供邮轮产品，成为邮轮企业生存和发展的根本。邮轮以顾客为导向，通过满足顾客的需求而获取利润，使其有别于生产导向和推销导向。这种顾客导向正是 20 世纪 50 年代后兴起的具有革命性意义的全新经营观念。

　　（2）管理导向作用。邮轮的市场营销环境，由人口、政治、文化、经济、社会基础、上层建筑等诸多因素构成。这些因素又是随着时空的变换而不断变化的。所以，邮轮市场营销归根到底是对动态环境的一种创造性适应过程，即凭借一切可利用的资源，通过产品、渠道、价格、促销、人、有形展示、过程等，实现对环境的适应。由此，对邮轮市场营销适应过程的综合管理，正日益受到邮轮企业的重视。

　　（3）信息导向作用。邮轮市场营销活动是围绕顾客需求而展开的。这就必须借助于信息的传导。现代邮轮的消费特征越来越个性化，因而在营销活动之前须对复杂多样的顾客需求做深入细致的调查，以求及时洞悉邮轮顾客群体最新的需求偏好信息。同时，"知己知彼，百战不殆"，在邮轮行业竞争日益激烈的今天，谁掌握了比竞争对手更多、更新、更全面的产品及服务信息，谁就能在市场竞争中立于不败之地。

（4）**战略导向作用**。在企业经营领域，战略是指有关企业全局性或决定性的谋划，是企业为生存和发展而制定的企业目标与达成此目标所采取的各项政策的有机综合体。邮轮市场营销，是邮轮企业在当今激烈竞争环境中持续发展的保障，而营销的成功在于正确有力的战略指挥。现在很多邮轮公司与其他服务提供商组成战略性市场联盟，从而形成协同作用，如"豪华联盟"、"世界顶尖邮轮航线联盟"，通过联盟，有利于提升邮轮公司品牌的顾客忠诚度。

三、邮轮市场营销管理的内容

邮轮市场营销管理的主要内容，包括邮轮市场营销环境分析、邮轮市场调研与预测、邮轮市场细分与目标市场选择、邮轮公司的市场战略选择等。

1. 邮轮市场营销环境分析

邮轮的营销环境，是决定邮轮市场营销能否成功的关键性因素之一。同时它也是动态变化的，各种变化既有可能给邮轮企业提供有利的市场机会，也有可能给邮轮企业带来不利的威胁。因此，分析市场营销环境可以帮助我们了解市场营销的机会和风险，进而适应市场环境、发掘市场机会、开拓新的市场。在邮轮营销战略及营销计划的制订中，营销环境分析是必不可少的一步。

邮轮营销环境分析包括宏观环境分析和微观环境分析。其中，宏观环境包括文化环境、人文环境、经济状况、自然环境等；微观环境包括邮轮组织内部的环境（邮轮企业发展目标、经营管理水平、人力资源状况、服务模式、邮轮规章制度等）、邮轮的供应商、邮轮的批发商、旅行社、竞争对手的产品和服务状况、邮轮的公共关系等方面。邮轮环境分析是邮轮市场营销活动展开的基础，是制定邮轮市场营销战略的重要依据，对邮轮市场营销具有极其重要的指导意义。

2. 邮轮市场调查与预测

邮轮市场的存在和发展，是众多邮轮经济活动顺利进行的基本前提，也是决定邮轮业发展速度和规模的主要因素。邮轮市场信息则是邮轮进行营销决策的基础，是实施和控制营销活动的依据。

邮轮市场预测是以邮轮市场调查为基础的。邮轮市场调查，包括整个邮轮业市场的趋势走向、区域邮轮业的竞争状况、各邮轮旅游区域的消费习俗、文化价值观念、目标顾客群体的消费偏好、邮轮的顾客满意度、邮轮的品牌形象和认知度等方面。面对日益激烈的市场竞争，只有凭借各种先进的调查、预测方法和信息处理技术，及时、准确地掌握邮轮消费动向、竞争优势、市场反馈等信息，才能真正塑造邮轮的核心竞争力。

3. 邮轮市场细分与目标市场选择与定位

在现代邮轮市场上，竞争深度和广度不断延展，竞争的内容涉及方方面面。任何一个邮轮公司均不可能以自身有限的资源和力量，设计出各种不同的邮轮产品及其营销组合来全面满足各类顾客的所有需求。因此，越来越多的邮轮公司都力图在整体性的市场上，找准能够充分发挥自身优势的某一或某些客源市场，以最能适应这部分市场需求特征的邮轮旅游产品及其营销组合为之服务。所以说，邮轮市场细分与目标市场选择，也是邮轮市场营销的主要内容之一。

（1）**邮轮市场细分**。邮轮市场细分是以地理与人员的统计为特征，以心理与行为等可变因素为依据的，主要包括地理环境、经济因素、顾客的个人偏好、顾客的购买行为，以及顾客的消费目的等几个方面。在进行邮轮市场细分过程中，首先要注意细分的依据应与邮轮公司要达到的目标一致；邮轮市场必须有高度的细分，因为顾客个性化需求日益凸显，只有进行高度的市场细分，才能满足广大消费者的多样化需求；再次，邮轮企业应根据各个不同细分市场的特征，制定不同的市场营销组合策略。

（2）**邮轮目标市场选择**。邮轮进行目标市场选择，就是为了从众多细分的子市场中选择出既能最大限度满足顾客需要，又能发挥邮轮自身优势和特色的最佳目标市场。进行目标市场选择，首先要评估细分市场，主要从顾客特征分析、竞争对手分析、市场机会和营销机会分析等几个方面对各子市场进行评估。在进行细分市场评估之后，邮轮企业必须从中选出最佳的目标市场，要从众多的可选方案中选出最佳的目标市场，必须从市场的可进入性、可衡量性、充足性、可行动性及稳定性等几个方面进行详细审核，即所选目标市场必须能够进入，并且有量的指标来衡量可进入的条件，同时目标市场必须有充足的客源，邮轮本身具备吸引这个市场的能力，并能在一定时间内保持占有率的稳定。

（3）**目标市场的定位**。根据所选的目标市场上同类产品状况以及消费者的不同需求，为企业或产品塑造强有力的、与众不同的鲜明个性，从而在消费者心中占据特殊的位置。

4. 邮轮市场战略的选择

在发育完善的邮轮旅游市场上，邮轮公司经营的最终目标是创造并保持顾客。在激烈的市场竞争中，邮轮公司必须审时度势，牢牢把握发展战略的方向，通过资源配置以及差异化的营销手段，形成自身的核心竞争力。

（1）**差异化目标市场战略。**邮轮公司必须选择适合自己并能充分发挥自身资源优势的目标顾客群从事经营活动，从而确立在市场中的位置，这是邮轮公司市场经营中的战略决策问题。在当前邮轮旅游市场中，既有初次参加邮轮旅游的新游客，也有经验丰富的巡航者；既有家庭型的邮轮旅游者，也有探险型的邮轮旅游者。多样化的客源市场既让邮轮公司获得提升盈利能力的潜力，也促使邮轮公司战略性地管理旗下的邮轮品牌，通过实施差异化的目标市场战略，更好地满足邮轮游客多样化的需求。美国嘉年华邮轮集团作为全球第一大邮轮公司，拥有众多的邮轮品牌，每一品牌均有各自的特色，服务于不同的目标市场，如嘉年华邮轮以"快乐邮轮"（Fun Ship）作为品牌诉求，冠达邮轮以英伦风格提供高水准的服务，世鹏邮轮则为高端游客提供豪华、优质的服务。

（2）**全球化品牌扩张战略。**品牌是扩大市场影响、降低市场成本、构建顾客对邮轮忠诚度的有效手段。当前，全球经济一体化的进程要求邮轮公司必须在发展的同时积极参与竞争，通过实施全球化品牌扩张战略，合理规划航线布局，实施品牌市场渗透，减少或规避对单一市场的依赖，从而在总体上降低营销成本，实现规模经济，提高竞争能力。尽管邮轮旅游最主要的客源市场和旅游目的地仍然是北美地区和欧洲地区，然而邮轮需求的季节性极强，为了减轻北半球冬季寒冷天气对邮轮旅游的影响，各大邮轮公司纷纷在南美洲和大洋洲拓展邮轮市场。亚太地区的经济发展态势与未来潜力也吸引了邮轮公司的目光，嘉年华邮轮公司旗下的歌诗达邮轮品牌、美国皇家加勒比邮轮品牌已经相继进入中国市场，成为目前中国邮轮市场的领跑者。随着邮轮公司全球化品牌扩张进程的加快，为进一步了解当地顾客，以便对市场变化快速做出反应，邮轮公司还在世界各地成立办事处，从而在全球范围内更好地销售和推广各自的邮轮品牌。

想一想

邮轮市场营销管理的内容有哪些？

第二节 邮轮营销组合策略

邮轮公司经营效益主要来自乘客船票收益以及船上其他娱乐消费收益。这些收益因邮轮规模、航程天数以及邮轮所在市场而有所不同。为了获取更多的收益，邮轮公司应积极采取多样化的经营战略和营销手段，着力打造优质旗舰船队，设计开发富有吸引力的邮轮旅游线路，提供丰富多彩的船上及岸上活动，同时积极拓展船票销售渠道，以此实现收益的最大化。

邮轮公司通常采取的营销策略包括产品策略（Product）、价格策略（Price）、渠道策略（Place）、促销策略（Promotion）、人（People）、有形展示（Physical Evidence）及过程（Process）7个方面，即"7P"营销组合策略。

一、产品策略

产品策略包括对现役邮轮设施设备进行翻新改造、开发主题邮轮旅游产品、开辟优质邮轮旅游航线等。2011年，丽星邮轮开展了亚洲船队优化计划，继翻新"双鱼星"号及"宝瓶星"号邮轮之后，再斥资2500万美元翻新以新加坡作为邮轮母港的"处女星"号邮轮，同时推出独具特色的"处女星"号邮轮"海绵宝宝"主题航次，借以巩固在亚太地区邮轮市场的领导地位。

二、价格策略

价格策略是在对市场竞争情况、消费者需求情况以及产品自身情况进行广泛分析的基础上，对邮轮旅游产品进行合理定价，从而实现最大利润的营销策略。"价格歧视"是邮轮公司常用的价格策略，即同一航次的邮轮旅游产品针对新顾客和老顾客实行区别定价，或者根据提前预订时间早晚给予区别定价等；通常还使用适当降低、淡季价格的策略。起付价取决于基本船舱住宿条件，如带阳台的外侧客房或海景房，配有管家服务的套房之类的高端产品则会高额定价。

三、渠道策略

营销渠道是邮轮旅游产品从邮轮公司到达消费者手中的途径或通路。邮轮公司必须有效利用各种代理商和营销服务设施等途径，以便更有效地将邮轮产品和服务提供给目标市场。邮轮市场营销的渠道主要有以下几种：

1. 邮轮经营商

邮轮经营商或邮轮品牌主导着邮轮市场。他们拥有或者出租邮轮，制订行程计划，开发邮轮产品，目标是瞄准特定细分市场。邮轮经营商可以称为批发商，跟很多批发经营一样，如果产品能直接卖给顾客，就会获得更高的利润率或者销售价格更具吸引力。

而且，大多数邮轮经营者也将他们的产品直接销售给大众，扮演着邮轮批发商和零售商的双重角色。通过市场调查、访谈、销售和营销，开发与包装产品。

从传统意义上说，邮轮公司把旅行代理商作为主要的分销渠道，并附带直销，但邮轮公司先不考虑分销模式以及互联网作为分销和营销工具的程度越来越高，而是凭借邮轮手册来推销邮轮产品。Vellas 和 Becherel（1995）描述了邮轮经营商如何精心设计带有彩色图片的宣传手册、悉心策划的封面以及能吸引游客尽快预订的促销。他们指出，宣传册数量与销售量之比在 10∶1 ～ 30∶1 之间，即每销售一份产品需要分发 10 ～ 30 份宣传册。宣传册在邮轮出发之前就已做好，策划时要考虑价格浮动、在经营商本国以外销售的汇率及不断变化的市场条件。为适应条件的变化，经营商需要不断调整和完善宣传册。调整的内容包括报价以及在某些情况下如果变化的原因超出了邮轮经营商的控制，就要对产品做出调整。

互联网主要用作补充性营销工具。网站向潜在的和现实的顾客提供宣传册上没有的信息，并帮助他们发现更多的邮轮产品组合。例如，游客可以访问游客反馈网页，去了解其他游客是如何评价自己的度假的，还可以通过链接找到其他信息。互联网还可以为客户提供在线预订，通过这种方式，客人协助经营商生成便于操作的格式的数据，同时也可以降低通过旅行代理商和销售助理预订所产生的成本。

2. 邮轮旅游代理商

全球化趋势、竞争的加剧和现代信息技术的发展，再加上邮轮旅游产品具有的不可储存性，使得邮轮旅游产品的分销越来越重要。邮轮代理商是邮轮旅游产品重要的分销渠道，其核心目的是通过销售旅游产品赚取佣金。邮轮旅游代理商作为邮轮公司和顾客双方的桥梁，能够向邮轮公司和顾客提供市场与产品服务等双方感兴趣的信息，促进邮轮公司与顾客之间的沟通和了解。常见的邮轮旅游代理商包括旅行社（Travel Agency）、旅游批发商（Tour Operator）以及行业协会（Association）。

（1）旅行社。目前，全球邮轮旅游中大约有 90% 以上的客舱是经过旅行社售出的。机票代理曾经是旅行社的重要利润来源，其后旅行社将其经营重点转移到代理邮轮旅游和观光旅游。这是因为邮轮旅游产品吸引力大，顾客满意度高，有助于形成游客的赞誉和回头客生意。另外，大多数邮轮公司高度重视发展与维护自己与旅行社之间的关系，这也是旅行社热衷于代理邮轮旅游产品的原因。旅行社通过邮轮公司提供的专业途径了解邮轮旅游产品的内容，包括最新的宣传材料、录像资料和光盘等，有的时候还会派代表访问邮轮公司，或在重点城市举办研讨会，或前往邮轮参观等。同时，邮轮公司也会为旅行社提供游玩的方便，允许旅行社工作人员以很低的价格亲自乘船旅游，使其获得关于邮轮旅游产品的亲身感受和第一手资料，以便更好地向顾客进行邮轮旅游产品的销售。

（2）**旅游批发商**。旅游批发商主要从事组织和批发包价旅游业务，即与酒店、交通运输部门、旅游景点及包价旅游所涉及的其他部门签订协议，预先购买这些服务项目，然后根据旅游者的不同需求和消费水平，设计出各具特色的包价旅游产品并在旅游市场上销售。旅游批发商同样是邮轮公司重要的代理商。旅游批发商通过与邮轮公司直接接洽，安排和组织包括各种时间、线路和价格的包价邮轮旅游产品。旅游批发商需要具备一定的管理能力和宣传能力，必须能够预见邮轮旅游安排中的一系列细节及其可能的变化，并且根据市场需求制定相应的营销计划和策略等。

（3）**行业协会**。行业协会是邮轮业为了共同的利益而联合成立的组织。扩大市场影响力及产品销售常常是组成行业协会的初衷。行业协会使邮轮行业的营销覆盖区域越来越广泛，很多协会成员使用行业协会预订系统进行营销活动，从而获得更为广泛的客源。邮轮行业比较有影响力的行业协会是总部位于美国的国际邮轮协会。

当前，互联网的应用使得邮轮旅游产品的预订销售更为高效、便捷。邮轮公司和邮轮旅游代理商纷纷拓展网络销售渠道，邮轮旅游产品网上预订额正逐年飞速增长。

此外，邮轮公司在选择了销售渠道之后，为了更好地实现经营目标，促进与旅游代理商之间的良好合作，还必须采取各种措施对旅行社等旅游代理商给予激励，注重对旅行社等旅游代理商进行扶持和培育，以此来调动旅游代理商经销邮轮旅游产品的积极性。针对旅游代理商所覆盖客源市场区域的不同，激励的方式也应有所不同。随着邮轮公司与代理商之间合作领域不断扩大、接触面不断扩大，邮轮公司对代理商的影响力也随之扩大，最终与旅游代理商之间建立起长期的、良好的合作关系。有一些旅游代理商专做邮轮业，与邮轮公司品牌形成联盟，专门销售其产品。

四、促销策略

邮轮公司常用的促销手段包括广告、公关、推销、促销。广告是利用一些通信媒体，如将广告通过收音机、电视、影院、互联网、报刊、海报及广告牌等进行宣传。公关主要是通过旅行出版物、报纸及杂志的评论或特色开展营销。推销是通过钢笔、桌垫或其他纪念品使用户回想起他们的假期，从而加深游客对邮轮品牌的印象。促销宜与广告宣传一起进行，或者可以将其合并到邮轮旅游者的船上活动中去。

五、人本策略

在营销组合里，人扮演着传递与接受服务的角色。换言之，也就是邮轮公司的服务人员与顾客。人本策略分为两层含义，一是以客人为本。顾客是邮轮生存和发展的根本，市场竞争就是吸引宾客的竞争，因此，营销的目的是培育忠诚的宾客，忠诚的宾客相信企业最尊重他们，能为他们提供最大的消费价值，从而成为企业谋求最大利润的主要群体。体现在营销中的"人本"，应高度尊重信任客人，提供使宾客偏爱的产品、服务和承诺，让客人享受到满意加惊喜的服务，最终成为邮轮的忠诚消费者。忠诚度对客户和公司都很重要，客户喜欢扮演品牌大使的角色，公司则看重保留这样的一位客户。实际上，这类客户通过向他们的朋友、熟人传播有关邮轮的正面评价，促进了品牌的维护，这对市场营销的作用是非常重要的。为了吸引游客购买邮轮旅游产品，同时奖励忠诚顾客，各大邮轮公司纷纷成立会员俱乐部。美国皇家加勒比国际邮轮公司通过设立"皇家邮轮俱乐部"实施顾客忠诚计划，目前在全球已发展超过600万会员。俱乐部会员的利益包括优先折扣、船上专项活动、优惠服务以及其他一些根据会员级别而提供的优惠项目。二是以员工为本，在现代营销实践中，公司的服务人员极为关键，他（她）们可以完全影响顾客对服务质量的认知与喜好，因此邮轮企业要以员工为本，正确地激励人、培育人、选拔人、留住人，调动员工创造力和积极性，为邮轮的整体营销创造最大合力。

六、有形展示策略

　　有形展示的重要性在于顾客能从中得到可触及的线索，去体认所提供的服务质量。因此，最好的服务是将无法触及的东西变成有形的服务。

　　邮轮的有形展示可以分为物质环境、信息沟通和价格。物质环境由周围因素、设计因素、社会因素构成，具体而言如空气质量、环境清洁度、员工服饰礼仪、设施设备、企业形象标识设计等。信息沟通总体上有两种形式：服务的有形化和信息化，具体办法就是在服务和信息交流中强调与服务相联系的有形物，以达到最佳服务效果。价格与环境、信息一样，也是一种对服务的展示，加强对价格的有形展示，也是实施有形展示策略的重要内容。除了价格高低与价值相符外，关键还要增强价位透明度，增加宾客对邮轮企业的信任。

七、过程营销策略

　　在营销计划实施过程中，必然因市场的变化而发生意外情况，邮轮企业必须做好全过程的监督、调节和控制，才能达到营销的最好效果。简言之，过程控制可以分为计划控制、效率控制和战略控制。综上所述，在邮轮营销组合中，除"People"即人的因素不可控外，其他因素的可控性很强。在当前信息时代，消费者的需求日新月异，企业外部的变化瞬息万变，但作为邮轮从业人员，我们绝不能因为营销组合外部的、客观因素的可变性而忽略对它的研究；相反，应变消极被动为积极主动适应外部环境，邮轮企业才能在千变万化、纷繁复杂的大千世界里求生存、图发展。

当同时生产和提供服务时，过程管理能保证服务的可得性和稳定的质量。若无良好的过程管理，要平衡对服务的需求与服务的供给是极其困难的。服务不能储存，所以必须寻找处理高峰需求的办法，寻求在不同水平上最大限度地满足不同顾客的不同需求的方法。进一步说，如果顾客在获得服务前必须排队等待，那么这项服务传递到顾客手中的过程，时间的耗费即为重要的考虑因素。如邮轮上采取分批次地安排游客观看大型的演出，这样就可以避免因去得晚而没有座位的情况，或者是人多拥挤的情况，进而避免游客时间的耗费。

想一想

7P 营销策略与 4P 营销策略相比，有哪些特点？

本章小结

邮轮市场营销是持续不断、有步骤地进行的一种管理过程。邮轮管理者必须在此过程中通过市场调研，了解游客的需求，然后努力提供适合这种需求的产品与服务，使游客满意、邮轮获利。要掌握邮轮市场营销的组合策略，全面做好邮轮营销管理。

思考与练习

1. 简述邮轮市场营销的作用和内容。
2. 如何进行邮轮市场细分、目标市场定位？
3. 邮轮市场营销有哪些渠道？
4. 邮轮市场营销的价格策略有哪些？

现代邮轮技术管理

　　近年来现代技术对服务业的影响越来越大，邮轮对技术的应用不仅包括提供住宿、餐饮时运用计算机、信息技术、互联网和其他各种技术革新成果，还包括所有能够改进结果的辅助性方法和体系。

　　技术在邮轮企业中起着非常重要的战略作用，技术就像是能够跨越不同部门的得力助手，把不同的活动和人员联系到一起。运用技术使员工获得了向消费者提供优质服务所需要的支持，从而提高了员工的整体能力。一流的服务企业创造性地利用技术以获得竞争优势的例子数不胜数。从这些例子中得出的结论是：技术本身不能带来竞争优势，而创造性地应用技术则是成功战略的特征。因此，邮轮企业一定要懂得把技术作为一种战略工具来利用。

教学目标

1 引导学生认识现代技术对邮轮运营的重要性。

2 向学生讲解邮轮上的信息技术的作用。

3 使学生了解邮轮上使用的各种技术。

第一节　邮轮技术作用

一、信息技术对员工的支持

1. 使员工获得自主权

如果要与邮轮企业的消费者和员工相适应，那么现代技术的引入就必须有全面的规划和调整（毕特纳、布朗和纽特，2000）。邮轮要顺利运转，信息和可以及时获取信息的渠道是极端重要的。信息对培养员工的自主能力尤其重要。邮轮可以利用信息技术提供迅速获得重要信息的渠道，从而激励员工行使自主权，使员工能在任何情况下采取自主的、创造性的行动，高水平地为内部顾客（企业员工和经理）和外部顾客（企业的终端客人）服务。

2. 降低员工招聘、培训成本

计算机系统的另一个好处是优化了员工招聘的途径，减少了用于培训的时间和花费。邮轮公司可以利用网络发布招聘信息、通过网络测试和视频面试形式来招聘员工已经成为邮轮公司招聘的重要途径之一，它可以大大降低公司的成本。除此之外，因特网也正在成为邮轮企业有效的员工培训系统。因特网的实时互动与视频会议一样可以做到同时与几个人进行交流。与视频会议不同的是，网上交流的语言障碍可以轻易克服。通过因特网同步培训一大批员工还有助于保持跨国公司所追求的一致性，显然也节约了成本。另外，现代技术提供了一种无须公司培训师远行的培训手段。皇家加勒比邮轮公司就建立了协助培训邮轮各部门员工和经理人员的一体化管理系统，这个系统可以为员工提供网上培训和用户支持。

3. 提升员工的地位

技术在邮轮的各个部门的不断应用也使每一个体力劳动岗位增添了信息技术成分。不断变化的技术世界迫使邮轮企业寻求懂技术并且愿意不断更新知识的员工。事实上，熟练掌握信息技术的从业要求已经提升了邮轮从业人员在整个劳动大军中的地位。

熟练掌握信息技术是邮轮经理人在原有必备的技能基础上增添的一项重要内容。由于邮轮业采用各种各样的信息技术，邮轮企业的绝大多数员工所必须掌握的知识也增多了，并且掌握不同形式的信息技术已经成为在邮轮就业市场获得成功的必要条件。

二、信息技术对消费者的支持

消费者对他们所遇到的惊喜（或不由自主产生的欣喜）常常会留下深刻的印象（毕特纳、布朗和纽特，2000），并可能会成为企业的忠实顾客。为了促成这种体验，很多邮轮公司都利用技术建立了全球范围的顾客偏好数据库，员工可以根据数据库的相关顾客信息提前做好准备工作。这些信息包括顾客喜欢用哪个名字、喜欢哪些食物和饮料、喜欢看什么报纸等细节。有了这些信息，员工就可以提供特别的服务以使顾客感到满意和惊喜。

三、整合市场营销、运营和人力资源

企业的效率取决于不同部门之间相互关系的协调。适当的信息技术不仅能提高每个部门的效率，而且能协调各个部门，使这些部门的联合产出超过它们各个部门的产出之和。

最大限度地应用信息技术可以使邮轮企业提高运营、市场营销和人力资源管理效率，并整合这些职能使它们一体化、简单化和高效化，使它们能够联合运作，一个部门可以促使其他部门达到更高的水平，这个联合系统较之于每个部门的单独运作就更显出了一体化的优越性。例如，原本独立的市场营销和运营部门经过有效协调利用顾客数据库信息，使最初可能是为了营销活动收集的信息越来越多地被用于支持日常服务运营。这样，"营销数据库"就变成了"运营数据库"，可使运营部门的员工在顾客到达前了解他们的特殊要求和需要。除了在客户关系管理中用到这些信息外，还可以把这些信息传递到餐饮部，使餐饮部的员工能够提前安排服务，用个性化的服务给顾客带来惊喜。这样创造性地利用技术来支持员工的工作，不仅提高了员工的工作效率和生产力，而且提高了员工和消费者的满意度。同样，信息也可以在运营部门和人力资源部门之间互享。例如，人力资源部可以利用企业运营数据库里有关服务失误和服务补救的信息进行新员工的培训和老员工的继续培训教育。

因此，技术在改进和协调邮轮企业市场营销、运营和人力资源部门的基本运作方面可以起到非常重要的作用。把整个企业的重心都集中到为顾客提供更好的服务这个主要任务上，必然能够提高企业的整体效益。

想 一 想

邮轮技术还有哪些作用？

第二节　邮轮技术在现代邮轮运营中的应用

一、技术的适用范围

由于技术能为消费者和邮轮企业带来创造性利益，所以技术在现代商业世界中起着非常重要的作用。虽然技术为提供各种各样的邮轮服务带来了效率、一致性和速度，但是技术本身并不能为企业带来利益，而是创意和对技术的巧妙利用给邮轮企业带来了至关重要的竞争优势。运用各种不同的技术能够提高邮轮企业的整体效率，创造出方便消费者的系统，同时促进具有巨大市场营销潜力的程序的使用。

（1）**邮轮企业的技术适用范围**。邮轮企业的技术应用在以下方面尤其有效：

①航海服务。

②市场营销。

③客房服务。

④保安。

⑤沟通。

⑥主办会议。

⑦开账单和付款。

（2）**邮轮上的常用技术**。在各部门和各职能中，技术应用的可能性几乎是无限的。下面列举一些在邮轮上常用的技术：

①航海服务与支持系统。

②收益管理系统。

③网上预订系统以及客人资料自动记录系统。

④计算机化的电话费用结算功能、留言功能和电话叫早系统。

⑤用于安保和客人押金查询的智能卡，客房计算机、电子邮件、电话留言、传真服务。

⑥客房结账、客人反馈系统。

⑦客房迷你酒吧饮品电子监控和电子账单系统。

⑧餐厅的触摸式显示屏、手提式电子点菜机。

⑨菜单设计和菜单控制系统。

⑩库存控制和采购管理系统。

⑪业绩评估、工资、工资发放系统。

⑫聘用和培训系统。

⑬消费者、员工和供应商数据库。

⑭消费者满意度调查和研究。

⑮总账、财务报表、夜间审核、每日每周的财务报告系统。

⑯成本分析、收益管理、销售、工资信息系统。

⑰网络电子锁定、安全、防火、能源管理系统。

⑱因特网和各种形式的内联网，包括国际互联网上的物业监控系统。

列举了这么多方面的技术，但还是不全面。根据对因特网用户人数的估算，邮轮业技术应用列表永远是不完整的。技术应用在迅猛发展，一项技术在某一领域的应用会促使新的可能性的出现，而这种可能性又会孕育出另外一个新构思。这样的可能性是无限的。

二、邮轮主要的技术应用

由于不可能列举每一种邮轮服务可能应用的技术，所以我们必须把注意力集中到应用最普遍的而且实用的技术方面。

1. 航海服务与支持系统

自从无线电报开始用于船岸之间的通信，船公司、岸基航海服务机构和管理部门就开始通过无线电通信影响、协助和控制船舶的航海活动。

（1）**无线电航行警告系统**（Radio Navigational Warning）。航行警告系统和航行通告，是将有关海区和水域内发生的或将要发生的，可能影响航行和作业安全的任何情况变化，及时准确地通知所有船舶，使之采取适当措施或保持戒备，以确保船舶航行和作业安全。各国海上安全主管部门专设的海岸电台用无线电发布这类公告称为无线电航行警告。1977年国际海事组织（IMO）正式建立了世界无线电航行警告系统。该系统将全球分成16个播发航行警告的区域，每个区域由一个国家作为协调人，负责将搜集到的资料进行核对、整理和编辑，再播发整个区域的航行警告。

（2）**船舶定线制**（Ship Routing）。在过去上千年的航海实践中，船舶的航行路线都是由船长自行确定的。为防止船舶在雾中碰撞，1859年世界上实行了第一个分道通航制，1875年又采用了躲避浮冰的船舶定线制。到目前全世界已有100多个船舶定线制。定线制是指为减少海难事故而采取的单航路或多航路定线措施，它包括分道通航制、双向航路、推荐航线、避航区、沿岸通航带、环行道、警戒区和深水航路，这些定线措施可以根据实际情况结合起来使用。

（3）**船舶报告系统**（Ship Report System）。18世纪初英国劳埃德首先在全球重要地点建立通信网，搜集船舶动态资料。自 1930 年起，有些船运公司规定，出海船舶必须定时向公司报告其船位、航向和航速。1958 年美国海岸警卫队发起建立商船自动报告制以改进船舶搜寻和救助。现行的船舶报告系统是由 IMO 采用的，要求船舶通过无线电报告提供、搜集或交换信息，用于搜救、交通服务、天气预报和防止海上污染等目的。

（4）**船舶交通服务**（Vessel Traffic Services）。船舶交通服务（VTS）是负责增进海上交通安全、提高交通效率及保护海洋环境的主管机关所实施的服务系统，其范围从向船舶提供简单的信息到广泛管理一个港口或水道的船舶交通，其功能包括数据搜集、数据评估、信息服务、协助航行、组织交通和支持联合行动等。

2. 航海科学技术应用

（1）**导航定位电子化**。当前，传统的陆标定位、天文定位方法已成为特殊情况下的补充手段，无线电导航定位方法经过了无线电测向仪（1921）、雷达（1935）、罗兰 A（1943）、罗兰 C（1958）、卫星导航系统（1964）、全球定位系统（1993）的发展历程，进入高精度卫星导航定位时代。全球定位系统（GPS）可在全球范围内全天候为海上、陆上、空中和空间用户提供连续的、高精度的三维定位、速度和时间信息。

（2）**避碰自动化**。为在能见度不良情况下发现来船而进行避碰，船用雷达发挥了很大作用。20 世纪 70 年代研制出的自动雷达标绘装置（APPA）和雷达的结合被称为自动避碰系统。该系统可以自动采取和跟踪目标，以及自动显示来船的位置、航向、航速、相对运动和碰撞危险数据。避碰自动化进一步得到发展是 20 世纪末开发了船舶自动识别系统（AIS），可连续向其他船舶传送船舶自身数据，并可连续接收其他船舶的数据，有利于减少因船舶识别和避碰决策失误引起的船舶碰撞事故。

（3）**海图电子化**。传统的纸质印刷海图已不适应船舶自动化和航海智能化的发展要求，电子海图显示与信息系统在近十几年研发成功并不断完善。该系统不但能很好地提供纸质印刷海图的有用信息，而且取代了传统的手工海图作业，综合了 GPS、APPA、AIS 等各种现代化的导航设备所获得的信息，成为一种集成式的航海信息系统，被称为航海领域的一场技术革命。

（4）**航海资料数字化**。航海所需要的各种图书资料原都采用纸质印刷形式。随着计算机技术和互联网技术的发展，航海通告潮汐表、灯标表等出现了电子版和网络版。这有利于航海图书资料中内容的迅速更新，避免了海员对纸质图书资料的手工更正，使用也更加方便。

（5）**通信自动化**。无线电报、无线电话、电传和传真在船上采用，比船舶采用手旗与灯光进行通信已是很大的进步。1957 年第一颗人造卫星升空，拉开了卫星通信的序幕。1979 年国际海事卫星组织（Inmarsat）宣告成立，1982 年开始提供全球海事卫星通信服务，Inmarsat 可以为海、陆、空提供电话、电传、传真、数据、国际互联网及多媒体通信业务。船舶通信自动化的另一个重要标志是船舶使用了全球海上遇险与安全系统（GMDSS），使船与船、船与岸台能够全方位和全天候即时沟通信息。一旦发生海上事故，岸上搜救当局及遇难船或其附近船舶能够迅速地获得报警，GMDSS 还能提供紧急与安全通信业务和海上安全信息的播发，以及进行常规通信。GDMSS 在船上的使用导致了驾驶与通信合一，传统的船舶报务员已被取消。

（6）**航行记录自动化**。为了在船舶发生海上事故后查明原因，从中吸取教训，采取针对性防范措施，原由海员手工记录的航海日志、车钟记录簿等，现正被俗称为船舶"黑匣子"的航行数据记录仪（Voyage Data Recorder，VDR）代替。VDR 系统由主机、传感器、数据存储器、专用备用电源和回放再现系统等构成。船上有了 VDR，大大有利于海上事故原因分析。

3. 预订和物业管理

邮轮在运营过程中，事先通过强大的预订系统将游客的入住手续提前办理，大大简化了游客原本复杂的入住登记程序，游客登上邮轮前就可以拿到房卡和相关证件，登船后便可以直接进入安排好的房间。

计算机预订系统和物业管理系统提高了为客人服务的水平，彻底改变了陆上酒店企业所采用的营销策略。计算机化的物业管理方便员工获得信息，有助于客户关系接待员对客人的需求做出迅速反应，通过提供便利和统一的数据库，还有助于减少或消除由于人为错误和服务的一致性要求所带来的问题。

世界各大邮轮公司一般都有自己的物业管理系统，使企业里的所有邮轮的管理和运营一体化，并且使用统一的会计系统。拥有一个共同的数据库的其他好处还包括分担计算机硬件成本、减少雇员成本、使系统和运营一体化。

另外，全球分销系统（Global Distribution Systems）提供了直接获得第三方预订源的渠道。第三方代理商（行业协会、旅行社等）可以从中了解邮轮的库存量，通过向世界各地的潜在客人提供直接相关的信息帮助他们预订。

4. 信息技术网

邮轮企业可以利用各种信息技术网络交流系统促进沟通，例如，促进邮轮集团总部和各个邮轮之间的沟通。这些交流系统有助于企业减少成本、节约时间、提高效率。许多邮轮企业与它们自己的供应商、旅行经销商、代理商、航空公司和旅行社也有网络联结。

信息技术网主要分为三种：

①因特网（The Internet）。因特网通过各种视听符号使企业能够与外部世界沟通（其他企业和个人）；如前所述，因为全球拥有数十亿因特网用户，因特网已经成为邮轮企业迅速发展的资源。

②内联网（The Intranets）。内联网是企业内部的封闭网，有安全的"防火墙"；这种网络联结内部用户，促进各种经营活动之间的联系。

③外联网（Extranets）。外联网利用与外部计算机网络一样的原理；企业用这种外联网促进与相互信任的合作伙伴（航空公司、旅行社等旅游代理商）之间的沟通和透明度，帮助联盟成员共享数据和其他运营信息。

这些网络的真正价值在广告宣传和营销上并没有体现出很多，而是体现在它们提供了一种全新的、令人振奋的人际交流手段（墨菲、佛瑞斯特和沃特林，1996a）。网络促进了与各个"利益共享者"在一系列事务（包括供应、订货、维修、招聘、培训、建议、投诉、预报、新闻、意见、法律纠纷、经济和政治事件、健康风险、环境发展、公司信息传播等）上的内部和外部沟通。人类的想象力有多丰富，网络应用的可能性就有多大。有了网络，一大批有兴趣的人就可以同时参与评估信息、交换意见、做出决策，或者他们只是可以随时了解发展动态。网络的应用意味着没有人会不知道世间发生的事。当然，无用的信息也可能给人们带来过多的负担，但是如果能谨慎巧妙地加以利用，网络可以确保每个对新发展和对决策有一定兴趣的人适度参与。因特网给邮轮企业带来了向整个世界推销其设施和服务的前所未有的机会。世界各地的潜在消费者有了与邮轮网站互动的机会，他们甚至可以"虚拟参观"邮轮设施。网站可以提供有关邮轮的详细信息，包括房价、各种不同的图像（客房、餐厅、会议和娱乐设施），以及邮轮的特色（如当地的海滩）。有些邮轮提供以地图为基础的信息，即提供一张可搜索的地图和邮轮所航行的线路介绍，可能还有运用先进的显示技术生成的显示地图。这些信息都连接到邮轮的旅游信息中心。这些网页内容都是为了让消费者对邮轮环境有清楚的、直观的印象，使他们能够在到达邮轮前对邮轮的设施有切实的了解。当然，因特网技术也为消费者提供了简单、省钱的预订方法。网上预订现在越来越受欢迎，许多邮轮公司都在把它们的技术资源重新集中到这一方面（汉斯迪尔，1997a）。所有邮轮公司都已建立了因特网网站，每个网站都有完善的预订功能。这些网站在点击率、预订、消费者反馈等方面做得非常成功。

5. 客服设施

技术发展的另外一个重要方面是在为游客提供的服务上，包括客房计算机、购物服务、游戏、录像和电子邮件。很多邮轮管理者认为这些发展还只是开始。可以说这些发展的可能性是无限的。

全球知名的邮轮公司如果想要吸引和留住商务客人，就必须在客房内提供传真和电子邮件服务。虚拟电子邮件信箱能使客人（甚至没有电脑的客人）通过客房传真机接收邮件。所有住在配备传真机的房间内的客人都可以通过内部邮件自动收到一个个人电子邮箱地址，在他们航行期间，这个地址都有效，预计这项技术在未来的几年中还会迅速发展。

6. 安保与节能

随着恐怖事件的不断出现，邮轮的安全问题越来越受到经常参与邮轮旅游的客人的关注。邮轮舱房的一项重要技术革新就是一体化电子锁定系统的开发。这些系统减轻了游客对安全的担忧，也有助于管理人员统一运营，减少成本。很多邮轮将这种舱房电子锁定系统与警报监控和能源管理系统结合起来使用。

在节能方面，与锁定系统相连的传感器可以解决与客房温度控制有关的常见问题，如客人不在客房时、客房还没有客人入住时，可以调节温度以节约能源。另外一项非常普遍的技术革新就是触摸式显示屏控制系统。这项技术的应用可以有效控制灯光、室温、收音机、电视机、窗帘，并提供全方位的电话服务。

7. 会议

许多邮轮利用一种特殊的电脑软件帮助管理人员组织会议和商务会谈。这种软件减少了用于特殊活动物流管理的时间，因为它提供了一种标准的电子模式，以帮助管理人员制订会议运作计划。

现代技术是传统会议的辅助手段，也使电视会议成为可能，电视会议已经成为许多邮轮向商务客人推出的又一项重要的服务。

创造性地利用信息技术，并与保证消费者满意度和保持邮轮业优良传统的企业文化相结合，可以提高消费者满意度和员工满意度。

8. 餐饮服务

餐饮服务也是邮轮技术革命的一部分。餐饮服务的许多问题是具有普遍性的。邮轮上厨师们正在努力提高生产力和效率，同时降低成本，提高饭菜的质量。

技术可以帮助实现这些目标。例如，由计算机控制的组合加温烤箱可以通过往烤箱中注入蒸汽来进行高温烹饪。这种由计算机控制的烤箱在箱内温度高过事先设定的烹调温度时，可以通过自我监控器自动打开或关闭电源以保持恒温。组合加温烤箱可以使菜肴在接近上菜时烹饪完毕，因此有助于避免过度生产和浪费。

9. 其他服务

技术革命还大大促进了其他的对客服务。比如，像洗衣和儿童游戏室这类看起来与技术不相关的服务项目也发生了革命性的变化。事实上，技术使邮轮服务产品变得更具有吸引力、效率更高——对于客人和管理人员来说——其方式是无穷无尽的。

10. 协调

技术在现代邮轮业有非常广泛的应用。但是现代技术最重要的特征是技术已经成为联结邮轮运营的各个方面、跨越部门界限的重要手段。这种协调特征全面地提高了邮轮的运作，包括生产力、企业运营质量、准确性、及时性、客户服务等方面。

11. 技术时代的市场营销和销售

国际互联网有着巨大的潜力，它能与世界各地未来的消费者进行沟通，并向他们提供相关信息。另外，数据库营销也已经成为邮轮营销的重要手段，下面可以探讨一些现代技术在市场营销方面的重要应用。

（1）Internet 的应用为邮轮企业提供了一个新的全球市场营销平台，它一方面使企业和消费者不仅有机会交流信息，还有机会交换各种各样的产品和服务；另一方面是可以将销售外包给旅行社、行业协会等电子经销商。因特网对邮轮业的影响的优缺点如下所示。

优点：灵活的营销工具；与终端消费者直接交流；减少"爽约"预订和取消预订次数；减少交易所需的时间；降低促销成本，减少宣传册的印制费用；减轻工作量；一年365 天，每天 24 小时全球销售；与建立战略联盟的企业以及潜在的顾客之间的互动；提供增值产品。

缺点：设计、建设、常规维修和更新的费用；邮轮市场日益激烈的竞争；安全问题（黑客和病毒）；企业无法选择消费者。

（2）电子宣传册。电子宣传册是有关产品的可传送的数字信息，它能够展示互动信息、活动图像和声音，从而更全面地传递有关服务体验的情况。有关一个产品或服务的信息一经录制和数字存储，就能被传送到计算机网络，如计算机服务网、美国在线或其他因特网上的网站。这样的网上服务有几个好处，尤其是当把新服务推向市场或从市场撤出时信息可以得到迅速更新，并且邮轮企业的成本可以降至最低，因为通常网络服务的费用是由用户支付。此外，电子媒介本身有更大的吸引力，因为它可以刺激人们的视觉和听觉。据证实，声音和图像的结合展示对消费者有强烈的刺激作用。电子数据还可以使用户做到只选择和检索他们感兴趣的东西，因此有可能制作出有针对性的"个性化"宣传册。

（3）数据库营销。全球知名邮轮公司已经开始采用各种各样的数据库营销，数据库营销为邮轮企业提供了更好地了解常客的极佳机会，并且对建立顾客忠诚度非常有效。

事实上，数据库营销为邮轮企业带来了非常重要的顾客服务优势。顾客档案可以分类，然后经处理变成实用的目标市场信息。对数据库的创造性应用可以使邮轮公司制定出新的、有效的市场营销策略。

数据库营销可以建立新的顾客档案或给现有顾客档案增添新的内容。每个顾客都有自己的人口统计数据和消费方式。数据库营销的目标就是要确定邮轮最佳顾客的人口统计数据，从而建立顾客忠诚，并通过提高市场营销的准确性降低成本。数据库使营销人员能够了解顾客复杂的期望和态度，从而使邮轮企业可以事先做好服务计划（甚至在客人到达前），达到超越顾客期望值的目的。

想一想

信息技术还可以应用到邮轮运营的哪些方面？

📖 本章小结

在以技术为本的竞争环境中，邮轮企业如果要满足越来越挑剔的需求者的需求，就必须不断更新和提高它们的产品和服务的技术含量。由于竞争对手不断改进它们的高技术设施以吸引消费者，即使原来的忠诚消费者也会因为意识到可以获得市场上各种各样的产品而产生动摇，这也提高了消费者的期望值，从而形成了新的行业规范和标准。就此而言，技术虽然可能并不是企业成功与否的最终决定因素，但肯定是决定消费者满意度和忠诚度的重要因素。

因此，处于现代市场中的邮轮企业如果要获得竞争优势就必须使本企业的运营一体化并不断提高经营效率。在这方面技术的作用是非常重要的，因为技术能帮助企业提高服务水平，同时降低运营成本。此外，技术也会让员工摆脱更多的日常性工作，使他们能更专注于顾客服务活动和职业发展。技术的应用对企业的市场营销和管理实践产生了深远的影响，特别是对包括服务质量、员工的工作表现以及与消费者的关系等在内的经营各个方面产生了广泛的影响。如果管理得当，技术能够超越它的实用功能，成为帮助企业获得竞争优势的战略工具。但是战略性地利用技术必须非常谨慎，以免损害企业的市场地位和财力资源。

？ **思考与练习**

1. 邮轮技术的作用有哪些？

2. 邮轮上的技术应用主要体现在哪些方面？

3. 邮轮技术的应用与酒店内技术的应用有何异同？

第八章

现代邮轮旅游安全管理

很多人将邮轮旅游理解为一种乌托邦式的休闲。但是，对于很多航行而言，可能存在着各种各样的需要注意的危险。本章帮助学生理解可能影响邮轮上人们的健康、安全和保障的各种因素。这些复杂课题对社会造成严重挑战，并且对很多涉及旅游、观光、休闲的行业带来严重的后果。重视邮轮安全管理以及安全常识的普及，一方面，能够尽可能地减少邮轮卫生安全事故和航行事故的发生；另一方面，在遇到此类安全问题和重大安全事故时，能够迅速采取相应的措施，降低此类事故带来的损失。

教学目标

1️⃣ 引导学生认识邮轮安全的重要性。

2️⃣ 向学生讲解邮轮安全管理的定义与要素。

3️⃣ 使学生了解诺劳病毒的威胁及其防范。

4️⃣ 了解船舶的卫生计划检查。

5️⃣ 熟悉邮轮上可能出现的安全问题。

6️⃣ 使学生掌握海上应急与自救常识。

7️⃣ 熟悉与邮轮有关的海事问题与法规。

第一节　邮轮安全管理概述

对于邮轮旅游者来说，邮轮海上旅游安全是其关注的首要问题。加强邮轮安全管理，是保障邮轮正常营运以及游客安全的重要途径。

一、邮轮安全管理的定义

邮轮安全（Cruise Safety）是指邮轮在营运过程中所涉及的人、船、物、环境等没有危险、没有威胁、没有事故的状态。

邮轮安全管理（Cruise Safety Management）是指为了保障邮轮安全而进行的一系列计划、组织、协调和控制等活动的总称。

邮轮安全管理的目标是在相关安全政策法规的指导下，提高岸上及船上人员的安全管理技能，识别一切可能的安全风险并制定有效的防范措施，为邮轮提供安全的营运环境，最终保障海上生命及财产安全。

二、邮轮安全管理的要素

基于安全科学理论基础，邮轮安全管理的基本要素是"人—船—环境—控制"系统，这也是邮轮安全管理的主要对象。

1. 人

人员是邮轮安全管理过程中最能动的要素，在邮轮航行过程中涉及船员与乘客两部分。在邮轮公司管理规章体系和邮轮航次任务确定后，船员与乘客的素质和行为直接关系到能否安全、优质、经济、高效地完成航次任务。国际海事组织（International Martime Organization，IMO）颁布的《海员培训、发证和值班规则》（《STCW78/95公约》）及其修正案就是用于控制船员职业素质和值班行为，有效减少人为因素对海难事故的影响。此外，在乘客治安管理过程中，邮轮安保人员也需要随时保持警惕，采取适当可行的措施预防和制止侵害乘客人、财、物的行为，这同样是人员安全要素管理的重要内容。

2. 船

邮轮安全管理还涉及对船舶本身的管理。各国为保证船舶技术状态，保障水上人命、财产安全以及防止船舶造成水域环境污染所采取的船舶监督管理措施是进行船舶检验（Vessel's Survey），即按照国际公约、国内法规以及船舶设施规范要求，对船舶设计、制造、材料、机电设备、安全设备、技术性能等进行审核、测试、检查和鉴定的活动过程，从而更好地鉴定并监督船舶的技术状态。

3. 环境

环境要素是邮轮航行所处的自然和人工环境，主要包括以下几个方面：海洋气候条件等难以抗衡的自然因素；以水上运输为目的所设置的船舶航道与港口环境；邮轮上为游客提供的服务环境及为船员提供的生活、工作环境等，一般包括生活安全、设施设备安全、服务安全、卫生安全等。加强对环境的监控及对各类危险因素的防范，可以将邮轮的各类安全损失降到最低。

4. 控制

据统计，海上事故的80%都是由人为因素造成的，人为因素的主要责任在于邮轮公司的岸上与船上管理控制。当前，重视邮轮公司的安全管理已经成为国际海事界控制邮轮海事问题的重要途径。各大邮轮公司也纷纷编制科学合理的邮轮安全管理体系，包括船舶安全手册、航海日志、航行文件、船舶维修计划、安全设备表、船员训练计划等，并依照文件规定和具体情况对安全事务妥善处理，从而实现单船安全管理的系统化。

三、美国公共卫生服务署船舶卫生计划（VSP）

20世纪70年代早期，由于在邮轮上爆发了几次疾病，美国公共卫生服务疾病控制与预防中心（CDC）引进了船舶卫生项目（VSP）。该项目的主要目标是预防肠胃疾病。随着时间的推移，该项目与邮轮的关系已成熟，尽管美国疾病控制与预防中心（CDC）仍然是控制和监管的强有力机构，但其主要功能是提供协助以实现最佳效果（美国公共卫生服务部，2005b）。

美国疾病控制与预防中心最有名的就是卫生监管，它按百分制给邮轮打分。分数低于86分的船舶不能通过检查。如果分数低于85分，则说明卫生状况不理想，通常要在30～45天内对船舶的卫生条件进行重新检查，以确定其卫生条件是否有所改善。尽管得分较低的船舶的总体卫生状况较差，但并不意味着就有发生肠胃疾病（GI）的重大风险。CDC还表示，自从VSP计划实施以来，虽然航行的船舶数量和搭乘的乘客数量显著增加，但邮轮上疾病的爆发次数却在减少。

为发现与肠胃疾病（GI）相关的因素，VSP开展了针对性的调查。如果感染这种疾病的乘客与船员的数量达到全体乘客与船员总数的2%，就要引起注意。如果发现与有关的异常类型或特征相似，VSP就会展开调查。为了能有效进行调查研究，要求邮轮保留有 GI 症状以及用药治疗痢疾的乘客与船员的记录。如果在这些记录中的乘客与船员中发现病例，VSP 就要分析疾病爆发的威胁，通过反复研究船上的实例，发现传染源，采取防御与控制措施，并评估这些措施的有效性。行动的目的在于发现问题、解决问题，并确定问题不再出现。

如果要新建一艘邮轮或升级邮轮，CDC 也会提供相应协助，从而确保邮轮处在最佳状态，符合公共卫生的需求，同时，也能帮助解决一些问题，比如洗手设施的合理位置，正确设计和建设餐饮（包括饮用水的提供）贮藏和准备区域，以及正确控制和管理贮藏食物的温度。CDC 利用位于佛罗里达州的设备，为邮轮员工提供关于标准的培训，解释采取该标准的原因以及如何达到该标准。他们的培训项目里包括以下几方面：储水、分配、保护与消毒；食物在贮藏过程中的保护、备餐、烹饪、提供；员工的实际操作和个人卫生；一般清洁、设备检修、控制传染媒介（传染媒介是一种昆虫类或节肢类、啮齿类或其他公共卫生意义上能够隐匿或传播病源给人类的动物）；食物与水的潜在污染。

做 一 做

查资料了解 GI 的相关内容。

四、船舶卫生计划检查

船舶卫生计划（VSP）要求，所有在美国港口停靠、载客超过 13 名、走国际航线的邮轮每年要接受两次环境卫生官员小组的检查。VSP 指南里描述了具体检查细节（美国公共卫生服务部，2005b）。2005 年修订了这一操作手册，修订后的手册考虑了新技术、食品卫生学进展以及引起人类疾病的新生物病源。该指南用来指导和培训邮轮经营者和员工，同时也使 CDC 专注于其检查工作。以下内容即摘自该指南。

1. 水

可饮用水是指饮用水。将淡水从岸上抽至船舱的过程被称为装仓（这一术语也用来形容将燃料和物料装上船）。饮用水必须达到世界卫生组织（WHO）的标准。应定期（每 30 天或更短）抽查和检验，并提供微生物报告以确保是否达到所要求的标准。邮轮要保持 12 个月的检测记录。一般来说，当抛锚、在污染区或港口时，船舶不能生产饮用水（通过逆向渗透、蒸馏或其他方法）。指导手册包含船上水和用水系统的全面的技术信息。

2. 泳池

流动的海水泳池只有在邮轮行进中且离开陆地超过 12 公里时才会使用。到达港口前需要把泳池的水排干，在港口停靠时要保持泳池是空的。在某些情况下，只要采取恰当的措施断开注水系统，并对水进行过滤和卤，就可以使泳池保持水满。游泳者使用泳池之前，要检测水质安全，使水质达到规定的标准。循环使用的泳池要按照过滤设施厂商所提供的说明进行有效的过滤。池水水质必须经过监控并必须高出最低标准。

漩涡池的水需要过滤，过滤器要定期检查，并且每 6 个月更换一次。池水要每天更换。要清楚地标识安全标志和池水深度。水温要控制在 40℃以下。要按要求提供安全设备。戴尿布的婴幼儿以及尚未学会使用厕所的儿童是不允许进入泳池的。

3. 食品安全

船上负责食品生产和食品安全的人员必须掌握一定的预防食品传染性疾病、危害分析临界控制点（HACCP）原则以及船舶卫生计划（VSP）的食品安全准则方面的知识。从美国或海外国家获得相关证书可以证明他或她具备这方面的知识，也可以通过观察他或她在船上的实践操作能力和检查其回答问题的能力来证明这一点。

食品安全准则所包含的内容有：个人卫生及其如何影响食物传染性疾病的预防，负责食品生产团队的经理应有的职责范围，食品传染性疾病的症状，控制具有潜在威胁的食物的烹饪时间和温度的重要性，生的或未熟的鸡蛋、肉类、家禽和鱼等的相关危害，潜在危害食物的安全烹饪时间，交叉感染、用手接触即食品、洗手和公共卫生等的管理和控制，食品安全，适当设备的供给，清扫和消毒程序，有毒物品的储存、使用和处理，产品的经营管理与控制，以及预防食品卫生和安全问题的服务常规事宜。

经理们要确保他们的员工按照准则的规定践行安全和卫生条例。一般来说，所有食物都必须是安全的、无掺杂的、货源正规的，能够达到指南标准。具有潜在威胁的食物必须保存在 7℃或更低的温度条件下。为确保不被污染，食物需保存于干燥清爽的地方，甲板以上 15 厘米的位置就不会被污染。切不可将食物储存在衣帽间、卫生间、更衣室、垃圾房、机械房和楼梯间。要防止陈列出来的食物被污染。

VSP 指南有关于食品安全和卫生的完整细节，包括食物储藏、处理、设备及其维护、清洁、消毒，对船舶、厨房和相关区域的管理（美国公共卫生服务部，2005b）。经营商也可以向 CDC 申请采用不同于准则要求的措施，只要可以证明是合理的，而且不会对船员及乘客的健康造成危害，这些措施就可能会被批准。

对食品和饮料的检测最好采用危害分析临界控制点（HACCP）方法，该方法包括 7 条原则：

（1）分析危险。界定与食物相关的潜在危险及控制危险的方法。这些危险可能是生物的，如细菌；化学的，如毒素；物理的，如地面上玻璃或者金属碎屑。

（2）明确关键控制环节，从原料到加工和运上船供游客消费的过程中，有些环节是可控的，控制好了这些环节就可以控制或降低潜在危险。如烹饪、冷冻、包装和装配监测。

（3）通过对每一个控制环节设定关键约束而确定预防措施。例如，从烹饪食物的角度看，可能包括设置所需的最低烹饪温度和最短烹饪时间，确保能消除所有的有害微生物。

（4）确定监管关键性控制环节的常规做法。可能包括决定如何及由谁控制烹饪时间和温度。

（5）当监测表明关键约束未达到，就要确定应采取的改善方案。例如，如果烹饪时未达到最低温度，就要对食物进行回收或销毁。

（6）建立核实系统运行良好的常规做法——例如，监测烹饪时间和温度记录仪，从而核实烹饪子系统是否运转正常。

（7）建立有效的记录，保存 HACCP 系统文件。可能包括危险及其控制方法的记录、安全需求的监控和纠正潜在问题的行动。每一个原则都应以可靠的科学知识为背景，例如，发表的关于控制食物传播病原体的烹饪时间和温度的微生物研究。

相关链接 🔍搜索

烹 饪 时 间

煮生鸡蛋时保持 63℃ 以上温度最少 15 秒。

烹饪平胸类鸟（鸵鸟、鸸鹋、美洲鸵）和注入肉时保持 68℃ 及以上温度至少 15 秒。

烹饪家禽和野禽时保持 74℃ 及以上温度最少 15 秒。

制作所有烤肉保持 63℃ 及以上温度最少 15 秒（注意：在 VSP 指南中，半熟肉烹饪和其他食物的制作还有其他条件）。

食物冷冻：具有潜在风险的食物要在 2 小时内从 60℃ 降温到 21℃，在 4 小时内从 21℃ 冷冻到 0℃ 或以下。

温度保持：具有潜在风险的食物的存放温度应在 60℃ 及其以上（除烤制食物外，烤制食物的存放温度应在 54℃ 及其以上）或者 5℃ 及其以下。

想一想

为什么邮轮要执行严格的船舶卫生计划检查？

第二节　邮轮常见的安全问题及防范

与陆上旅游相比，海上旅游存在一定的风险，会遭遇海底地震、海啸、台风、火灾、病毒等危险因素，从而导致海上事故的发生。

海上事故专指船舶在航行、停泊和作业中发生的海损事故，比如碰撞和触碰、触礁和搁浅、浸水和沉没、火灾和爆炸以及船体和机器损坏等。此外，随着国际形势的瞬息万变，海上恐怖势力也成为威胁游客安全的重要隐患。

一、邮轮碰撞、搁浅事故及其防范

船舶碰撞、搁浅、触礁是船舶在海上航行时比较常见的海损事故。碰撞是船舶之间相互碰撞造成船舶损坏事故；搁浅是船舶航行中或锚泊中搁置浅滩或擦浅造成的事故；触礁是船舶航行中触碰或搁置礁石造成的事故。邮轮发生碰撞、搁浅或触礁，轻则影响航行，重则造成人身伤亡，因此，需要高度重视并积极预防。

海洋天气变幻莫测，给海上航行带来了很大的未知性和危险性。海啸、海底地震等自然灾害的突发性，给船舶航行造成严重威胁。海啸巨浪使船舶发生剧烈摇晃，导致船舶重心偏移，船舶倾斜。如果情况得不到及时控制，则船舶重心偏移更多，倾斜更严重，平稳性越来越差，最终导致船舶倾覆。当船舶在港内或码头靠泊时，海啸波浪及潮水也会对船舶造成极大危害，造成船舶缆绳崩断，进而发生碰撞、搁浅事故。

当前，邮轮正朝着大型化、高速化的方向发展。随着世界海运量的持续增加，海上交通日趋繁忙，航行密度越来越大，出入港口更加拥挤，从而也会造成船舶碰撞和搁浅事故的发生。2010 年 10 月 18 日凌晨，歌诗达"经典"号邮轮在长江口深水航道准备接受引航员登轮时，与一艘同向进入码头水域的比利时籍 8 万吨级货轮"楼兰永恒"号发生碰撞。该事故造成邮轮右侧船体大面积受损，少量海水经破损处灌入船体，几名游客轻微受伤。据权威部门统计，在长江内河船舶水上事故中，碰撞事故所占比例最高，约占事故总数的三分之二以上。2012 年 1 月 13 日晚，满载游客的歌诗达"康科迪亚号"在意大利海岸附近搁浅，造成至少 8 人死亡，超过 4000 名游客和船员被救起。此类事故给游客及船员的生命和财产安全造成了威胁。

为了防止或尽量减少碰撞、搁浅等海上事故的发生，邮轮公司除了要提高船员的安全意识、责任感以及航海技术水平外，还应该严格遵守各项海上安全公约，做好邮轮海上航行安全管理。当船舶发生碰撞、搁浅等事故时，应该沉着冷静，根据具体情况做出正确的判断，果断采取有效的应急措施，保障人命及财产安全。

二、邮轮火灾事故及其防范

邮轮火灾同样是邮轮航行过程中常见的安全事故。2010年11月，"嘉年华光辉"号邮轮在墨西哥太平洋海岸附近海域因尾部操作间起火而失去动力，船上近5000名游客和船员被困，后经救援脱险，但仍给邮轮公司带来一定的经济损失和负面影响。

邮轮起火的原因是多方面的。除了碰撞等海上事故可能导致火灾以外，绝大多数是船舶电力系统故障、电器设备使用不当或游客随处丢弃烟头等原因引起的。邮轮公司禁止船员及游客在围蔽空间内抽烟，也是为了避免火灾事故的发生。

邮轮在海上航行时发生火灾，获得外援救助的可能性较少，不可能像在陆地上发生火灾时能够及时调集大量消防力量进行灭火，而且邮轮的复杂结构也会增加查明火源和灭火工作的困难程度，因此，很可能在较短的时间内造成重大损失。

邮轮一旦发生火灾，最重要的就是能够及时发现，将火灾扑灭在起初阶段。发现火情后应立即发出火警警报，寻觅火源，控制火势。通过观察火灾浓烟及异味来判断火源的位置和起火原因，切断电源和油舱通道，封闭起火舱室门窗和通风口，尽力防止火势扩展蔓延，并根据具体情况采取不同灭火方法。明火扑灭后，仔细检查现场余烬是否完全熄灭。事后对火灾原因及施救工作认真分析总结，以吸取教训和归纳经验。

邮轮公司及所有船员在思想上要高度重视消防工作，加强防火宣传教育，严格执行防火的各项规定，同时按规定进行邮轮的消防演习，熟练掌握船舶消防技能，对船舶消防安全设备要定期检查，使其始终保持良好的工作状态，这样才能很好地防范及应对火灾事故的发生。

想一想

如果你在邮轮上工作，当发生火灾时应如何应对？

三、海上恐怖势力威胁及其防范

恐怖主义是指暴力实施者为了特定的政治或宗教目的而对平民等非武装人员使用暴力或以暴力相威胁的行为，是人类和谐发展所共同面临的重大问题。大海是防恐的薄弱环节，恐怖分子比较容易进行海上恐怖活动。邮轮搭载着来自不同国家而且数量庞大的游客，恐怖分子很可能通过劫持或袭击邮轮来扩大影响，以达到其政治或其他非法目的。海盗袭击同样要引起邮轮公司的注意。2008 年以来，海盗制造的劫持事件增加了很多。海上恐怖势力给邮轮旅游带来了一定影响，也对游客海上安全造成了威胁。

对经营成熟的邮轮公司而言，不但要研究如何防范恐怖袭击，更要准备诸多预案，尽可能为邮轮提供安全的环境。只有这样，才能避免在恐怖袭击来临之时束手无策。

1. 加强风险评估

邮轮公司可以同邮轮航线的周边国家建立沟通渠道，利用各种情报网络，加强恐怖袭击的防范和预警措施，并对每一航次进行风险评估。当风险评估值超过一定数值后，就要采取相应的措施降低恐怖袭击的概率，甚至取消在危险航区的航行。

2. 执行安全法规

2004 年生效并实施的《国际船舶和港口设施安全法规》（ISPS）是国际海事组织颁布的关于国际港口安全最重要的法规之一。该法规旨在全球范围内进一步促进国际海事安全，预防和打击针对海上运输的国际恐怖主义活动。各大邮轮公司都必须按照 ISPS 的要求做好应急准备，任何一艘国际邮轮都无一例外地受到该法规的制约。

3. 申请特殊保护

出于安全方面的考虑，邮轮公司可以特定海域航次申请政府的特殊保护。比如，美国前往中东、夏威夷等地的邮轮可以在紧急情况下请求美国在世界各地的军舰护航，如同第二次世界大战期间盟军军舰护卫运输船抵御德国潜艇袭击一样。此种做法尽管可以保障邮轮及游客安全，但也带来不少问题，比如邮轮与军舰齐头并进容易使游客产生恐慌和紧张心理，而且这一做法会引起世界的关注，反而可能刺激恐怖袭击的发生，因为恐怖分子的目的就是要扩大政治影响力。

4. 提高反恐水平

除了加强对恐怖主义的防范外，提高邮轮自身的反恐能力和技术水平同样重要。2005 年 11 月 5 日，嘉年华邮轮集团旗下世鹏邮轮公司的"世鹏精神"号邮轮在索马里海域遭到两艘海盗快艇的袭击，邮轮在身中火箭弹后船舱起火，300 多名游客和船员危在旦夕。在紧急关头，船长指挥船员使用秘密武器"声弹"巧妙"击"退海盗，并调转船头开足马力前进，船上游客化险为夷。

四、诺劳病毒的威胁及防范

1972 年俄亥俄州诺沃克爆发了一场肠胃疾病，此后，诺劳病毒首次被认为是类似于诺沃克病毒的一种病毒，诺劳病毒是一类能感染胃的病毒总称。在有些情况下，诺劳病毒会引起肠胃炎，一种胃部和大肠的炎症，尽管肠胃炎通常是萼状病毒感染或食物中毒的症状之一，但它并不完全和食物有关。诺劳病毒有时被称为"胃流感"，尽管诺劳病毒跟流感是无关的，或称是"24 小时胃病"。

感染诺劳病毒的人通常表现出的症状是呕吐、腹泻和胃抽搐，孩子可能出现的呕吐现象比成人更严重。有时也可能出现低烧、体寒、头疼、肌肉疼痛、反胃或疲劳等症状。疾病来得很快，受感染的人可能会感到很虚弱。病症一般会持续一到两天。受感染的病人的粪便或呕吐物中通常有诺劳病毒。诺劳病毒也有可能出现在受感染的人的皮肤表面。重要的是，在人口相对密集的小区域内，例如火车站、公交车、学校、军营、饭店、医院、疗养院、宴会场和邮轮，疾病爆发率会更高。这种病症有可能潜伏 24 ~ 48 小时，持续时间为 12 ~ 60 个小时。

Ramilo et al.（2004）认为诺劳病毒最可能出现在邮轮上的看法是不正确的。因为岸上的病例比海上多得多。VSP 计划的报告机制和邮轮上卫生官员的追踪疾病工作能及时识别船上的问题，并且比岸上能更加有效地处理问题。通常，问题的出现是因为船上带有疾病病毒，随后被乘客传播。邮轮的布局与住宿配置很相近，都是出于有利于相互交流和人与人之间接触的考虑。

1. 传播途径

人传染病毒的途径有很多，但有一点很重要，就是病毒可能源于岸上而不是邮轮上，这是人的问题而不是邮轮的问题——尽管邮轮会处理后果。

（1）病毒能够污染食物和水。特别是方便食品，例如贝类、熟食品、三明治、蘸酱、沙拉、去皮的水果和需要处理的公用食品都有可能被污染。食物可能在购买前就已被污染。由于对在池塘、河流、游泳池、井水或冰山的污染物处理不当，被污染的水也成为一大威胁。

（2）一个人无意中触摸到已感染诺劳病毒的表面或物体，然后触摸自己的嘴巴、鼻子或眼睛。

（3）当有人在呕吐时，由于与其距离较近，与感染诺劳病毒的人一对一接触的情况就会出现，这种情况下存在空气传播的危险。有的情况是，当你照顾感染的病人或是与其共用器具时，也会受到感染。甚至与受感染的病人握手也有可能被感染（这就解释了为什么邮轮上一些员工将握手这种仪式改成了互碰肘部）。

（4）用完卫生间或换完尿布后以及在吃饭或备餐前不洗手，也是引起感染的风险。

2. 预防措施

尽管诺劳病毒传染性很强，但一般并不严重。感染病毒后的症状是不舒服甚至痛苦，但通常不会出现对健康造成长期不利影响。

（1）建议接触病毒的人联系医生或医疗人员，多喝液体（因为呕吐或者腹泻会导致脱水现象）。

（2）注意勤洗手。邮轮上对这种疾病爆发的反应很敏感。建议船员和乘客在用完厕所、打完喷嚏或咳嗽、给小孩换尿布后，以及在吃饭、喝饮料、备餐或吸烟之前要勤洗手。生病时更应该增加洗手次数。建议船员和乘客用肥皂和水洗手至少 20 秒，这样才能彻底冲洗病毒，也建议他们最好不要触摸嘴，因为这样被感染的风险比较高。洗手时最好同时使用以酒精为基本成分的消毒液（美国公共卫生服务部，2005a）。在自助餐服务区或餐厅前通常要安排一位分发员。

（3）邮轮上的制度目标是防范、监督和回应。船上计划是以隔离、控制、消毒、调查和信息／教育为基础的。

①隔离：可理解为将病菌感染者限制在一个地方，症状消失后 3 天方可离开。推荐将感染者安置在远离与其同室的其他人的地方治疗，并向感染者提供全面充分的个人卫生指导。

②控制：应由一支经过特殊训练的、配有设备且准备充分的队伍来处理可能被感染的区域。要严格限制人员出入该区。感染者应该接受那些全副武装（长袍、手套和面罩）的医护人员或支援人员的治疗。推荐免费为乘客提供的治疗。

③消毒：用过氧化氢、卫康 Ecotru、Micro-Bac Ⅱ、Micro-Bac 3\Cryocite 20 和漂白剂等消毒剂对特定区域进行消毒。主要消毒对象是那些手所频繁接触的地方和东西——栏杆、扶手、把手、钢笔、铅笔、桌子、柜台以及赌场里的筹码等，不胜枚举。房间内外的设备和所有公共场所，如休息室、酒吧、洗手间、自助餐厅和餐厅，也可能受到病毒感染。

④调查：为找出潜在的原因，要考虑所有的历史记录。

⑤信息／教育：包括告知员工和乘客疾病爆发的事实，并告知他们什么是疾病爆发以及疾病爆发意味着什么。给出包括汇报问题和应采取的预防措施在内的处理此种情况的建议。在开始工作前，员工要经过全面培训——通过在职或非在职——来了解这些问题。

想一想

为防止诺劳病毒的威胁，邮轮应该采取怎样的措施？

第三节　邮轮应急与海上自救常识

邮轮发生海上事故时会造成不同程度的损失，邮轮船长以及全体船员应该始终保持警惕去预防和减少海上事故的发生，邮轮乘客也应该熟悉一些发生海上事故之后应该采取的应急措施与自救常识。

一、邮轮应急

1. 船舶应急的定义

船舶应急是指船舶进入临近事故状态或者事故状态时的紧急抢救。在海上，船舶是船员和游客最好的生存基地，用救生艇筏和水中漂浮求生是万不得已的选择。因此，当邮轮发生危险和紧急情况时，船上人员应该全力进行抢救，使邮轮脱离危险，以保全自身的生存空间，直到邮轮恢复安全状态或者船长宣布弃船为止。

2. 船舶应急报警信号

按照船舶所遇紧急事故的不同，船舶应急可以分为消防、救生、堵漏和油污应急等多种。各类应急通常会有不同的报警信号。

（1）**消防**。由警铃或汽笛发出连续短声，持续 1 分钟后，另加火灾部位指示信号，一短声表示在船前部，两短声表示在船中部，三短声表示在船后部，四短声表示在机舱，五短声表示在上层建筑。

（2）**落水**。由警铃或汽笛连续发出三长声，持续 1 分钟。

（3）**堵漏**。由警铃或汽笛连续发出两长一短声，持续 1 分钟。

（4）**弃船**。由警铃或汽笛连续发出七短一长声，持续 1 分钟。

（5）**解除警报**。各类应急情况的警报解除信号为一长声（持续 4～6 秒钟）或口头解除。

3. 船员应急行动

为了保障生命安全，邮轮上设有应变部署表，用以明确邮轮应急时每个船员应该执行何种任务。船长是各类应急情况的总指挥，其替代人是大副；大副是各类应急情况的现场指挥。如果事故现场在机舱，由轮机长担任现场指挥，并负责保障船舶动力。在听到应急警报信号以后，船员应注意：

（1）确认警报。通过不同报警信号确认所遇紧急情况的种类。

（2）迅速行动。按照应急计划分工到达指定地点，完成事故处理或弃船准备工作。比如在弃船情况下，无线电通信操作员需在电台值守，按规定发送遇险求救信号，直至通知撤离；轮机舱值班人员做好熄火、关机等弃船安全防护，并携带规定物品撤离。

（3）保护乘客和下属船员安全。

（4）服从指挥，保持镇定。

4. 全球海上遇难与安全系统

全球海上遇难与安全系统（Global Maritime Distress and Safety System，GMDSS）是国际海事组织于1991年9月22日决定的国际呼救信号，代替使用长达一个世纪之久的SOS，并从1992年2月1日开始实施。这是国际海事组织依靠现代无线电通信技术建立起来的一种崭新的搜寻救助通信系统，能使遇险报警信号在远距离范围实现发送和接收，适用于全球所有海区的各种船舶以及海上设施的海难救助。

GMDSS要求船舶必须装备相关设备，当船舶在海上遇险时，可通过船上装备的设备及国际海事通信卫星，向附近船只或岸站发出求救信号，此时地球上所有地方都可以听到并与之迅速进行通信、联络，进行紧急救援工作。海事通信卫星还可以精准地标注海难船只的方位，引导救援船只前往营救。

5. 船舶应急设备

为了保障游客与船员的生命安全，邮轮上除了有可呼救的通信设施外，还必须配置能单独在海上漂浮或行驶的各种船舶救生设备，常用的有救生艇、救生筏、救生衣、救生圈等。

（1）救生衣。救生衣数量按照乘客的数量配备，保证每人一件。同时在值班处配备足够数量的救生衣，另在甲板易见处配备相当于乘客总数5%的救生衣。邮轮上儿童救生衣的数量不得少于额外乘客总数的10%。

（2）救生圈。按照船舶的结构和船长，在船两舷、首尾配备相应数量的救生圈。其中有一半的救生圈配有自亮浮灯，至少有两个救生圈配有自带烟雾信号。

（3）救生艇、救生筏。国际航线的客轮，全船救生艇按定员总数的75%配备；国内航线的客轮，全船救生艇按定员总数的40%配备。配备的救生筏总容量为全船总人数的110%。

船员应为每种救生设备建立符合要求的维护保养计划，并应保证所有救生设备在邮轮离港前及航行中处于正常工作状态。

二、海上求生

当船舶在海上发生海难，船长决定弃船时，船上人员利用船上救生设备，运用海上求生知识和技能，克服困难和危险，延长遇险人员生存的时间，直至脱险获救，称为海上求生。海上求生的三要素是救生设备、求生知识和求生意识。

1. 弃船前准备

在海上突然发生严重海难事故，尽管全力抢救但仍无法使船免于沉没或毁灭，在这种情况下只能弃船。弃船命令由船长发布，船员及游客应服从指挥，做到忙而不乱、互助互救。在决定弃船时，船长应考虑的因素有船舶的危险程度、采取的应急行动是否有效、船舶状况、气象和海况等周围环境状况、救助的可能性以及本船救生设备的特性等。弃船之前，船员和乘客应做好各种准备以应对海上恶劣的环境。

（1）尽量多穿衣物。邮轮遇险无论发生在热带水域还是低温水域，求生者在离开难船前都不能脱掉衣服和鞋子，而应该在弃船前多加衣物。在海水中浸泡，会遭受太阳的酷晒和海水蒸发带来的散热，适当地多穿衣物可以防止身体表面烧伤或者失热过快。尤其是在寒冷的水域中遇险，更应该多穿几层保暖性较好的衣服，让海水在衣服和身体间形成小的流域，防止与外界流通散热。

（2）戴上帽子与手套。根据有关资料显示，人体一半以上的热量是通过头部散失的，因此弃船前尽可能戴上帽子。另外，必要时还可以戴上手套。

（3）随身携带必需品。弃船前应尽量多吃东西。如果时间允许，可以搜集一些食物、淡水和保温材料，做好长期等待救援的准备。

（4）正确穿戴救生衣。穿着救生衣一定要按要求系好领口带、胸带和腰带，而且一定要是死结，防止冲击时带子解开。

想一想

讨论在弃船前游客还应注意哪些问题。

2. 离开难船

在弃船时离开难船的方法有自动登上救生艇筏或跳水离开难船。

（1）自动登上救生艇筏。按照船长和船员的指示，通过舷梯或绳梯有秩序地登上救生艇筏。特殊情况下可以直接从舷边跳入救生艇筏内，也可以通过海上充气滑道或者平台、导索等撤离系统登上救生艇筏。

（2）跳水离开难船。若不能直接登上救生艇筏，只能选择从船上跳入水中，再游泳登上救生设施。跳水时要穿好救生衣，摘下身上尖锐物品，跳水高度最好不要超过5米。尽量避免从损坏的船体处跳水。跳水时双眼向前平视，保持头朝上、脚在下垂直入水。

（3）入水后注意事项。入水后尽快离开难船，向周围的救生设施游去，防止被船舶落水造成的漩涡卷走。不熟悉水性者可以采取自救方法，除呼救外，取仰卧位，头部向后，使鼻部可以露出水面呼吸。呼气要浅，吸气要深。因为深吸气时，人体比重比水略轻，可以浮出水面，呼气时人体比重比水略重。

3. 水中登上救生艇筏

水中登上救生艇筏比较困难，应最大限度利用脚和攀拉索带，利用绳梯和登筏平台登上救生艇筏。救生艇上的人可以调整艇内人员分布，帮助登筏人员进入。在艇筏上的求生者，由于寒冷、酷暑、焦躁、饥饿等各种困难和险恶的环境，不仅会产生一系列的生理症状，而且会产生一些心理症状，从而影响求生者的意志，动摇对生存的信心。然而对于求生者来说，意志的力量远比身体的力量重要。

4. 预防海洋生物袭击

热带和亚热带的鲨鱼比较具有攻击性，而鲨鱼对气味非常敏感，尤其是血腥味。所以，在水中一定要采取措施保护自己防止被鲨鱼袭击。鲨鱼来临时尽量泼水大叫，因为鲨鱼对于声波比较敏感，求生者的大喊大叫也许会"吓"跑鲨鱼。要保存体力，以便在鲨鱼进攻时奋力一搏，尽量击打鲨鱼的鱼鳃和眼睛，但要避免打到鲨鱼的牙齿而使自己受伤，血液会更加激怒鲨鱼。

第四节　相关海事问题和立法

在国际邮轮领域，为了确保某些预防措施的实施，邮轮经营者会受到许多约束。所以，为突显关键因素，需要审视法律环境。对很多组织而言，法律问题是头等大事，这些组织通过制定法律框架并要求经营者遵守而从中受益。正是这一原因，为了阐述他们在邮轮业和航运业中的重要性和参与性，本章简要介绍主要海事组织。

一、船舶国籍与旗帜

1. 船舶国籍

船舶国籍是指船舶所有人按照某一国家的船舶登记管理规范进行登记，取得该国签发的船舶国籍证书并悬挂该国国旗航行，从而使船舶隶属于登记国的一种法律上的身份。船舶国籍表明该艘船与登记国有了法律上的隶属关系，国籍公约规定，注册登记的船舶归属于某一特定国家，接受该国管辖，受该国保护，并有权挂该国国旗，船舶国籍证书即是船舶国籍法律上的证明，船舶悬挂的国旗则是该船国籍的外部象征或标志。

船舶必须悬挂象征国籍的一国国旗才能在公海上航行，无国籍的船舶在公海上航行会被视为海盗船，各国飞机和军舰均可拦截。船舶不能具有双重国籍，根据《联合国海洋法公约》的规定，悬挂两个或两个以上国旗航行并视方便而换用旗帜的船舶，对任何其他国家不得主张其中的任一国籍，并可视同无国籍的船舶。船舶取得国籍及悬挂国旗的条件由各国自行规定。有的国家规定只有船舶所有权全部属于本国人所有的，才能悬挂本国国旗，如英国。有的国家不但要求船舶的全部或部分属于本国人，而且要求船舶的全部或部分职员和船员是本国人，如法国。也有些国家仍允许外国人的船舶悬挂本国国旗，称为"方便旗"，如乌拉圭、阿根廷、洪都拉斯等国。根据中国有关法律规定，悬挂中国国旗的船舶应当属于中国公民和法人。

做一做

选择你所熟悉的邮轮公司，搜集该公司旗下邮轮的船籍。

2. 船旗国

为国籍航线船舶签发船舶国籍证书的国家是船旗国（Flag State），又称为船舶登记国。邮轮国籍注册的国家除本国外，还有多种选择。这样做可以为邮轮公司带来很多好处，如在冲突事件中保持中立；降低税收；降低注册费用；降低人员成本等。

国际邮轮理事会（ICCL）界定了有效注册旗帜必须满足的许多因素。一是船旗国必须是 IMO 的成员国，必须遵守 IMO 的所有海事安全条例和公约；二是船旗国必须已设立海事机构，并执行所有国际的和该国的法律法规。主要旗帜注册地提供综合的海事专业知识和行政服务，另外，要求旗帜注册地在发放客轮证书之前，必须对邮轮进行年度安全检查，并利用公认的分类标准评价邮轮遵守所有国际的和船旗国的标准的情况。

据 ICCL（2005）的资料，为邮轮提供国旗注册的主要国家是英国、利比里亚、巴拿马、挪威、荷兰、巴哈马以及具有严格规定的美国。所有这些国家都是国际海事组织（IMO）的成员国，该组织对海事安全问题而言是极其重要的。

二、相关公约与法规

1. 公海自由行

公海自由航行理念源于 1982 年《联合国海洋法公约》所做出的规定，并于 1994 年 11 月开始生效。此公约实际上为所有在海上、海中或海下（包括在海床上面和下面的活动）进行的活动提供了保护伞。该法律的一项重要内容是承认国家专属经济区（EEZ），即从国际领海基线向外海延伸 200 海里的海域。公约规定，公海允许自由航行，船只有进入权、通过权或者二者都有，进入专属经济区则受一定的附加条款约束。这项法规是集体国际协议的案例之一，其目的是允许自由进出、公开竞争和经济自由，从而让联合国所有缔约国受益。

2. 国际防止船舶造成污染公约

船舶污染主要是指船舶在航行、停泊港口、装卸货物的过程中对周围水环境和大气环境产生的污染，主要污染物有含油污水、生活污水、船舶垃圾三类，另外，也将产生粉尘、化学物品、废气等污染物。

国际防止船舶造成污染公约，英文名称：International Convention for the Prevention of Pollution from Ships；MARPOL；International Convention for the prevention Pollution from Ships，是为保护海洋环境，由国际海事组织制定的有关防止和限制船舶排放油类和其他有害物质污染海洋方面的安全规定的国际公约。它的设定目标是：通过彻底消除向海洋中排放油类和其他有害物质而造成的污染来保持海洋的环境，并将意外排放此类物质所造成的污染降至最低。

MARPOL 公约有 6 个附则，分别对不同类型的船舶污染做出了相关规定，这 6 个附则所针对的内容分别是：防止油污规则、控制散装有毒液体物质污染规则、防止海运包装形式有害物质污染规则、防止船舶生活污水污染规则、防止船舶垃圾污染规则、防止船舶造成大气污染规则。截至 2005 年 12 月 31 日，该公约已有 136 个缔约国，缔约国海运吨位总量占世界海运吨位总量的 98%。所有悬挂缔约国国旗的船舶，无论其在任何海域航行都需执行 MARPOL 公约的相关要求，各缔约国对在本国注册登记的船舶负有责任。

在美国经营的所有船舶业必须遵守美国的法律，包括污水处理法和油污染控制法。同样，在其他国家经营的船舶也应适当注意适用的补充规定。在美国，邮轮业协同很多部门一起探索富有成效的环境保护措施，包括美国海岸警卫队、环保局以及其他联邦和州的监管机构，还有海事组织，例如海洋保护和海洋倡导者中心。

3. 海上生命安全国际公约

《国际海上生命安全公约》（英文：International Convention for the Safety of Life at Sea，缩写：SOLAS）或称《海上生命安全公约》，现称《关于 1974 年国际海上生命安全公约之 1978 年议定书》（英文：Protocal of 1978 Relating to the International Convention for the Safety of Life at Sea 1974，缩写：SOLAS 74/78）是国际海事组织所制定的海事安全公约之一。国际海上生命安全公约及其历年的修正案被普遍认为是所有公约当中对于商船安全最为重要的公约。

公约的草创是应"泰坦尼克"号沉没后于 1914 年通过的。起初，公约规定了救生艇和其他救生设备的数量以及安全规程，包括持续的无线电收听，并在 1929 年、1948 年、1960 年、1974 年、1988 年和 2002 年的国际海事组织大会中陆续修订本公约。

根据美国海岸警卫队资料，政府部门按下列方式监管邮轮的安全（US Coast Guard，2004），如表 8-1 所示。

表 8-1　由美国海岸警卫队执行的安全监管（美国海岸警卫队，2004）

就船舶安全而言，在美国注册的邮轮需遵守一套综合的海岸警卫队安全规定，每年要受警卫队的检查。这个安全规定的内容包括：船体结构、水密的完整性、火灾最小化的结构要求、救生、消防和船舶控制的设备要求，以及与船舶安全导航有关的要求。如果船舶通过年检，则会颁发一个海岸警卫队的检查证书，有效期为 1 年。证书必须放置在乘客可以看得见的地方。

尽管也有一些邮轮在美国注册，但目前的情况表明，大部分邮轮不是在美国注册。那么对于这些船舶来说，安全检查就要在其注册国执行。美国海岸警卫队要求任何船舶，不管注册地在哪里，如果想在美国港口启航，都要符合 SOLAS 公约要求。美国法律希望任何在美国宣传的邮轮公司都要公开其邮轮的注册地。SOLAS 公约在其管辖范围内具有深远影响，并要求严格遵守相关规定，涉及配备防火、灭火、救生设备，邮轮的完整性与稳定性，船舶控制，航行安全，船员招聘和培训，安全管理，环境保护。

海岸警卫队按照 SOLAS 公约的要求检查所有首次到达美国港口的邮轮。并按规定，每季度对船舶进行检查。检查记录（称为控制核查监测）可以供公众详细查看。检查者参与邮轮上的监测，核实消防安全，确认救生设备是可用且按要求置于合适的位置，检阅在船员指导下进行的消防演习和弃船演习，同时测试关键设备，如转向系统、消防泵和救生艇等。在同意船舶在美国口岸搭载乘客前，海岸警卫队有权要求纠正任何不足与缺陷。

在员工的能力方面，在美国注册的邮轮如被查出其员工的经验和培训低于所发布标准，海岸警卫队可以暂停使用或者吊销执照或商船文件。在悬挂外国旗帜的邮轮上，SOLAS 公约要求必须进行充分有效的员工培训，而且要在控制核查监测过程中检查。SOLAS 公约的出台，目的不是提供卫生保健保证，因此，对邮轮上是否配有医生没有限制。

SOLAS 公约要求船长安排和执行周期性的消防和救生演习，目的是既给船员练习的机会，也向乘客演示邮轮上发生严重事故或紧急情况时应采取的紧急措施。为此，SOLAS 公约希望所有乘客都要参与这些演习。演习是根据航行的持续时间来安排的。对于为期一周的航行，第一次演习时间安排在所有乘客都已上船，起航之前进行。若巡航时间超过一周，每隔一周要进行一次演习。对于为期少于一周的航行，演习要在离开母港 24 小时以内进行。

演习公告会张贴在每间客房或特等客房容易清晰看到的地方，所提供的是通俗易懂的安全方面的信息。内容包括：

（1）如何识别邮轮上的紧急信号（一般会通过公共广播系统发布警铃和口哨信号，以补充公告）。

（2）房间里的救生圈的位置（如有必要，客房服务员会提供儿童专用的救生圈）。

（3）说明书和图片，用以解释如何使用救生圈，以及特定房间里乘客救生艇的安排。现代邮轮带有多种多样的救生艇。在紧急情况下，乘客会被安排到救生艇或其他类似的救生设备上。

邮轮上各部门的工作人员在安全程序方面发挥重要作用，甚至可能是关键作用，他们一般负责协助和指导乘客进行应急演习，尽管一些人会有其他的安全职责。规定要求，指引乘客通往救生艇的指示标志要张贴在邮轮的走廊上和楼梯口。负责每艘救生艇的船员要集中或者调动乘客，安排到他所负责的救生艇上，并最后一次说明如何正确穿上和调整他们的救生衣。如有必要，船员应准备好帮助乘客以及阐明应急步骤。

4. 卫生与清洁法

在美国，由公共卫生署（USPHS）负责维持客轮卫生条件的监管。根据船舶卫生计划（VSP），USPHS 指导在美国港口的客轮进行定期和不定期的检查，主要检查饮用水、食物储备、食物配置和处理以及总体卫生条件。向公众公布每艘船舶的检查结果，并将每艘船舶的不卫生情况记录在案。在其他国家，类似检查由国家机构执行，例如，澳大利亚由检疫检验局、英国由港口卫生局、加拿大由公共卫生局指定环境卫生官员。我国国家质检总局执行此检查。

邮轮公司非常重视这些检查，因为，如果邮轮公司照此规定执行，就会获得最好的利益，确保安全并获得高分。

5. 海事安全法

海事安全法（MARSEC；MARitime SECurity）规定了邮轮上工作人员的工作能力的培训、能力证书发放和值班等事宜，目的在于确保实施安全措施，并为乘客和员工提供安全的环境。2001年美国"9·11"恐怖袭击事件之后，海事安全法特别重视应对潜在威胁。在海事安全法出台之前，国际海事组织操控着国际安全管理法（ISM），其内容涵盖了强制性的安全措施及防污标准。海事安全法包括已颁布实施的培训、发证和值班方面的标准（STCW）。2004年7月，为缓解航运安全的紧张局势，在全世界范围内引入了国际惯例。

海事安全法要求邮轮上必须设置一名船舶安全官员，由他或她负责邮轮的安全计划。安全官员一般是一位高级甲板官员，负责时刻监管，其职责包括：制订邮轮安全计划，确保对负责人和员工进行适当的、足够的培训，确保邮轮遵守安全计划，熟知国际法、国内法规、当前的安全威胁、安全问题的形势等。

邮轮安全官员担当着邮轮、相关部门以及公司安全官员之间的联络员的角色。一般来说，此人将参与风险评估、制定战略以及评估薄弱环节。海事安全法将安全状况分为三级：一级——安全风险最小；二级——发生安全事件风险较高；三级——在限定时间内可能或即将发生安全事件。

港口会将威胁级别及时通知到船舶上，因此，船舶会有充足的时间来考虑最佳对策。如果威胁高出了港口所声明的级别，船长可以评估威胁的级别。

根据美国联邦政府的规定，在美国，码头经营者和邮轮公司共同对岸上和船上的乘客安全负首要责任。海岸警卫队检查所有的安全计划，而且可以要求对安全措施进行改进。踏上国际航程的乘客在上船之前，其行李一般会被搜查或者经过安全检查设备检查。码头经营者和邮轮公司为乘客身份识别和访客管制设定了严格的程序。在启航之前，希望参观邮轮的乘客要提前跟邮轮公司核对好。所有这些安保措施的目的是防止非法武器和非法人员上船。

6. 金融可靠性

美国联邦海事委员会要求，从美国港口出发的、承载 50 人及其以上的客轮经营者必须具有金融信度，如果航行取消，有能力偿付他们的顾客。委员会还要求提供支付能力的证明，如果乘客受伤或死亡，经营商要承担一定的赔偿责任。委员会没有确保单个乘客的这些金融结算的法律权力。

如果航行取消或者航行中发生受伤事件，乘客需要以个人名义向邮轮公司索赔。世界上很多大的金融和保险公司为航行提供保险业务，例如，伦敦的劳埃德协会、美国的劳埃德协会及美国海事保险协会等。

三、相关海事组织

为了更好地了解邮轮业的发展，有必要了解海事行业或邮轮业的相关组织。

1. 国际海事组织

国际海事组织（International Maritime Organization，IMO）是联合国负责海上航行安全和防止船舶造成海洋污染的一个专门机构，总部设在伦敦。1948 年在联合国支持下通过了《政府间海事协商组织公约》，1959 年 1 月 17 日在英国伦敦正式成立政府间海事协商组织，并召开了第一届大会。1982 年 5 月 22 日改名为国际海事组织。国际海事组织是一个促进各国政府和各国航运业界在改进海上安全、防止海洋污染与及海事技术合作的国际组织。其职能是寻找促进政府间进行海上安全和惯例协商的途径。国际海事组织是连接国际航运条约和公约的纽带，负责确保遵守法规，尽管这些规定主要由船旗国或船舶注册地所在国负责实施。"港口国监督法"对船旗国的规定的执行情况是一个很好的补充，即邮轮访问的任何国家的官员都可以检查挂有外国旗帜的邮轮，以确认邮轮是否遵守国际要求。

国际海事组织的标语——"安全、可靠、高效地航行于清洁海域之上"，诠释了该机构的使命。尽管看起来工作量似乎很大，但由于是每个国家各自执法，所以该组织的规模较小。美国海岸警卫队在该国际机构里代表美国。国际海事组织在制定和实施很多重要条约或公约方面发挥了重要作用，包括前面提到的 SOLAS 公约、防污公约（MARPOL 公约），以及 SOLAS 公约里的国际安全管理条例（ISM）和海员培训、发证和值班标准（STCW）。

2. 船级社

船级社（英文：Classification society，或称验船协会，有时统称为验船机构）是一个建立和维护船舶与离岸设施的建造和操作的相关技术标准的机构。世界上最早的船级社是 1760 年成立的英国劳氏船级社。此后一些国家相继成立了船级社，如美国船舶局、挪威船级社、法国船级社和日本海事协会等。船级社的主要业务是对新造船舶进行技术检验，合格者给予船舶的各项安全设施并授予相应证书；根据检验业务的需要，制定相应的技术规范和标准；受本国或他国政府委托，代表其参与海事活动。有的船级社也接受陆上工程设施的检验业务。船级社也检测邮轮是否遵守国际安全公约，包括 SOLAS 公约、STCW 公约以及 MARPOL 公约。

3. 国际邮轮协会（North America Cruise Lines International Association, CLIA）

国际邮轮协会是世界上最大的邮轮业贸易协会。在监管和立法政策制定者面前，CLIA 代表了邮轮公司、旅行社、港口当局、目的地以及各种行业的商业伙伴的利益。CLIA 还从事旅行社的培训、市场营销和促销，研究如何提升邮轮度假体验的价值、满意度和支付能力。CLIA 成员包括 26 个邮轮旅行社和 10500 家旅行社。此外，还有 120 多个邮轮产业的最具创新的货物和服务供应商。

CLIA 的主要作用是：向旅行代理商和消费者促销邮轮产品；提供销售机构的最高水平的专业销售培训和销售支持，提高 CLIA 会员旅行社的公共价值；通过其旅行代理人培训、公共关系和宣传提高从业经验；倡导行业的法律、立法和技术职位的主要国内和国际监管机构、政策制定者和其他行业合作伙伴共同促进邮轮产业的安全、持续增长；监控并积极参与国内和国际海事政策及法规的发展；以对海洋、海洋生物和目的地的最小影响来积极保护海洋环境。

4. 国际邮轮理事会（International Council of Cruise Lines, ICCL）

国际邮轮理事会是一个贸易协会，其成员包括主要邮轮公司以及供应商和行业伙伴等非正式会员。其宗旨是"参与规则和政策制定，确保采取各种措施以提供一个安全、可靠和健康的邮轮航行环境"，该理事会在这些方面发挥着重要作用。为了达到这一目标，协会分析和解释国际航运政策，并就许多方面为其会员提供建议，包括安全、公共卫生、环境责任、安全防卫措施、医疗设备、游客保护和法律行为等。为了担当起这一角色，与重要的国内和国际监管机构、政策制定者和其他行业伙伴开展密切合作，已成为一个为国际海事组织服务的国际性的非政府咨询机构。

5. 佛罗里达——加勒比邮轮协会（The Florida–Caribbean Cruise Association, FCCA）

佛罗里达——加勒比邮轮协会（FCCA）是一个非营利性行业组织，由航行在佛罗里达、加勒比和拉丁美洲水域的 15 个邮轮公司组成，包含 100 多艘邮轮。它创建于 1972 年，其主要任务是提供一个讨论旅游业发展、港口、旅游业务、港口安全、安全防卫和其他邮轮产业问题的论坛。通过促进邮轮产业的理解和操作实践，以寻求建立与合作伙伴的合作关系和目的地发展与各部门生产的双边合作关系。该组织通过与政府、港口部门和所有的私人 / 公共部门的合作，最大化邮轮乘客、邮轮公司及邮轮员工开支，以提高目的地体验和在邮轮上过夜游客的数量。

6. 西北和加拿大国际邮轮协会（Cruise Lines International Association–North West & Canada, NWCA）

西北和加拿大国际邮轮协会是一个非营利性的协会，办事处位于温哥华，是全球邮轮协会网络的一部分，代表了在太平洋西北部（不列颠哥伦比亚省、华盛顿州、阿拉斯加和夏威夷）和大西洋加拿大与魁北克地区运营的 11 个邮轮公司的利益。它成立于 1986 年，其作用是发展与目的地社区成员的强有力的伙伴关系，为与环境、安保和安全、社区与政府关系相关的问题提供最前沿的措施。另外，它还与当地组织合作以获得发展机会，支持经济和环境研究，与政府机构合作，以确保一个可行的监管环境。

7. 亚洲邮轮协会（The Asia Cruise Association, ACA）

亚洲邮轮协会（ACA）正式成立于 2009 年 8 月。它是在亚洲邮轮业的主要代表协会，致力于亚太地区的旅游业发展和推广。该协会旨在建立一个旅游业可以协调与政府机构和监管当局关系的坚实的基础，进而发展一个成熟的邮轮发展环境。

ACA 的主要目标：促进邮轮公司参考航运政策实施船舶操作；游说政府和邮轮产业利益相关者的支持以建立亚洲邮轮友好的环境；培育邮轮旅游利益相关者和网络的互动；为协会成员提供有用的资源，更新对协会成员的监管以及亚太地区邮轮旅游业相关的政治发展情况和邮轮行业统计信息；促进和扩大邮轮公司成员拓展新的亚洲市场；通过培训和认证计划提高邮轮旅游产品知识的宣传和分销网络标准；增强高标准的安全和环境保护；提高邮轮旅游意识和促进邮轮大众旅游。

📖 本章小结

　　本章主要阐述了邮轮安全管理的概念、要素；美国公共卫生服务署船舶卫生计划（VSP）；船舶卫生计划检查；邮轮常见的安全问题及防范；海上应急及自救常识以及相关的海事问题和法规。安全是邮轮正常运营的前提和保证。在邮轮经营管理中，要时刻记住为游客和员工提供一个安全的环境。

❓ 思考与练习

1. 邮轮安全管理的定义与要素是什么？
2. 什么是美国公共卫生服务署船舶卫生计划？
3. 邮轮常见的安全问题有什么？有什么防范措施？
4. 简述海上的应急与自救常识。
5. 世界上主要的邮轮组织有哪些？

第九章

现代邮轮旅游地理

随着世界邮轮业的发展，越来越多的国家和地区看到邮轮产业带来的强大的经济利益，并积极地加入邮轮旅游行业中，不断地建设港口和码头以接待邮轮的到来。现在已基本形成了五大邮轮旅游区域，世界上的各个邮轮公司要想在行业竞争中不断壮大，就必须熟悉现代邮轮旅游地理知识，为企业发展奠定基础。

教学目标

1. 引导学生了解邮轮旅游地理的重要性。
2. 使学生熟悉世界上知名的邮轮母港或码头。
3. 使学生了解我国现在的邮轮母港建设情况。
4. 要求学生掌握世界各大邮轮旅游区域的基本情况。
5. 要求学生能够设计邮轮旅游航线。

第一节　邮轮港口与邮轮母港

一、港口与码头

1. 港口

港口是具有水陆联运设备和条件，供船舶安全进出和停泊的运输枢纽。是水陆交通的集结点和枢纽，工农业产品和外贸进出口物资的集散地，船舶停泊、装卸货物、上下乘客、补充给养的场所。由于港口是联系内陆腹地和海洋运输（国际航空运输）的一个天然界面，因此，人们也把港口作为国际物流的一个特殊节点。

最原始的港口是天然港口，有天然掩护的海湾、水湾、河口等场所供船舶停泊。在西方，地中海沿岸有许多古代重要港口。今希腊克里特岛南岸就有梅萨拉港的遗址。腓尼基人约于公元前 2700 年在地中海东岸兴建了西顿港和提尔港（在今黎巴嫩）。此后，在非洲北岸兴建了著名的迦太基港（在今突尼斯）。古希腊时代在摩尼契亚半岛西侧兴建了比雷克斯港。马其顿王亚历山大于公元前 332 年在埃及北岸兴建了亚历山大港。罗马时代在台伯河口兴建了奥斯蒂亚港（在今意大利）。随着商业和航运业的发展，天然港口已不能满足经济发展的需要，须兴建具有码头、防波堤和装卸机具设备的人工港口，这是港口工程建设的开端。产业革命后，开始了大规模的港口建设。19 世纪初出现了以蒸汽机为动力的船舶，于是船舶的吨位、尺度和吃水日益增大，为建造人工深水港池和进港航道需要采用挖泥机以后，现代港口工程建设才发展起来。陆上交通尤其是铁路运输将大量货物运抵和运离港口，大大促进了港口建设的发展。

一般而言，港口分为基本港（Base Port）和非基本港（Non-Base Port）。基本港是班轮公司的船一般要定期挂靠的港口。大多为位于中心城市的较大口岸，港口设备条件比较好，货载多而稳定。凡基本港口以外的港口都称为非基本港口。非基本港口一般除按基本港口收费外，还需另外加收转船附加费。达到一定货量时则改为加收直航附加费。例如新几内亚航线的侯尼阿腊港（HONIARA）便是所罗门群岛的基本港口；而基埃塔港（KIETA）则是非基本港口。运往基埃塔港口的货物运费率要在侯尼阿腊港运费率的基础上增加转船附加费 43.00 美元（USD）/FT。

按所在位置，港口可以分为海岸港、河口港和内河港，海岸港和河口港统称为海港。

海港位于海岸、海湾或潟湖内，也有离开海岸建在深水海面上的。位于开敞海面岸边或天然掩护不足的海湾内的港口，通常须修建相当规模的防波堤，如中国的大连港、青岛港、连云港、基隆港及意大利的热那亚港等。供巨型油轮或矿石船靠泊的单点或多点系泊码头和岛式码头属于无掩护的外海海港，如利比亚的卜拉加港、黎巴嫩的西顿港等。潟湖被天然沙嘴完全或部分隔开，开挖运河或拓宽、浚深航道后，可在潟湖岸边建港，如广西北海港。也有完全靠天然掩护的大型海港，如日本的东京港、中国的香港港及澳大利亚的悉尼港等。

河口港位于河流入海口或受潮汐影响的河口段内，可兼为海船和河船服务。一般有大城市做依托，水陆交通便利，内河水道往往深入内地广阔的经济腹地，承担大量的货流量，故世界上许多大港都建在河口附近，如鹿特丹港、伦敦港、纽约港、上海港等。河口港的特点是，码头设施沿河岸布置，离海不远而又不需建防波堤，如岸线长度不够，可增设挖入式港池。

内河港位于天然河流或人工运河上的港口，包括湖泊港和水库港。湖泊港和水库港水面宽阔，有时风浪较大，因此同海港有许多相似处，如往往需修建防波堤等。俄罗斯古比雪夫、齐姆良斯克等大型水库上的港口和中国洪泽湖上的小型港口均属此类。

想一想

依据分类标准，我国现有的港口属于哪种类型？

2. 码头

码头是海边、江河边专供乘客上下、货物装卸的建筑物。通常见于水陆交通发达的商业城市。

依据用途来分，码头可以分为客轮码头、货运码头、汽车码头、集装箱码头、石油码头、游艇码头、海军码头等。

邮轮码头是客运码头的一种，通常用作邮轮泊岸，多数会附有完善的配套设施，例如海关、出入境柜位及卫生检疫办事处、行李处理区、票务处、旅游车停泊区及上落客区等。由于邮轮体积和排水量大，邮轮码头需要建在水深港阔的地方。大多数邮轮码头没有指定由何公司使用。有些客轮码头，会用作装卸小量货物，例如黄石码头。

从码头结构上讲，邮轮码头与通常的货运码头并无不同。事实上，有一些港口的邮轮也临时停靠在货运码头，利用邮轮自带的栈桥作为游客上下船的通道。在欧洲一些港口城市，邮轮码头与货运码头在同一港区并存的现象非常普遍，这既可以方便邮轮在泊位紧张时挂靠货运码头，也可以实现客货在同一港区的和谐发展，还可以让游客感受货运港区的非凡魅力。但近些年来，随着邮轮游客增多和码头货运装卸业务的繁忙，邮轮公司逐渐将客轮码头和货运码头分开管理，这主要是基于快速通关、安检、游客上下船、岸上旅游组织等要求而考虑实施的。

二、邮轮母港

邮轮港口城市如同明珠一般，闪烁在各条邮轮旅游航线上。尽管全世界停靠过豪华邮轮的港口众多，但真正能称为邮轮母港的港口却并不多。

1. 邮轮港口的分类

按照码头是否有专用设施、固定航线以及游客流量大小和是否设有公司总部，通常将邮轮港口分为一般停靠港、邮轮基本港和邮轮母港三种类型。

一般停靠港是指能够停泊邮轮但并未设专用泊位及相关码头设施的港口，通常只供邮轮临时或短时间停留。

邮轮基本港是指有邮轮定期停泊和挂靠，拥有邮轮专用的泊位和配套设施，然而并未形成邮轮规模效应的港口。邮轮基本港一般为中途挂靠港。

邮轮母港是邮轮出发和返程并进行后勤补充和维修的固定地点，也是游客的集散地，不仅拥有包括定期和不定期停泊大型邮轮的码头，还具备配套设施齐全、相关产业发达、旅游资源丰富的城市及其周边区域。具备多艘大型邮轮停靠及进出所需的综合服务设施设备条件，能够为邮轮经济发展提供全程、综合的服务及其配套。是邮轮的基地，邮轮在此进行补给、废物处理、维护与修理，邮轮公司在母港所在地设立地区总部或公司总部。邮轮所在区域的经济具有较强的推动力，母港的经济收益一般是停靠港的 10 ~ 14 倍。

按照服务辐射范围大小，邮轮母港又分为国际性邮轮母港和区域性邮轮母港。前者既有跨洋跨洲航线，又有近海航线，后者以近海航线为主。

想一想

一般停靠港、邮轮基本港和邮轮母港的区别是什么？

2. 邮轮母港的经济效益

（1）赚取外汇。邮轮公司是国际企业，游客多为国际游客，邮轮的抵达与离去，可以带来数以万计的游客在这里休闲娱乐、餐饮购物消费，可以为港口城市带来可观的外汇收入。一名邮轮游客在邮轮停靠时的消费能力为 30 美元 / 小时 ~ 40 美元 / 小时之间，以最低花费 30 美元 / 小时计算，1 万名游客在母港区域停靠 10 小时，将会带来 300 万美元的收入。

（2）**带来新的产业与商机**。邮轮在母港需要添加补给、油料、淡水与处置废品、接受港口服务、维护与修理……这都能给母港带来新的产业、新的商机。

（3）**促进港口城市就业**。邮轮公司一般都要在母港设置规模较大的代表处，招聘一定比例的船务人员，为港口城市直接提供了一定的就业岗位。

（4）**提升港口城市国际形象**。邮轮母港可以让世界各国家或地区的人了解港口城市，提升国际知名度和国际形象。纵览发达国家的港口城市，无不拥有邮轮母港，比如，美国的纽约、迈阿密、西雅图，英国的伦敦，西班牙的巴塞罗那，都是著名的邮轮母港城市。

（5）**提升港口服务管理水平**。邮轮对港口服务以及专业人才素养要求很高，邮轮的抵达和离开，能促进港口码头的航运服务与管理水平的提升。

想 — 想

邮轮母港所能带来的经济效益有哪些？

3. 邮轮母港的发展条件

邮轮母港需要具备游客集散、加载燃油、补充物资和邮轮养护与维修等基本功能。具体地说，邮轮母港发展的基本条件包括客源市场、地理位置、交通运输、旅游资源、商业服务、物资供应、金融保险。

（1）**客源市场**。充足的客源市场是邮轮旅游成败的关键要素之一，如果没有客源，邮轮旅游就会成为无源之水，邮轮母港的建设也就没有意义了。所以，在建邮轮母港之前首先要考虑的就是要有强大的客源市场支撑。

（2）**地理位置**。邮轮母港的选址与邮轮航线密切相关，而邮轮航线的规划则取决于旅游资源的丰裕程度以及是否被邮轮公司开发成为邮轮旅游热点。比如，以地中海为中心的欧洲各国普遍崇尚航海文明，且具有大量的自然和人文旅游资源，因此，沿线分布着很多邮轮港口，其中不乏巴塞罗那等著名邮轮母港，其选址既继承了欧洲城市港口发展的传统，又体现了现代文明对城市发展的影响。

（3）**交通运输**。交通在邮轮母港建设中至关重要。安全、便利、快捷、舒适是邮轮旅游者对旅游交通的基本要求。凡是邮轮产业发展较快的地方，都有比较便利的交通运输条件。在邮轮码头构成的交通枢纽中，只有各个子系统相互配套组合，才能发挥应有的作用，最终实现邮轮与城市的无缝衔接。

（4）**旅游资源**。邮轮旅游对港口城市提供的旅游服务有很高的要求。旅游资源是否丰富、景区分布是否合理、景点是否密集、与周边城市及周边国家联系是否紧密等都是衡量一个港口能否成为邮轮母港的重要因素。

（5）**商业服务**。邮轮游客到港消费，很重要的内容是餐饮、零售和配套服务，因此邮轮母港对服务业的要求非常高，商业设施的发展规模也普遍较大，意在吸引游客上岸消费。事实上，如确定在邮轮码头周边发展大型商业设施，目标市场定位也可以是吸引周边居民到此购买，而不仅仅是邮轮游客。

（6）**物资供应**。物资供应包括邮轮自身的补给与维修、油料添加、生活必需品采购、淡水添置等。作为专业接待和服务邮轮的母港，应该满足邮轮在港口集散游客、加载燃油、补充各类物资和提供邮轮养护维修等要求。

（7）**金融保险**。金融保险业对邮轮产业的发展至关重要。纵观世界各大邮轮产业地区，无不具有发达的金融保险业作为其坚实的经济后盾，并使之形成具有国际标准的服务体系，更好地满足邮轮业的发展需求。

想一想

建设邮轮母港需要什么条件？上海所具备的建设邮轮母港的条件有哪些？

第二节　邮轮母港城市

一、世界著名的邮轮母港城市

与世界邮轮市场相对应，主要邮轮母港也大都分布在北美、欧洲和东南亚地区。北美邮轮经济最为发达。美国迈阿密享有"世界邮轮之都"的美称，拥有 12 个超级邮轮码头，2000 米岸线，泊位水深达 12 米，可同时停泊 20 艘邮轮。欧洲邮轮经济也有很长的发展历史，形成了许多著名邮轮都市，其中首推西班牙的巴塞罗那。巴塞罗那扼地中海出入大西洋的咽喉，附近旅游资源十分丰富，设有 6 个客轮码头，可同时停泊 9 艘邮轮。

亚洲邮轮业起步较晚，但近年来发展势头良好，其典型代表是新加坡和中国香港。中国香港可同时停靠 2 艘大型、4 艘小型邮轮，新码头于 2008 年建成。新加坡于 1991 年年底耗资 5000 万新币兴建了邮轮码头；1998 年又由政府投资 2300 万新币，建成可同时停泊 8 艘邮轮的深水码头，被世界邮轮组织誉为"全球最有效率的邮轮码头经营者"。

1. 迈阿密

迈阿密（Miami）位于美国佛罗里达州东南角比斯坎湾、佛罗里达大沼泽地和大西洋之间（图9-1），是该州仅次于杰克逊维尔的第二大城市，还是南佛罗里达州都市圈中最大的城市，这个由迈阿密－戴德县、布劳沃德县和棕榈滩县组成的都市圈，是美国东南部最大的都市圈，也是全美第四大都市圈，拥有"美洲的首都"之称。

图 9-1　迈阿密地理位置

迈阿密定位为"邮轮之都"、"北纬18度度假天堂"，全球70%邮轮从北美始发，其中70%又从迈阿密始发，拥有12个超级邮轮码头大厦，可同时停泊20艘邮轮，美国嘉年华邮轮公司、皇家加勒比邮轮公司、挪威邮轮公司、丽星邮轮公司等15个国际邮轮公司均在这里设有总部或分部。迈阿密邮轮码头位于市中心海滩的黄金地段，距机场仅有15分钟车程，离市中心最近的大型购物、宾馆、餐饮区也仅有几分钟车程，舒适宜人的天然海边浴场，距邮轮出入口只有10分钟路程。

它拥有世界上最先进的管理设施系统，能够同时为8400名游客出行提供服务。还拥有许多相关设施，如舒适的休息大厅、多个商务会议大厅、全封闭并加装中央空调的游客上船通道以及完善的订票系统、安全系统、登轮查验系统和行李管理操作系统等，拥有能够容纳733辆汽车的车库，先进的信息化服务能够高效率指挥码头内部的交通，为游客出行提供近乎完美的服务。迈阿密邮轮客运枢纽站的业务流程设置相当规范，商店、游客、行李和船舶均为独立管理，并将第三层楼设计与船体位于同一高度，便于游客上下船。它的服务范围无微不至、服务力求便捷、服务形式多种多样，体现了顾客至上的服务理念。

除此之外，其异域文化风情浓厚。这里，有西班牙人最早踏上美洲大陆的殖民历史，有20世纪60年代和80年代古巴的两次大移民潮，还有当地的原住民印第安人部落文化等，这令迈阿密成了一个拥有浓郁异域风情的美国城市。

2. 纽约

纽约（New York），美国最大的城市及第一大港，位于纽约州东南部（图9-2），为世界上仅次于伦敦的国际金融中心，也是整个美国的金融经济中心；保险、房地产、媒体和艺术的重镇；国际级的经济、金融、交通、艺术及传媒中心。联合国总部和世界上很多国际机构和跨国公司的总部都设在纽约。因此被世人誉为"世界之都"。

图 9-2　纽约地理位置

图 9-3　曼哈顿俯瞰图

资料来源：http://www.nipic.com/show/1/73/5996311k0a5aa62b.html

纽约港是北美洲最繁忙的港口，亦为世界上天然深水港之一。由于纽约位居美国大西洋东北岸，邻近全球最繁忙的大西洋航线，再加上港口条件优越，又以伊利运河连接五大湖区，因此奠定了其成为全球重要航运交通枢纽及欧美交通中心的地位。在纽约的发展史上，纽约港扮演的角色十分重要。如今，邮轮旅游已经成为纽约人标志性的休闲活动。客运码头与旅游岸线主要集中在曼哈顿闹市区附近，

图9-3为曼哈顿的俯瞰图。每天都有许多家庭驾车来到邮轮码头，游玩后再直接开车回家。因此，纽约邮轮码头最为突出的特点就是停车位占据了码头的大部分空间。

3. 巴塞罗那

巴塞罗那（Barcelona）位于伊比利亚半岛东北部，濒临地中海，是西班牙第二大城市，在西班牙具有重要的经济地位。巴塞罗那因其众多历史建筑和文化景点成为众多旅

游者的目的地和世界著名的历史文化名城，素有"伊比利亚半岛的明珠"之称。这座城市融合了罗马风格的痕迹、中世纪风格的城区、极为漂亮的现代主义风格，因而成为一座世界性的城市。

巴塞罗那港口（图9-4）位于欧洲南部和地中海的西岸，地理位置优越；同时它也是世界著名的旅游城市，酒店众多，服务精良，机场有国际航班接驳，港口有专门为邮轮而设的设施。这些因素都促使巴塞罗那市成为邮轮公司的理想基地。

图9-4　巴塞罗那邮轮码头
资料来源：http://guide.orangeway.cn

根据皇家国际邮轮杂志（Lloyd's Cruise International）的统计资料，巴塞罗那是欧洲第一大邮轮目的地港口，世界排名第四。共有7个邮轮码头，可供9艘邮轮同时停泊，设备完善，每年接待大量的游客。2001年有544艘邮轮到达，带入350万人次国际客流量，其宾馆、餐饮、交通的便利均在地中海各城市中领先，客流量常年不断。

4. 伦敦

伦敦（London）是英国的首都、第一大城市及第一大港，也是欧洲最大的都会区之一。伦敦港位于英国东南沿海泰晤士（Thames）河下游的南北两岸，从河口开始向上游伸延经蒂尔伯里（Tilbury）港区越过伦敦桥，直至特丁顿（Teddington）码头，长达80英里。沿河两岸有许多用于装卸货物的船坞、邮轮码头、河岸码头及修船坞等。

港口始建于公元前43年，16世纪海运昌盛，18世纪已发展成为世界大港之一，19世纪成为全国贸易和金融中心，而且是世界航运中心，集中了世界各地的船舶和船公司的代表机构。整个港区包括印度及米尔瓦尔（India and Millwall）、蒂尔伯里（Tilbury）、皇港区（Royal），水域面积达207万平方米，大量的封闭式港池群是本港的一大特色。图9-5为伦敦金丝雀码头。

图9-5　伦敦金丝雀码头
资料来源：http://bbs.cnoutdoor.com

图 9-6　新加坡邮轮码头
资料来源：http://zhuanti.soulv.com

5. 新加坡

新加坡共和国是位于东南亚马来半岛南端的一个岛国，素有"花园城市"的美称，是亚洲最重要的金融、服务和航运中心之一。

新加坡港（图 9-6）位于新加坡的新加坡岛南部沿海，西临马六甲（Malacca）海峡的东南侧，南临新加坡海峡的北侧，是亚太地区最大的转口港，也是世界最大的集装箱港口之一。该港扼太平洋及印度洋之间的航运要道，战略地位十分重要。它自 13 世纪开始便是国际贸易港口，已发展成为国际著名的转口港。新加坡港是全国政治、经济、文化及交通的中心。

20 世纪 80 年代初，新加坡港只是欧美邮轮的停靠港，收益小。但是，1989 年，新加坡旅游局成立了邮轮发展署。1991 年投资 5000 万新币修建了邮轮码头，到新加坡的国际邮轮和游客以平均每年超过 60% 的速度增长，2001 年，有 1200 多艘国际邮轮抵达新加坡码头，旅游业收益成为国家财政的主要来源。如今，每年到港的邮轮游客超过 150 万人次，目前新加坡港是亚洲—南太平洋地区最大的邮轮港。

6. 温哥华

温哥华市（City of Vancouver）是加拿大不列颠哥伦比亚省低陆平原地区的一个沿岸城市。温哥华是北美西岸水陆路交通的主要枢纽之一，更构成远东地区、加拿大东部和英国之间贸易往来的重要一环。温哥华港现时是加拿大最大和最繁忙的港口，以货物总吨数计也是北美第四大港口。此外，温哥华的自然环境深受游客欢迎。温哥华也是北美继洛杉矶和纽约后第三大制片中心，有"北方好莱坞"之称。

图 9-7　温哥华港邮轮码头夜景
资料来源：http://www.gj-lz.com

温哥华港位于加拿大西南部不列颠哥伦比亚省南端的弗雷泽河口，在巴拉德湾内，濒临乔治亚海峡的东南侧，是加拿大最大的港口，也是世界主要小麦出口港之一。图 9-7 为温哥华港的景色。

想 一 想

世界著名的邮轮母港都有哪些特点？

二、中国邮轮母港城市发展

十几年前，好莱坞大片《泰坦尼克号》赚取了不少国人的眼泪。也是从那个时候开始，不少中国人开始知道世界上原来还有如此奢华精美的旅游方式。伴随经济的快速发展，旅游逐渐成为人们日常消费的重要组成部分。尽管欧美邮轮市场占据了全球市场的91%，包括澳大利亚、东南亚和中国、日本等在内的市场则占据剩下的 9%。但据世界贸易组织预计，亚太地区将是未来发展最快的区域，预计每年至少可以创下 100 万的搭乘人数。截至 2013 年我国大陆已建成上海国际客运中心、厦门海峡邮轮中心、三亚凤凰岛国际邮轮中心 3 个设施较为齐全的邮轮港口。天津港邮轮码头和上海宝山邮轮码头已开工建设并投入使用。

1. 上海

上海是中国内地发展邮轮产业最快的地区，也是对邮轮产业最为敏感、潜力最大的城市。2003 年，上海首次提出邮轮母港发展规划，在全国起到示范作用。2006 年 7 月，"歌诗达爱兰歌娜"号邮轮上海首航，成为启动上海发展邮轮经济的开端。

目前，上海邮轮旅游和邮轮港建设已步入发展轨道，世界三大邮轮集团皇家加勒比、嘉年华和丽星邮轮均在上海设立分支机构和企业，开辟了多条以上海为母港的区域邮轮旅游航线，上海港吴淞口国际邮轮港、上海港国际客运中心、外高桥海通码头已初步形成了"一港两地多点"发展的邮轮母港形态布局，可同时停靠 5 ~ 8艘豪华邮轮，年通过能力超过 150 万人次。上海确定的邮轮旅游发展规划提出到"十二五"期末，上海要发展成为继新加坡、中国香港之后，亚洲地区一流的国际邮轮枢纽港，邮轮产业对上海直接经济贡献预计将达 8000亿元至 8050 亿元，总体经济贡献有望达到 150 亿元至 200 亿元的规模。

吴淞口国际邮轮码头（图9-8）是

图 9-8　上海吴淞口国际邮轮码头

资料来源：http://news.dichan.sina.com.cn/2013/04/28/713985.html

上海国际航运中心建设的功能性项目之一，是目前亚太区域规模最大的专业邮轮码头，7万吨以上级的邮轮都靠泊于此。2012年该港接待大型国际邮轮120个航次，出入境旅客达28.5万人次；2013年计划接待大型国际邮轮256个航次，预计出入境游客60.8万人次；2014年计划船期将达380个航次，出入境游客预计可达90.3万人次。

上海港国际客运中心项目包括改建850米岸线的国际客运码头，形成开放的公共滨江绿化和观景岸线。新建国际客运综合大楼、上海国际港务集团办公楼以及与国际客运配套的宾馆、商务、办公建筑等设施，规划核定总建筑面积约35万平方米。

2. 厦门

厦门在20世纪80年代就开始接待国际豪华邮轮，是中国最早接待国际邮轮的港口之一，年接待游客数连续多年居全国第一位。如今，厦门完善的旅游产业、便捷的通关服务、优良的深水港湾、完整的邮轮游艇产业链，已使当年的海滨小城初步成长为现代化的邮轮母港城市和旅游城市。

厦门港国际邮轮中心包括客运码头和联检大楼两部分，西海域北段建设大型国际邮轮泊位，可停靠14万吨的大型邮轮，南段岸线设有小型客轮码头及港口作业船舶码头。联检大楼总建筑面积约为8.1万平方米，一层为停车场、行李处理间、设备用房区及配套商业区，二层为游客出入境联检大厅，三层为游客休息、等候而配套设置的休闲餐饮区。

除了国际邮轮客运码头外，地域优势明显的厦门还具有游艇、帆船产业的天然港湾。中国厦门市政府致力于将厦门打造成为世界级的国际邮轮母港。计划中的厦门邮轮母港项目包括邮轮、码头及母港配套商业设施三部分，旨在利用厦门的气候、地理和旅游优势，形成以邮轮旅游为主题的集旅游、商务、购物、娱乐休闲为一体的高端邮轮经济商业圈。

3. 三亚

三亚位于海南省的最南端，是我国最南部的滨海旅游城市，有海水、沙滩、阳光、气候、动物、植物、岩洞、温泉、森林等度假休闲要素，被联合国誉为"世界最适合人类居住的城市"，无论是区位条件和港湾资源，还是旅游政策扶持和接待优势，三亚都有发展邮轮旅游产业的优越环境和自然条件，因此有着"东方迈阿密"之称。

三亚凤凰岛国际邮轮港（图9-9）是全国第一个建成的邮轮专用码头，位于三亚湾南侧，鹿回头岭下，凤凰岛的岸边。三亚凤凰岛已成功通航运营的10万吨级国际邮轮港，是中国在运营的最大的国际邮轮港。筹建中的一座15万吨级以及一座20万吨级邮轮码头竣工后，三亚凤凰岛国际邮轮港将成为跻身全球前10位的中国最大的国际邮轮母港。港区周围山清水秀，码头不仅紧邻三亚市区，而且到达国际主航道不足1小时航

程。受鹿回头半岛掩护，码头泊稳和
水深条件很好，邮轮靠离码头非常方
便，深受邮轮公司和游客欢迎。相比
其他母港城市，三亚是全国唯一的热
带滨海旅游城市，一年四季都适合开
展邮轮旅游。三亚的地理纬度、气候
条件和海洋旅游资源是全国大多数邮
轮港无法与之相比的。三亚紧邻南海，
南海蓝天白云、空气清新、海水清澈、
岛屿碧绿、冬天温暖、夏天清凉、沙
滩洁净、海鲜无污染，是邮轮旅游、

图 9-9　三亚国际邮轮母港

资料来源：http://house.hexun.com/2013-04-02/152746619_20.html

休闲度假的最好地方。海南岛被国家批准建设国际旅游岛，三亚的国际邮轮母港成为建
设国际旅游岛的强项，受到国家、省、市政府的高度重视和大力支持。

4. 天津

新建的天津国际邮
轮母港（图9-10）位于
天津港东疆港区南端，
与我国目前最大保税港
区之一——东疆保税港
区毗邻，天津国际邮轮
母港 2010 年 6 月 26 日
正式开港，诸多国际豪
华邮轮为天津国际邮轮

图 9-10　天津国际邮轮母港

资料来源：http://baike.baidu.com/view/76205.htm

母港带来了巨大的商机，滨海新区邮轮经济即将启航。正在建造的天津国际邮轮母港的规
划面积为 120 万平方米，岸线长 1600 米，可建造 6 个大型轨迹邮轮泊位，如今已有 2 个
泊位及配套客运站投入使用。同时，特色餐饮店、娱乐休闲、会议展览、观光平台、交通
换乘等场所也相继开放。作为中国北方第一个邮轮母港，截至 2011 年年底，天津累计接
待国际邮轮 56 个航次。2015 年将力争实现进出港邮轮旅客 25 万至 30 万人次。预计未来
5 ~ 10 年将迎来众多世界超级豪华邮轮，有 6 ~ 7 倍的游客增长空间。建成后的天津邮
轮母港，成为继上海、厦门、三亚国际邮轮中心后的国内第四个国际邮轮母港中心。

5. 香港

香港是我国的特别行政区之一，也是独具风格的亚洲"邮轮之都"。东西方文化在

图 9-11 香港启德码头

资料来源：http://news.takungpao.com/hkol/shjj/wz/2013-09/1937443.html

此交融，焕发出来的活力展示着香港始终站在不断变化的世界前沿。

香港现有的邮轮码头是位于维多利亚湾的海运大厦。邮轮泊位长达380米，可以同时停泊2艘大型邮轮或者4艘小型邮轮。海运大厦于1966年3月开幕，不少著名邮轮曾在海运大厦停泊，访港的外国军舰亦多停靠海运大厦。

2006年10月，香港特区政府宣布将1998年关闭的启德机场发展为新的邮轮码头。启德邮轮码头大楼占地7.6公顷，建筑面积超过14万平方米。除出入境大厅外，邮轮码头大楼也提供面积达5600平方米的商业区，不仅供邮轮游客使用，还可以成为市民休闲购物的好去处。启德邮轮码头（图9-11）由香港政府出资设计并建造，码头设有2个邮轮靠港泊位，建成后码头租与运营商以收取租金，但政府保留土地所有权。

想一想

除了以上提到的港口外，我国还有哪些港口具备发展邮轮母港的条件？未来我国的邮轮母港和航线分布情况会怎样？

第三节 世界邮轮旅游航线

阿拉斯加的秀美冰川、加勒比海的温暖沙滩、巴拿马运河的人工奇迹、地中海沿岸的心旷神怡……豪华邮轮搭载着游客，航行在世界上最美丽的海域。不同区域所拥有的不同地理环境和资源条件，决定着邮轮旅游业可能的发展水平。

一、邮轮旅游区域划分

按照世界地理区划及邮轮旅游资源的分布规律，可将全球邮轮旅游目的地（Tourism Destination）分为北美洲、中南美洲、欧洲、非洲、亚太地区五大区域。

邮轮旅游资源的形成、开发和利用，因受自然条件和人文因素的影响，分布上具有明显的地域性特征。当前，邮轮旅游活动的主要区域仍然集中在北美和欧洲，这点从世界邮轮母港的分布就可以看出。

北美是全球邮轮旅游的主要客源市场，根据国际邮轮协会统计资料显示，2010年，其邮轮公司接待邮轮游客 1600 万人次，其中 73% 的游客来自北美。丰富的邮轮旅游资源及成熟的邮轮客源市场，是使北美地区成为全球领先的邮轮旅游目的地的关键。

欧洲是邮轮旅游的发源地，有着悠久的历史、杰出的艺术以及高雅的生活方式，同样是全球最受欢迎的邮轮旅游目的地之一。

此外，随着全球邮轮旅游市场的普遍活跃，中南美洲、非洲和亚太地区也以各自的特色吸引各大邮轮公司的关注和越来越多邮轮游客的到来。

想一想

世界邮轮旅游区域的分布与邮轮旅游资源分布有怎样的联系？

二、北美洲邮轮旅游区域

1. 阿拉斯加

阿拉斯加州（Alaska State）位于美国西北太平洋东岸，是第 49 个加入美利坚合众国的州，也是美国最大的州、世界最大的飞地地区。它是全球著名的邮轮旅游目的地，有宜人的小镇、秀美的海湾、清新的空气、蓝白色的冰山、轮廓起伏的山脉及丰富的野生动物。由于气候和光照的原因，邮轮会在夏季前往阿拉斯加，每年的 5 月到 9 月中旬，是阿拉斯加邮轮旅游比较集中的季节。

阿拉斯加的邮轮航程通常在 7 天左右，常见的线路是从温哥华或西雅图出发，向北穿过狭长的海岸，游览冰川湾国家公园（Glacier Bay National Park）以及阿拉斯加最长的冰河——哈伯德冰川（Hubbard Glacier）。一些邮轮公司还会提供更多的旅游线路供游客选择，比如，让游客通过火车深入阿拉斯加腹地，在德纳里国家公园（Denali National Park）住宿观光，更为全面地了解阿拉斯加。在阿拉斯加，凯奇坎（Ketchikan）和朱诺（Juneau）是邮轮停靠最多的港口。表 9-1 为皇家加勒比"海洋灿烂"号在阿拉斯加的航程。

表 9-1　皇家加勒比"海洋灿烂"号在阿拉斯加的航程

天　数	停靠港口	抵达	起航
第一天	温哥华		16:30
第二天	海上航行		
第三天	阿拉斯加—冰点海鲜	10:00	18:00
第四天	哈伯德冰川	08:00	12:00
第五天	朱　诺	07:00	16:00
第六天	凯奇坎	09:00	18:00
第七天	海上航行		
第八天	温哥华	07:00	

　　凯奇坎（Ketchikan）是阿拉斯加东南最靠近边界的城市，是邮轮进入阿拉斯加的第一站，凯奇坎依山傍海、民宅五颜六色，充满了鲜艳的色彩。凯奇坎小镇的两大支柱产业是旅游业和三文鱼（鲑鱼）养殖业，所以小城有鲑鱼之都的美称；此外，这里还有世界上最多的图腾柱。凯奇坎拥有诸多的原住民历史遗迹，可以登岸后徒步前往溪街，现在已经重新整修成了一间间独具特色的商店街，另外就是前往图腾博物馆领略当地印第安文化的异域风情（图 9-12）。

　　朱诺（Juneau）是一个仙境般的地方（图 9-13）。1880 年因发现金矿兴建，1906 年

图 9-12　凯奇坎美丽的风景

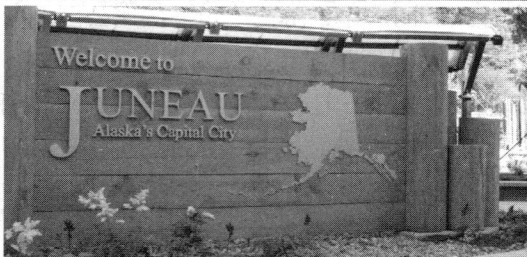

图 9-13　朱诺景色

起为州首府，是优良的不冻港。鱼类加工、采矿、林业等较盛。附近罗伯茨山曾是著名的金矿区。阿拉斯加原本的首府锡特卡因为捕鲸业与兽皮交易业逐渐下滑而没落，失去了重要性；相反，朱诺因为蓬勃发展的金矿开采而逐渐重要，曾经一度朱诺境内的三座大型的金矿的矿产量高居世界第一，因此该州首府正式迁到朱诺。除此之外，朱诺是美国本土州首府里面唯一一个没有道路与美国其他部分的土地相连的，欲到达朱诺非靠海空运输不可。其一川碧水，清澄宁静。两岸的青山，层层淡去，在水天交汇处融成了一片迷茫。山顶的残雪，亲吻着云雾，给清晨带来几分凉意。今天朱诺不仅是著名的黄金矿产区，也是欣赏美丽的冰川和壮丽的山脉景色的绝佳目的地。

2. 墨西哥海岸

迷人的白色沙滩、活泼的艺术生活、奇妙的建筑设计以及神秘的玛雅遗址古迹（Mayan Ruins），让墨西哥（Mexico）深受邮轮游客的青睐（图9-14）。游客既可以享受日光浴、品尝龙舌兰酒、追寻玛雅人的遗迹，也可以去比比皆是的珠宝首饰露天市场购买银饰、宝石和纪念品。这一区域邮轮旅游航线以短线为主，比较常见的是3天至1周的行程，适合初次参加邮轮旅游的游客。豪华邮轮从美国西海岸的洛杉矶（Losangeles）等地出发，向南驶向墨西哥太平洋海岸（Mexico's Pacific Coast）的港口，常见的旅游目的地包括马萨特兰（Mazatlan）、巴雅尔塔港（Puerto Vallarta）等。

马萨特兰是墨西哥西部太平洋海岸最大的港口城市和游览胜地，位于锡那罗亚州西南奥拉斯阿尔塔斯湾的半岛上。马萨特兰城市沿半岛伸展，海滩绵长优美，气候冬暖夏凉，是冬季休养度假胜地。游客到此，可以包船出海去钓金枪鱼和旗鱼，可以搭乘两轮马车沿着海岸线行驶观光，还可以去大街小巷观看盛开的花树。

巴雅尔塔港是墨西哥著名的海滨度假胜地，鹅卵石铺就的街道、充满活力的艺术社区、繁华的都市气息以及浪漫的海浪沙滩吸引了大批的邮轮游客。游客到此可以潜水、划船、打高尔夫球、钓鱼、赏鲸和骑马。

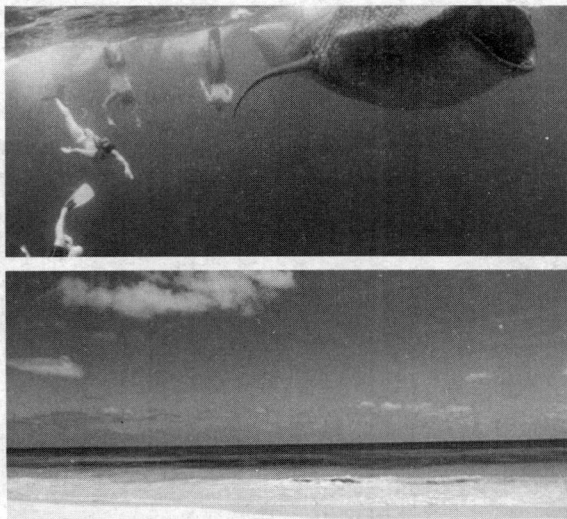

图9-14 墨西哥海岸景色

![做一做]

查找世界上各大邮轮公司在墨西哥海岸的航线有哪些。

3. 北美东海岸

在美国和加拿大的东海岸（Eastern Coast），邮轮游客可以尽情领略历史悠久、独具风格的城市风光。无论是新英格兰地区，还是加拿大的魁北克（Quebec）、蒙特利尔（Montreal），欧洲殖民者的足迹比比皆是。在东海岸航行的邮轮种类繁多，既有可以搭载大约 50 名游客的微型邮轮，又有堪称海上巨无霸的豪华邮轮。邮轮旅游季节从每年的 5 月份开始，到 10 月份"枫叶之旅"之后开始进入淡季，游客可以在冬季获得比较优惠的邮轮船票价格。

沿着北美东部海岸或者美国和加拿大政府于 1959 年联合开凿的圣劳伦斯水道（St.Lawrence Seaway），邮轮公司通常为游客提供短则两三天、长则半个月的旅游航线，常见的登船港口有蒙特利尔、纽约、巴尔的摩（Baltimore）、波士顿（Boston）、费城（Philadelphia）、查尔斯顿（Charleston）等。

图 9-15　波士顿城市景色
资料来源：http://www.xuxudaodao.com

波士顿（图 9-15）位于美国东北部大西洋沿岸，是美国马萨诸塞州的首府和最大城市，也是美国最古老、最具文化价值的城市之一。在美国革命时期，波士顿是一些重要事件的发生地，也曾经是重要的航运港口和制造业中心。

蒙特利尔（图 9-16）是加拿大商业金融中心以及全国第二大城市。独特的法国文化底蕴，使蒙特利尔成为世界上仅次于法国巴黎的第二大法语城市以及加拿大最富有浪漫气息的城市，素有"北美巴黎"之称。蒙特利尔的艺术氛围浓厚，游客可以在艺术博物馆、现代博物馆以及数以百计的

图 9-16　蒙特利尔
资料来源：http://baike.baidu.com/subview/35199/11090124.htm

当地顶尖美术馆中看到许多杰作。蒙特利尔又有"尖塔之城"的美誉，每跨一两个街区便可以看到一个哥特式建筑的教堂。

4. 百慕大群岛

百慕大群岛（图9-17）位于北大西洋西部、加勒比海以北1200海里处，由大约150个珊瑚岛和小岛组成。从美国东海岸航行至此需要一天半的时间。邮轮旅游业是百慕大政府重点发展的目标之一，而该地区丰富的旅游资源以及富有神秘色

图9-17　百慕大群岛
资料来源：http://baike.baidu.com/subview/76601/76601.htm

彩的地理环境也使其成为全球邮轮游客首选的旅游目的地。

夏季是邮轮到访百慕大群岛的黄金时间。邮轮从北美东海岸的波士顿、纽约、费城、巴尔的摩、诺福克甚至佛罗里达出发，到达百慕大的两大邮轮港口——百慕大首府汉密尔顿（Hamilton）以及君王码头（Kings Wharf）。百慕大政府对邮轮上的音乐、博彩和娱乐演出有着严格的法律规定，使得在百慕大停靠的邮轮无法提供邮轮上常见的娱乐服务，因此邮轮在百慕大停靠期间的船上活动较少。因陆地上酒店的价格昂贵，很多游客会选择将停靠在港口的邮轮作为夜晚住宿的酒店。

大量邮轮的到访对该国狭小的地域造成了一定的负面影响，如交通堵塞、海滩拥挤、废物丢弃等。因此，政府规定到访的每艘邮轮最多载客人数为1500人。

想一想

百慕大对邮轮旅游有哪些规定？为什么要限制每艘邮轮的载客量？

5. 加勒比海地区

邮轮倾向于在温暖和煦的气候条件下、在平静的大海上航行。加勒比海（Caribbean）地区依托气候优势，大力发展邮轮旅游，其邮轮旅游航线的多样性在全球首屈一指，而且大部分是全年运营。短途航线有1～2天的航线，长途航线可以从纽约港一直航行至中美洲。最为普遍的航线通常为期一周，途中停靠4～5个不同的港口，这些港口城市

可能隶属于不同的国家，这些国家受到法国、英国、荷兰和西班牙等欧洲各国文化的影响，游客可以感受到不同的历史和港口风情。

绝大多数邮轮公司会将旗舰船只放在加勒比海地区，以争夺这个最大的市场。一些邮轮公司还在此拥有私家岛屿，比如皇家加勒比邮轮公司的可可礁、荷美邮轮公司的半月礁等。拥有这些私家岛屿不仅可以让邮轮公司从游客的岸上活动中获得更多收益，还可以降低港口停泊的相关费用。

按照惯例，加勒比海邮轮旅游区又可以划分为三个区域：东加勒比海/巴哈马地区（Eastern Caribbean/The Bahamas）、西加勒比海地区（Western Cribbean）和南加勒比海地区（Southern Caribbean）。

（1）东加勒比海邮轮旅游航线。其是加勒比海地区邮轮旅游航线中最为经典的线路，也是邮轮游客最常选择的线路。邮轮从美国佛罗里达州的罗德岱堡起航，造访巴哈马群岛、圣马丁、圣汤马斯等几个大的岛屿目的地。这些岛上风光以巴哈马殖民地风貌为主，中世纪时期，这里曾经海盗横行，因此，留下了许多传奇故事和历史遗迹。和平岁月中，纯净的海水和洁白的沙滩，使该地区成为潜水爱好者的天堂和邮轮游客的度假胜地。该航线主要停靠的港口有：

圣胡安（San Juan）。圣胡安是美国自治领地波多黎各（Puerto Rico）的首府和最大城市，位于波多黎各岛的东北岸。波多黎各是构造完美的热带岛屿，在16世纪由西班牙殖民统治。圣胡安于1521年建成，西班牙语意为"富裕之港"。小岛包罗各种热带景观，拥有多个美丽海滩，游客可以从圣胡安市中心直接步行到邮轮码头，在"16世纪的环境中，找到21世纪的便利"。

图9-18　维尔京群岛一景

资料来源：http://www.tripadvisor.com/LocationPhotoDirectLink-g147404-i20848521-St_Thomas_U_S_Virgin_Islands.html

美属维尔京群岛（图9-18）（U.S. Virgin Islands）。美属维尔京群岛的夏洛特阿玛利亚（Charlotte Amalie）是东加勒比海地区景色最优美的港口之一，一年四季都受到邮轮游客的青睐，毗邻邮轮码头的购物中心为游客购物带来很多便利。圣约翰岛（St.John）上辽阔的国家森林保护区是理想的徒步旅行、划独木舟、潜水活动的胜地。圣托马斯（St.Thomas）也是美属维尔京群岛的一部分，曾经是丹麦的殖民地，绵延的白色沙滩世界闻名。群岛上还有许许多多的品牌免税店，钻石、银器、水晶或酒类等免税商品都非常值得购买。

拿骚（Nassau）。巴哈马群岛是位于大西洋西岸的岛国，地处美国佛罗里达州以东，古巴和加勒比海以北，包含700多座岛屿和珊瑚礁。拿骚是巴哈马群岛的首都，是一个古文明的神奇与新世纪的梦幻交汇的地方。粉红与白色外墙的建筑是巴哈马群岛被英国殖民统治300年历史的见证，喧闹的酒吧、赌场与豪华酒店则是另一种不同风格的繁华景象。拿骚被称为"购物者的天堂"，知名大师设计的服装、当地的手工艺品以及各类珠宝首饰应有尽有，其免税的价格对游客也非常具有吸引力。

（2）西加勒比海邮轮旅游航线。与东加勒比海地区风景优美的岛屿、海滩景色相比，西加勒比海地区展现给邮轮游客的是更多文化层面的景观，比如大开曼群岛的南美原始人文风情和墨西哥著名的玛雅文化遗址等。常见的邮轮旅游目的地包括基韦斯特（Key West）、牙买加（Jamaica）以及大开曼岛（Grand Cayman）等地。图9-19为基韦斯特的沙滩景色。

基韦斯特。基韦斯特是美国本土最南端的城市，有棕榈树点缀的环境古雅的街道、数百年历史的姜饼屋以及自称为"海螺"的岛民。"日落庆典"（Sunset Celebration）是基韦斯特岛民和游客共享的传统庆典活动，音

图9-19　基韦斯特

资料来源：http://www.yofond.com/top/show_7815/

乐家、杂耍艺人、滑稽剧演员和其他表演者们都会献上各种娱乐节目。邮轮游客经常到访的地方还有海明威故居（Homes of Ernest Hemingway）、哈里·杜鲁门的"小白宫"（Harry Truman's Little White House）以及传说中的邋遢乔的小酒馆（Legendary Sloppy Joe's Tavern）。

牙买加。牙买加的独特文化融合了非洲色彩、西班牙风格和英国传统，牙买加人热情洋溢、友善好客。优越的地理位置和曼妙的自然景观，使牙买加成为海上交通枢纽以及加勒比海邮轮旅游胜地。八条河（Ocho Rios）是牙买加最受游客喜爱的港口城市，瀑布、河流、海滩应有尽有。安东尼奥港（Port Antonio）享有"世界香蕉之都"的美誉，丰富的历史遗产和壮丽的景色使其成为游客探寻真实牙买加的完美旅游胜地。

大开曼岛。开曼群岛（Cayman Islands）是位于加勒比海西北部的英国殖民地，包括大开曼、小开曼（Little Cayman）和开曼布拉克（Cayman Brac）诸岛，大开曼面积最大，人口最为稠密，中世纪海盗王曾将这个海岛作为海盗的总指挥部。大开曼岛盛产加勒比

海龟，因此又名"海龟岛"。

（3）**南加勒比海邮轮旅游航线**。邮轮是穿梭南加勒比海地区最为便捷的交通工具。尽管南加勒比海的邮轮旅游线路与东、西加勒比海地区的线路相隔不远，但给游客带来的感受却不尽相同。从地貌上讲，西加勒比海地区地势平坦，没有海拔很高的岛屿；南加勒比海邮轮线路所经之处的地貌复杂多样，既有绝美的海滩，又有地势险峻的火山与瀑布。在一些岛屿上，游客还可以看到土著居民的生活轨迹。众多邮轮旅游线路中比较经典的是从波多黎各的圣胡安港口出发，途经多米尼加岛（Dominica）、巴巴多斯（Barbados）等地。

图 9-20　多米尼加迷人的海湾

资料来源：http://www.21cbh.com

多米尼加岛。多米尼加（图 9-20）是加勒比海上的岛国，向来有"加勒比赏鲸宝地"之称，到访游客可以观赏到海鲸和海豚，可以穿越景色优美的山涧峡谷，还可以在夜晚潜入苏菲尔湾附近的香槟暗礁海域。如果想挑战极限，还可以跋涉至全球第二大沸腾湖，饱览难得一见的独特景观。

巴巴多斯。巴巴多斯岛风景秀丽，有"海上疗养院"和"阳光富翁"之称，同时也是世界闻名的"甘蔗之国"、"朗姆酒之国"。除此之外，滑板冲浪、潜艇游海底是邮轮游客比较青睐的旅游项目。

做一做

搜集各大邮轮公司在东加勒比海、西加勒比海及南加勒比海的航线，分析每个地区及航线的特色。

三、中南美洲邮轮旅游区域

1. 中美洲

中美洲（Central America）是世界最主要的生态旅游目的地之一，有着郁郁葱葱的热带雨林和丰富多彩的野生动物，以及世界上历史悠久的工程奇迹——巴拿马运河（The Panama Canal）。尽管如今类似于"玛丽皇后 2"号这样的巨型邮轮无法通过巴拿马运河，但是一些邮轮公司仍会利用吨位较小的邮轮提供穿越这一伟大工程的邮轮航线，沿途停靠中美洲和加勒比海地区的一些港口城市。该地区邮轮旅游航线常年向游客开放，但旅游旺季通常是在每年的 4 ~ 9 月，经典的邮轮航线行程通常在 10 ~ 25 天，甚至更长时间。停靠的港口主要有：

哥斯达黎加。哥斯达黎加（Costa Rica）东临加勒比海、西靠太平洋，有 1000 多公里的海岸线。绿色的草地、清澈的河流和茂密的森林，在哥斯达黎加随处可见。哥斯达黎加是野生动物的乐园，有很多国家公园。

巴拿马运河。巴拿马运河是世界上最伟大的工程奇迹和最重要的水道之一。游客乘坐在邮轮上，可以看到超级巨轮是如何小心翼翼地通过狭窄的河道，图 9-21 是挪威之星邮轮正穿过巴拿马运河米拉弗洛雷斯船闸的画面，船身离运河两边的河岸仅有几米的距离。巴拿马城东北边缘的麦瑞福劳斯水闸（Miraflores Locks）设有让游客观看水闸运转的平台，还有小型博物馆展示着运河的各种信息、播放与运河有关的影片。

图 9-21　挪威之星邮轮正穿过巴拿马运河米拉弗洛雷斯船闸

资料来源：http://english.peopledaily.com.cn

2. 南美洲

南美洲（South America）的气候与北美洲的气候正好相反，邮轮旅游季节大约从每年的 10 月份开始，到次年的 4 月份接近尾声，其中 12 月、1 月和 2 月航线最为密集。常见的邮轮出发港有巴西的里约热内卢（Rio de Janeiro）、智利的瓦尔帕莱索（Valparaiso）以及阿根廷首府布宜诺斯艾利斯（Buenos Aires），还有一些线路从北美的圣地亚哥（San Diego）、纽约或者劳德代尔堡（Fort Lauderdale）出发，并向南一路延伸。

与传统的邮轮停靠陆地港口不同，邮轮公司还会开辟一些绕南美大陆环游的线路，通过最南端的合恩角（Cape Horn），甚至会直达南极大陆，这是至今邮轮所能到达的最遥远的地方之一。一些以探险或者科考为目的的游客会选择这样的线路，航行时间从 13 天到 40 天不等。

（1）南美航线。对于邮轮游客来说，这片充满活力的大陆与温暖的加勒比海一样熠熠生辉。从巴西的里约热内卢到秘鲁的马丘比丘（Machu Picchu），都融合着传统与现代的浪漫，具有耐人寻味的文明与自然美景。主要停靠以下码头：

布宜诺斯艾利斯。布宜诺斯艾利斯是阿根廷最大城市、首都和政治、经济、文化中心，素有"南美巴黎"的美誉。这里阳光普照、绿野千里、空气清新，布宜诺斯艾利斯在西班牙语中就是"好空气"的意思。因为曾经是西班牙的殖民地，这座城市十分欧化，不仅城市居民几乎都是欧洲移民的后裔，而且城市布局、街景以及居民的生活方式、文化情趣，处处显露出欧洲风情。

阿里卡（Arica）。阿里卡是智利的港口城市，这座有着悠久古代文明的城市拥有美丽的海滩和著名的博物馆。近年来，阿里卡巨大的、强有力的海浪吸引了很多热爱冲浪的年轻人，这里也成为世界上最优秀的冲浪运动员的挑战胜地。阿里卡的工艺品市场和鲨鱼三明治也很受游客喜爱。

马丘比丘。马丘比丘是南美洲最重要的考古发掘中心，是秘鲁最受欢迎的旅游景点。由于独特的位置、地理特点和发现时间较晚，马丘比丘成了印加帝国最为世人熟悉的标志，被称为印加帝国的"失落之城"。马丘比丘被联合国教科文组织定为世界遗产，是世界上为数不多的文化与自然双重遗产之一。

里约热内卢。里约热内卢是巴西的第二大城市，充满着桑巴节奏、阳光、丰富色彩和真正的度假气氛。美丽的蒂茹卡森林（Tijuca Forest）是世界上最大的市区森林，绵延的白色海滩是享受日光浴的完美之地。

（2）**南极航线**。南极洲（Antarctica）被称为是人类最难接近的大陆，95%以上的陆地全年被极厚的冰雪覆盖，放眼望去尽是层层累积的冰山及冰河奇异的水蓝色，冰山上有美丽的条纹和大理石纹理，大自然的鬼斧神工令人赞叹。看似宁静的南极蕴藏着丰富的生态物种，船只航行时经常可以看到鲸鱼在海面翻滚，另外还有数量庞大的海狮、海豹、信天翁和海燕等。游客前往南极旅游，可以抵达梦幻岛（Deception Island）体验海上温泉以及蒸汽海滩，在洛克岛（Port Lockroy）购买食物、邮寄信件，在天堂湾（Paradise Harbour）欣赏冰河中的倒影，或者在半月岛（Half Moon Island）观看摇头晃脑的企鹅以及大批的海狮、海豹。每年的12月到次年的2月光照时间较长，会有邮轮抵达南极。这些邮轮多半小于2万吨，搭载的乘客数量不多于200人。

做一做

查找开辟南极航线的邮轮公司有哪些，现有哪些前往南极的航线，不同航线的特色是什么。

四、欧洲邮轮旅游区域

欧洲在邮轮旅游发展史上有举足轻重的地位，现今仍是全球最为发达的邮轮旅游目的地之一。北欧、地中海以及经典的横跨大西洋航线吸引着大批邮轮游客纷至沓来，富含文化底蕴的内河也是该地区邮轮旅游的上佳之选。游客乘坐邮轮，可以自由地探寻欧洲古老而悠久的历史、精湛绝伦的艺术、著名的葡萄酒庄园以及中世纪的城堡等。

1. 地中海地区

地中海（The Mediterranean）是世界上最大的陆间海之一，位于亚洲、非洲、欧洲三大洲之间，东西长约4000千米，南北最宽处约1800千米，面积为250多万平方千米。地中海地区是世界上邮轮旅游业最为发达的地区之一，拥有很多值得一看的港口和目的地。该区的自然风光和历史文化魅力对很多邮轮游客产生了巨大的吸引力，客源市场十分广阔。

地中海海域宽广，很多邮轮公司以意大利半岛为中心，将该地区的邮轮旅游航线分为东地中海/爱琴海航线（Eastern Mediterranean/Aegean Sea）和西地中海航线（Western Mediterranean）。

（1）东地中海/爱琴海航线。在地理区划上，东地中海地区包含亚得里亚海（Adriatic Sea）、爱奥尼亚海（Ionian Sea）、爱琴海（Aegean Sea）3个海域；在文化上，完美呈现了古埃及、古希腊、古罗马的文明精华；在景观上，亚得里亚海、爱琴海的破碎地形造就了千百座迷人岛屿。邮轮在诸岛之间穿梭航行，阳光、碧海、蓝天、岛屿、神话和古文明串联出这段航程的独特魅力。

东地中海地区的邮轮行程通常在1周左右，意大利威尼斯（Venice）、希腊奥林匹亚（Olympia）、希腊雅典（Athens）、土耳其伊斯坦布尔（Istanbul）、以色列耶路撒冷（Jerusalem）都是邮轮航线上的重要停靠点。

威尼斯。意大利威尼斯（图9-22）始建于5世纪，素有"水上都市"的美誉，是世界上最美丽的城市之一。游客坐在龚杜拉小舟或游艇之上徜徉于城中蜿蜒的水巷之中，可以尽情享受美丽水乡风情之下的艺术气息。

伊斯坦布尔。伊斯坦布尔是土耳其最大的港口城市和游览胜地，有"城上之城"和"世界最美城市"之称。伊斯坦布尔作为连通欧亚大陆的交通要塞，每一寸土地都带有古希腊、古罗马、拜占庭帝国的历史痕迹，东西方文明在此完美交会。

图 9-22　水城威尼斯

资料来源：http://baike.baidu.com/subview/8345/4940818.htm

雅典。雅典是希腊的首都，也是著名的文化圣地。游客在雅典游览的著名景点雅典卫城和国家考古博物馆，一个是雅典荣耀神祇的圣地，一个是收藏希腊古文明的宝库，都象征了雅典不朽的精神。

（2）**西地中海航线**。西地中海地区以优雅入时的专卖店、展品丰富的美术馆、上好的葡萄酒、美味的菜肴等精致的生活方式闻名于世，主要的邮轮旅游航线可以从亚得里亚海（Adriatic Sea）航行至直布罗陀海峡（Straits of Gibraltar）、停靠意大利那不勒斯（Naples）、热那亚（Genoa），法国戛纳（Cannes），西班牙巴塞罗那（Barcelona）等著名港口城市。

图 9-23　巴塞罗那
资料来源：http://cn.toursforfun.com

法国戛纳。戛纳这座位于法国东南部的小城，不仅是欧洲有名的旅游胜地和国际名流社交集会场所，也是戛纳电影节的举办圣地。戛纳拥有洁白漂亮的海滩，海水蔚蓝，棕榈葱翠，气候温和，既是过冬胜地，也是避暑天堂。

巴塞罗那。巴塞罗那（图 9-23）是西地中海地区出色的大都会，也是深受游客欢迎的登船港口。这里气候宜人、风光旖旎、古迹遍布，素有"伊比利亚半岛的明珠"和"地中海曼哈顿"之称。带有哥特风格的古老建筑与现代化的高楼大厦交相辉映，共同构成了巴塞罗那令人迷醉的天际线。

想一想

东、西地中海航线的特色是什么？资源有什么区别？

2. 北欧地区

乘坐豪华邮轮在北欧航游，不仅可以走访北欧（Northern Europe）的深度旅游景点，还有机会踏访北极冰川，与电影中的野生动物做零距离接触。每年的 6～9 月是北欧邮轮旅游的最佳季节，航线可以到达爱尔兰、挪威、丹麦、冰岛、格陵兰等地。虽然适航时间较短，但这里的港口却很受游客欢迎。

哥本哈根。丹麦首都哥本哈根（Copenhagen）位于丹麦西兰岛东部，是丹麦政治、经济、文化中心，也是全国最大城市和著名的古城。哥本哈根虽然面积较小，但市民热情好客，2004 年，被世界旅游大奖评选为"欧洲首选邮轮目的地"。

斯德哥尔摩。斯德哥尔摩（Stockholm）是瑞典首都，位于瑞典东海岸，濒临波罗的海，是著名旅游胜地。市区分布在 14 座岛屿和一个半岛上，因此享有"北方威尼斯"的美誉。

圣彼得堡。圣彼得堡（St.Peterburg）位于俄罗斯西北部、波罗的海沿岸，是世界上少有的具有白夜的城市。圣彼得堡是名副其实的桥梁博物馆，除铁路公路桥外，300 多座桥梁将这座水城连成一片，城内的俄罗斯古建筑群也享有盛誉。

欧洲大西洋沿岸。欧洲大西洋（Atlantic Europe）沿岸是一片繁荣而又成熟的地区，伦敦、巴黎这样的国际大都会点缀其中，无论是艺术、音乐和文学，还是赛车、马术和足球，都对邮轮游客拥有足够的吸引力。大西洋沿岸港口的邮轮旅游航线通常途经葡萄牙、西班牙、法国、爱尔兰和英国。虽然一些邮轮线路全年都有，但夏季才是真正的邮轮旅游旺季。

巴黎。巴黎（Paris）是法国的首都，也是法国的政治、经济和文化中心。巴黎是一座无与伦比的城市，即便是一条不经意路过的小街，那种复古、典雅、幽静都随处可见。塞纳河蜿蜒曲折，如诗似画，充满浪漫色彩，河堤两岸绿树成荫，游客在绿荫下散步，或在岸边休憩，在夜晚的凉爽中充分感受闲适与浪漫，图 9-24 即是美丽的巴黎夜景。

图 9-24　巴黎夜景

资料来源：http://baike.baidu.com/view/29908.htm

南安普顿。南安普顿（Southampton）是一座欣欣向荣、现代感十足的城市。作为英格兰南部最大的港口城市，南安普顿自古以来一直起着重要的交通枢纽作用。西部港口一片繁忙景象，并逐步演变成城中购物集中地。南安普顿城中保存有中世纪时建造的城墙，带有悲情色彩的"泰坦尼克"号的起航，使人们对这里多了一份缅怀之情。

历史上看，英国是邮轮的发源地，经典的横跨大西洋航线（Transatlantic）至今仍然存在。随着加勒比海、地中海地区短途邮轮航线的日益兴盛，已经很少有邮轮公司再去经营跨洋航线，但在每年的春秋季节邮轮公司的邮轮进行转场航行时，也会提供这类航线的产品。

想一想

为什么现在很少有邮轮公司经营跨洋航线，但在转场航行时会销售此类产品？

五、非洲邮轮旅游区域

　　非洲（Africa）除了拥有异域野生动物、连绵起伏的草原以及浩瀚无边的沙漠外，还拥有灿烂的文化和美丽的海滩。很多邮轮游客不仅希望在港口城市参观，更希望能够深入非洲腹地游览，因此，大部分邮轮公司都会在非洲推出包价邮轮旅游产品，并且为游客安排游览野生动物园项目。非洲地区邮轮航线沿途停靠地包括蒙巴萨岛（Mombasa）、塞舌尔群岛（Seychelles）、开普敦（Cape Town）、肯尼亚（Kenya）以及埃及（Egypt）等地。

　　蒙巴萨岛。蒙巴萨岛位于肯尼亚的东南部，是肯尼亚最大的港口城市，也是第二大城市。蒙巴萨港有完善的现代化设备，同时还是富饶的旅游胜地。作为东非最古老的城市之一，蒙巴萨港在公元前500年就与埃及有航海来往，受到阿拉伯、印度、葡萄牙、英国等文化影响，形成具有独特气氛的港口。

　　塞舌尔群岛。塞舌尔群岛由92座岛屿组成，气候温暖，没有冬天，每一个小岛都有自己的特点。阿尔达布拉岛是著名的龟岛，岛上生活着数以万计的大海龟；弗雷加特岛是"昆虫的世界"；孔森岛是"鸟雀天堂"；伊格小岛盛产各种色彩斑斓的贝壳。

　　开普敦。开普敦是南非第二大城市，以其美丽的自然景观和码头闻名于世，知名的地标有被誉为"上帝的餐桌"的桌山、印度洋和大西洋的交汇点——好望角等。开普敦被称为世界上最美丽的城市之一，是南非著名的旅游胜地和邮轮旅游目的地。

六、亚太地区邮轮旅游区域

1. 夏威夷

　　位于太平洋地区的夏威夷（Hawaii）群岛一直是备受全球游客青睐的理想目的地。夏威夷群岛由8个大岛和20多个小岛组成，气候温和宜人，拥有得天独厚的美丽环境，风光明媚，海滩迷人（图9-25）。很多邮轮公司将夏威夷群岛作为永久的邮轮旅游基地，全年提供夏威夷环岛邮轮旅游；还有一些邮轮公司开通从美国西海岸到夏威夷的邮轮航线，从洛杉矶乘坐邮轮抵达夏威夷需要3～4天的时间。

2. 大洋洲

大洋洲（Australia）是一片广袤辽阔的大陆。每年的11月到次年的4月，南半球的气候会格外宜人，很多邮轮公司会在此时开辟更多的大洋洲邮轮旅游线路，帮助游客踏上澳大利亚与新西兰之旅，欣赏悉尼的景色，游览华美的大堡礁，领略令人心旷神怡的美景。

图9-25 夏威夷的蓝天与绿水

悉尼（Sydney）。悉尼是澳大利亚最大的港口城市。欣赏悉尼的最佳视点之一是游弋于悉尼港的碧水中向两岸眺望。悉尼港的环形码头是渡船和邮轮的停靠地，也是最繁华的游客集散中心，图9-26是皇家加勒比"海洋灿烂"号停靠在悉尼港的景象。

凯恩斯。凯恩斯（Cairns）位于澳大利亚昆士兰省，是前往世界奇观大堡礁的必经之门。大堡礁由3000个不同阶段的珊瑚礁、珊蝴岛、沙洲和潟湖组成。随着潮涨潮落，礁体沉入海底或浮出水面，变幻万千。凯恩斯的热带雨林中有200多种鸟类、澳大利

图9-26 皇家加勒比"海洋灿烂"号停靠在悉尼港

亚60%以上的蝴蝶品种和存在了1.5亿万年的活化石级的羊齿科植物。这里还有篝火、啤酒、烧烤、民歌等活动，各种特色手工艺品和美食让人流连忘返。

3. 亚洲

对于很多欧美客人来说，遥远的亚洲（Asia）绝对是充满异域风情的邮轮旅游目的地。非凡绝妙的自然景观和丰富的历史文化遗产，使得亚洲的邮轮旅游正展现出勃勃生机。目前，亚洲邮轮航线普遍以短程为主，绝大多数航程历时24小时到1周不等。亚洲邮轮旅游航线中较为成熟的是东南亚航线、中日韩航线以及阿拉伯湾航线。

（1）**东南亚航线**。东南亚旅游资源丰富，越南的金兰湾、马来西亚的槟榔屿、新加

坡的圣淘沙、印度尼西亚的巴厘岛，都是著名的旅游胜地。东南亚发展邮轮旅游具有得天独厚的自然条件，豪华邮轮在印度尼西亚、马来西亚、菲律宾和新加坡的众多岛屿中往来穿梭，带领游客领略独特的东南亚风情。

泰国普吉岛。普吉岛是泰国最大的岛屿，印度洋安达曼海上的一颗明珠，它的魅力来源于美丽的大海、令人神往的海滩，堪称东南亚最具代表性的海岛旅游度假胜地。奈阳海滩是普吉岛上最长的海滩，共有 10 公里长的海岸线以及 1.5 公里长的珊瑚礁，是普吉岛最大的海龟产卵地。

图 9-27　巴厘岛景色

资料来源：http://baike.baidu.com/view/34411.htm

印度尼西亚巴厘岛（Bali）。巴厘岛（图 9-27）在印度尼西亚有"千寺之岛"、"艺术之岛"之称，岛上居民绝大多数信仰宗教，主要供奉三大天神和佛教的释迦牟尼，还祭拜太阳神、水神、火神、风神等。岛上庙宇、神龛、横梁、石基随处可见神像、飞禽走兽、奇花异草等浮雕。

马来西亚槟榔屿（Penang）。槟榔屿位于马六甲海峡北口东岸，是马来西亚著名旅游胜地，素有"东方花园"或"小亚洲"盛名。槟榔屿发展旅游业已有 100 多年，有很多公园和花圃，绿草如茵，鲜花盛开，另有许多庙宇、教堂和别墅。

（2）**中日韩航线**。中日韩邮轮旅游有多种可供选择的航线，邮轮穿梭于中国、日本、韩国多个港口之间，旅游的旺季是每年的 3 ~ 10 月。

韩国济州岛（Jeju Island）。济州岛是韩国第一大岛，位于朝鲜半岛的南端，是理想的旅游和垂钓胜地。在这里可以观赏名胜古迹，欣赏自然景观，还可以登山、骑马、兜风、狩猎、冲浪和打高尔夫球等。

日本福冈。福冈是日本九州地区的交通、信息、娱乐中心，无论是作为连接县外的交通枢纽博多站，还是作为市内第一闹市的天神，每天都是人来人往、热闹非常。历史悠久的古迹、草木葱翠的公园、为数众多的游乐景点以及接连落成开张的购物中心，使福冈成为一座充满活力的城市。

（3）**阿拉伯湾航线**。随着国际邮轮公司的全球扩张，豪华邮轮开始驶入阿拉伯这方神秘的国度，拓展新兴邮轮旅游市场。无论是未来之城迪拜（Dubai）卓尔不凡的国际化气息、阿布扎比（Abu Dhabi）海天一色的绚丽风景，还是富查伊拉（Fujairah）的阿联酋多元文化，都吸引着越来越多的游客乘坐邮轮，去领略像阿拉伯传说一样无穷无尽的中东魅力和海湾传奇。 邮轮航线一般为期 1 周左右，从阿联酋迪拜出发，沿途停靠阿曼首都马斯喀特（Muscat）、阿联酋首都阿布扎比以及岛国巴林（Bahrain）等地。

迪拜。迪拜是阿拉伯联合酋长国的最大城市，也是中东地区的经济和金融中心。迪拜拥有世界第一家七星级酒店、全球最大的购物中心、世界最大的室内滑雪场。其源源不断的石油和重要的贸易港口地位，为它带来了巨大财富，使迪拜几乎成为奢华的代名词。近年来，迪拜开始将视线转向奢华邮轮旅游，图 9-28 为迪拜帆船酒店。

巴林。巴林景色秀丽、四季如春，天然的涌泉散布岛内各处，神赐之水与灿烂的阿拉伯阳光所孕育的天然椰林点缀各地，素有"海湾明珠"之称。巴林如今已成为中东地区的金融与航运中心。

图 9-28 迪拜帆船酒店

资料来源：http://baike.baidu.com/view/94161.htm

做一做

分组设计以中国港口为母港的亚太地区邮轮航线，并选派代表进行该航线的推介。

📖 本章小结

本章主要阐述了关于港口、码头的基础知识以及建设邮轮母港应具备的条件。依据世界邮轮旅游资源分布状况将世界邮轮旅游区域分为五大区域，让学生了解各大区域的情况。

？ 思考与练习

1. 阐述建设邮轮母港所需要的条件。

2. 请问建设邮轮母港的作用是什么？

3. 简单阐述世界上知名的邮轮母港城市（3个）。

4. 世界五大邮轮旅游区域的发展趋势如何？

世界邮轮公司介绍

第一节　美国嘉年华邮轮集团

嘉年华邮轮集团是一个全球邮轮公司和世界上最大的度假公司。1993 年更名为嘉年华公司，尽管嘉年华集团的名字是在 1993 年才正式使用，但是邮轮业先驱泰德·阿里森（Ted Arison）在 1972 年创立的嘉年华邮轮——集团旗舰品牌，为集团的发展奠定了基础。嘉年华邮轮在实现其作为"世界上最受欢迎的邮轮"后，在 1987 年，公开发行了 20% 的普通股，这也为嘉年华邮轮通过收购来进行扩张提供了初始资本。

多年来，嘉年华邮轮集团不断进行收购扩张，几乎获得了世界邮轮产业的每一个细分市场，包括荷美邮轮（Holland America Line，1989）、世鹏邮轮（Seabourn Cruises，1992）、歌诗达邮轮（Costa Cruises，1997）、冠达邮轮（Cunard Line，1998），并于 2003 年 4 月完成了与 P&O 公主邮轮 PLC 的结合，进而创造出了世界上第一个全球邮轮公司，包含 10 个高度认可的品牌公司（附录表 1 所示），这些子公司独立经营，公平竞争，打造了各具特色的邮轮品牌风格。2011 年嘉年华公司的联合品牌控制世界邮轮市场 49.2% 的市场份额。嘉年华邮轮集团是由 100 艘船组成的船队，另外有 7 个船舶预定在 2016 年 6 月前交付。约有 20 万名客人和 7.7 万名工作人员。

附录表 1　美国嘉年华邮轮集团品牌及客源市场分布

邮轮品牌 （Cruise Brands）		邮轮数量 （Cruise Quantity）	载客数 （Passenger）	主要客源市场 （The Main Source Markets）
嘉年华 （Carnival Cruise Lines）	Carnival	24	62562	北美地区
公主邮轮 （Princess Cruises）	PRINCESS CRUISES	17	37346	北美地区
荷美邮轮 （Holland America Line）	Holland America Line	15	23487	北美地区
世鹏邮轮 （Seabourn）	SEABOURN	6	1974	北美地区
冠达邮轮 （Cunard）	CUNARD	3	6686	英国 美国
阿依达邮轮 （AIDA Cruises）	AIDA	10	18656	德国
歌诗达邮轮 （Costa Cruises）	Costa	15	34412	意大利 法国 德国
伊比罗邮轮 （Ibero Cruises）	ibero cruceros	3	4176	西班牙 南美
铁行邮轮（英） （P&O Cruises）（UK）	P&O CRUISES	7	14468	英国
铁行邮轮（澳） （P&O Cruises）（Australia）	P&O	3	4780	澳大利亚

注：以上数据截至 2013 年 9 月 30 日

一、嘉年华邮轮

嘉年华邮轮以 "Fun Ship"（快乐邮轮）作为主要的产品诉求等来区别其他邮轮竞争对手，嘉年华邮轮公司是美国最受欢迎的品牌，经营 24 艘邮轮（附录表 2），提供 3 ~ 16 天的旅游航线，旨在培养非常有趣和令人难忘的假期体验。嘉年华邮轮公司不仅提供加勒比海全年的邮轮旅游，还经营位于欧洲、阿拉斯加、新英格兰、加拿大、百慕大群岛、夏威夷、巴拿马运河和墨西哥里维埃拉等地区的季节性邮轮旅游。该品牌迎合了消费者的广泛需求，吸引着众多的家庭、夫妻、单身和老年人前来旅游。嘉年华的客人都拥有一个共同的目的——对真正乐趣的渴望，并希望获得令人难忘和愉快的度假体验。

附录表 2　美国嘉年华邮轮公司的船队

邮轮名称 （Name）	吨位 （Tonnage）	载客数 （Passenger）	邮轮系列 （Class）	加入船队时间 （Year Entered Fleet）
"嘉年华微风"号（Carnival Breeze）	130000	3690	梦想	2012
"嘉年华梦想"号（Carnival Dream）	130000	3646	梦想	2009
"嘉年华魔术"号（Carnival Magic）	130000	3690	梦想	2011
"嘉年华光辉"号（Carnival Splendor）	113300	3006	光辉	2008
"嘉年华征服"号（Carnival Conquest）	110000	2974	征服	2002（2009 重修）
"嘉年华自由"号（Carnival Freedom）	110000	2974	征服	2007（2009 重修）
"嘉年华光荣"号（Carnival Glory）	110000	2974	征服	2003（2010 重修）
"嘉年华自主"号（Carnival Liberty）	110000	2974	征服	2005（2008 重修）
"嘉年华英勇"号（Carnival Valor）	110000	2974	征服	2004（2008 重修）
"嘉年华佳运"号（Carnival Destiny）	101353	2642	佳运	1996（2008 重修）
"嘉年华凯旋"号（Carnival Triumph）	101509	2758	佳运	1999（2008 重修）
"嘉年华胜利"号（Carnival Victory）	101509	2758	佳运	2000（2007 重修）
"嘉年华精神"号（Carnival Spirit）	88500	2124	精神	2001（2009 重修）
"嘉年华传奇"号（Carnival Legend）	88500	2124	精神	2002（2008 重修）
"嘉年华奇迹"号（Carnival Miracle）	88500	2124	精神	2004（2009 重修）
"嘉年华自豪"号（Carnival Pride）	88500	2124	精神	2002（2009 重修）
"嘉年华神往"号（Carnival Ecstasy）	70367	2638	梦幻	1991（2009 重修）
"嘉年华欢欣"号（Carnival Elation）	70367	2052	梦幻	1998（2009 重修）
"嘉年华梦幻"号（Carnival Fantasy）	70367	2056	梦幻	1990（2008 重修）
"嘉年华神逸"号（Carnival Fascination）	70367	2052	梦幻	1994（2010 重修）
"嘉年华创意"号（Carnival Imagination）	70367	2052	梦幻	1995（2007 重修）
"嘉年华灵感"号（Carnival Inspiration）	70367	2052	梦幻	1996（2007 重修）
"嘉年华乐园"号（Carnival Paradise）	70367	2052	梦幻	1998（2008 重修）
"嘉年华佳名"号（Carnival Sensation）	70367	2052	梦幻	1993（2009 重修）

注：以上数据截至 2013 年 9 月 30 日

二、公主邮轮

公主邮轮，一个在北美游弋的知名的名字，是一个全球邮轮旅游公司。它共有 17 艘邮轮（附录表 3），在 115 个航线航行，到达的全球目的地超过 350 个。它是嘉年华邮轮集团旗下定位于北美市场的至尊邮轮品牌，最早创建于 1965 年，公司总部设在美国洛杉矶，曾经是世界上第三大邮轮公司。2003 年，公主邮轮公司被嘉年华邮轮集团收购。

20 世纪 70 年代，公主邮轮塑造了海上邮轮旅游的新概念。1977 年，美国长篇电视连续剧《爱之船》（*The Love Boat*）以公主邮轮的"太平洋公主"号邮轮作为拍摄场地，吸引过上百万美国人收看，公主邮轮的名字及其标志从此深入人心。

20 世纪 90 年代，公主邮轮不断更新、改善邮轮设施设备，所提供的服务也趋向多元化，力求使游客在船上可以按照各自的喜好选择适合自己的活动。公主邮轮为游客准备了"乐享其程"的海上假期，各种精心烹制的特色美食和高水准的服务让游客有宾至如归的体验，丰富的玩乐方式也让海上生活充满新鲜与乐趣。邮轮船队除了具备大船的设施和气派外，还保留了小船的温馨及亲切气氛，被誉为"大船的选择、小船的享受"。

公主邮轮的线路跨越全球，航线的长度范围从 7 天至 107 天。目的地包括加勒比海、阿拉斯加、欧洲、巴拿马运河、墨西哥、南太平洋、南美洲、夏威夷/塔希提、亚洲、非洲、印度、加拿大、新英格兰和环球旅行。公主邮轮是阿拉斯加游船旅游度假的领导者，拥有 5 个河畔的荒野小屋，再加上 1 个车队的车辆和豪华长途客运，能够带领乘客通过 49 个国家的心脏。另外，公主邮轮还在中国经营。

附录表 3　美国公主邮轮船队

邮轮名称 （Name）	吨位 （Tonnage）	载客数 （Passenger）	邮轮系列 （Class）	加入船队时间 （Year Entered Fleet）
"加勒比公主"号（Caribbean Princess）	113000	3080	至尊	2004（2009 重修）
"黄金公主"号（Golden Princess）	109000	2600	至尊	2001（2009 重修）
"至尊公主"号（Grand Princess）	109000	2600	至尊	1998（2011 重修）
"星辰公主"号（Star Princess）	109000	2602	至尊	2002（2008 重修）
"钻石公主"号（Diamond Princess）	116000	2670	钻石	2004（2010 重修）
"蓝宝石公主"号（Sapphire Princess）	116000	2674	钻石	2004（2011 重修）
"皇冠公主"号（Crown Princess）	113000	3080	皇冠	2006（2008 重修）
"翡翠公主"号（Emerald Princess）	113000	3080	皇冠	2007（2009 重修）
"红宝石公主"号（Ruby Princess）	113000	3080	皇冠	2008

续表

邮轮名称 （Name）	吨位 （Tonnage）	载客数 （Passenger）	邮轮系列 （Class）	加入船队时间 （Year Entered Fleet）
"珊瑚公主"号（Coral Princess）	92000	1970	珊瑚	2003（2009 重修）
"海岛公主"号（Island Princess）	92000	1974	珊瑚	2003（2010 重修）
"太阳公主"号（Sun Princess）	77000	1950	太阳	1995（2010 重修）
"黎明公主"号（Dawn Princess）	77000	1990	太阳	1997（2009 重修）
"碧海公主"号（Sea Princess）	77000	1950	太阳	2005（2009 重修）
"海洋公主"号（Ocean Princess）	30277	668	太平洋	2002（2009 重修）
"太平洋公主"号（Pacific Princess）	30277	668	太平洋	2003（2005 重修）
"皇家公主"号（Royal Princess）	30200	710	太平洋	2007

注：以上数据截至 2013 年 9 月 30 日

三、荷美邮轮

荷美邮轮公司曾被评为"整体最佳邮轮"，建于 1837 年，最早的名称为荷兰美洲蒸汽轮船公司，以运送荷兰—美洲之间的客运为主。

由于荷美邮轮专门提供到美洲的航行服务，所以渐渐地便以荷美航运（Holland America Line）闻名于世；第一艘海上邮轮便是以"鹿特丹"号命名，于 1872 年 10 月 15 日从荷兰出发航行到纽约，为时 15 天。

荷美邮轮的第一艘豪华邮轮始于 1895 年，第二艘则是于 1910 年从纽约出发。1971 年荷美航运有了重大的转变，开始提供完全度假的豪华邮轮服务。为了提升阿拉斯加邮轮公司的实力，在 20 世纪 70 年代初荷美邮轮公司购买了 Westours 邮轮公司的控制股权。1988 年，荷美邮轮公司收购了 Windstar Sail 邮轮（当时 Windstar Sail 邮轮上都有先进的计算机操作系统）。1989 年荷美邮轮公司被嘉年华邮轮公司收购后，荷美邮轮公司支付给雇员的薪金比以前略微高一些。

荷美邮轮最大的秘密武器便是他们无与伦比的员工。宽敞的客房与阳台是其他邮轮的 1.25 倍，且拥有最高的船员、客人比例。荷美邮轮非常注重"服务品质的维持"，他们在印度尼西亚拥有专属的训练学校，以培训他们专业的服务。

邮轮的精神在于优秀的船员、良好的服务和坚持品质及特有的风格。荷美邮轮高效率的荷兰籍工作人员，以及友善的印尼籍、菲律宾籍服务人员是绝佳的组合。无微不至的服务、亲切的笑容和体贴的关怀都是荷美邮轮能吸引众多忠实乘客的主要原因。

到目前为止，荷美邮轮共拥有 15 艘邮轮（附录表 4），提供超过 25 个母港出发的近 500 个航次。在全世界 253 个港口、旅游地停靠。行程范围从 2 天到 108 天，访问七大洲旅游区域。

附录表 4　荷美邮轮公司船队

邮轮名称 （Name）	吨位 （Tonnage）	载客数 （Passenger）	邮轮系列 （Class）	加入船队时间 （Year Entered Fleet）
"阿姆斯特丹姆"号（ms Amsterdam）	62735	1380	R	2000（2010 重修）
"欧罗丹"号（ms Eurodam）	86273	2104	Signature	2008（2011 重修）
"马士丹"号（ms Maasdam）	55575	1258	S	1993（2011 重修）
"新阿姆斯特丹姆"号（ms Nieuw Amsterdam）	86700	2106	Signature	2010
"诺丹"号（ms Noordam）	82318	1918	Vista	2006（2010 重修）
"欧姆特丹"号（ms Oosterdam）	82305	1916	Vista	2003（2011 重修）
"普林盛丹"号（ms Prinsendam）	37983	835	无	2002（2010 重修）
"鹿特丹"号（ms Rotterdam）	61851	1404	R	1997（2009 重修）
"雷丹"号（ms Ryndam）	55819	1260	S	1994（2010 重修）
"史特丹"号（ms Statendam）	55819	1260	S	1993（2010 重修）
"维丹"号（ms Veendam）	57092	1350	S	1996（2011 重修）
"沃伦丹"号（ms Volendam）	61214	1432	R	1999（2011 重修）
"威士特丹"号（ms Westerdam）	82348	1916	Vista	2004（2010 重修）
"赞丹"号（ms Zaandam）	61396	1432	R	2000（2010 重修）
"如德丹"号（ms Zuiderdam）	82305	1916	Vista	2002（2010 重修）

注：以上数据截至 2013 年 9 月 30 日

四、世鹏邮轮

世鹏邮轮是定位于高端市场的邮轮公司，世鹏邮轮为游客打造私密度假空间以及顶级尊贵享受，船上服务人员与游客的比例不仅高达 1∶1，而且提供自由选择用餐时间等更多贴心服务。这种个性化服务水平，在行业中是无与伦比的。

世鹏邮轮公司 2012 年 "度假系列"（Cruise Collection）产品目录上列举了 2012 年及 2013 年第一季度的 212 个豪华航行计划。该目录厚达 148 页，详细介绍了 7 ~ 100 天的航游；游客可以参观横跨六大洲、103 个国家的 379 个海港，其中有 50 个都是首次停靠港。

目前该公司旗下的 3 艘邮轮 "Seabourn Pride"号（"世鹏骄傲"号，建于 1988 年），"Seabourn Spirit"号（"世鹏精神"号，建于 1989 年）及 "Seabourn Legend"号（"世鹏

神话"号，建于 1992 年）将转售给 Windstar 邮轮公司，其中 "Seabourn Pride" 号于 2014 年 4 月移交给 Windstar 邮轮公司，其余 2 艘将分别于 2015 年 4 月和 5 月移交。而目前，Seabourn 已接收了 3 艘新造邮轮 "Seabourn Odyssey" 号（"世鹏奥德赛"号，建于 2009 年），"Seabourn Sojourn" 号（"世鹏旅行者"号，建于 2010 年）及 "Seabourn Quest" 号（"世鹏探索"号，建于 2011 年），这 3 艘船相比该公司之前的 3 艘船舶拥有更大的客容量，且该公司正在考虑再定造一艘类似船型的邮轮，该笔订单预计将在不久之后公布。

附录表 5　世鹏邮轮船队

邮轮名称 （Name）	吨位 （Tonnage）	载客数 （Passenger）	加入船队时间 （Year Entered Fleet）
"世鹏骄傲"号（Seabourn Pride）	10000	208	1988（2010 重修）
"世鹏精神"号（Seabourn Spirit）	10000	208	1989（2009 重修）
"世鹏神话"号（Seabourn Legend）	10000	208	1996（2010 重修）
"世鹏探索"号（Seabourn Quest）	32000	450	2011
"世鹏奥德赛"号（Seabourn Odyssey）	32000	450	2009
"世鹏旅行者"号（Seabourn Sojourn）	32000	450	2010

注：以上数据截至 2013 年 9 月 30 日

"世鹏精神"号

"世鹏神话"号

"世鹏探索"号

"世鹏旅行者"号

"世鹏奥德赛"号

资料来源：以上图片来自 http://www.cruise.net.cn/chinese/detail.asp?classid=1&id=1584

五、冠达邮轮

冠达邮轮公司的船舶不见得是最大或是最快的，但他们赢得了声誉，被认为是最可靠和最安全的邮轮公司，公司船队情况如附录表 6 所示。业绩蒸蒸日上的冠达公司，并购了加拿大北方轮船公司和冠达公司的主要竞争对手——白星邮轮（White Star Line），白星邮轮是顶顶大名的"铁达尼"号（或译作"泰坦尼克"号）和"不列颠尼克"号（HMHS Britannic）的东家。

过去一个半世纪以来，冠达邮轮公司主导了跨大西洋的客运服务，并成为当时世界上最重要的大企业之一，其船队中大部分的船舶都是在苏格兰的约翰布朗造船厂（John Brown's Shipyard，Clydebank，Scotland）建造的。冠达邮轮公司的船队在世界经济的发展中发挥了重要的作用，也参与了英国大大小小的海外战役，从克里米亚（Crimea）到福克兰群岛（Falklands）战争中都担负起补给的重要任务。然而，从 20 世纪 50 年代开始，快捷的航空旅行逐渐盛行，取代了船舶运输乘客和邮件横渡大西洋的主要业务。受到航空公司的冲击，冠达邮轮公司的生意开始衰退，冠达公司曾尝试多种方式，以期解决此困境。其中一个方案是 1962 年与英国海外航空公司（British Overseas Airways Corporation）合组 BOAC-Cunard 公司经营北美、加勒比海和南美地区的定期航班服务。很可惜，这家公司在 1966 年被解散。在 1971 年，冠达邮轮公司被英国航运及特拉法工业集团（British shipping and industrial conglomerate Trafalgar House）收购，冠达邮轮公司并在 1996 年被挪威克瓦纳集团公司（Kvaerner）接手。最后，在 1998 年并入嘉年华（Carnival）邮轮集团。

它的品牌定位是：

• 冠达邮轮是第一个开通定期航线搭载客人横跨大西洋的公司（1840 年）。

• 冠达邮轮最先引进了以电流点火启动的客轮（1881 年）。

• 冠达邮轮最先引进了以蒸汽涡轮引擎推动的客轮（1905 年）。

• 冠达邮轮最先将健身房和医疗中心设置于客轮之上（1911 年）。

• 冠达邮轮从 1940 年到 1996 年一直保持着最大客轮的建造纪录（1940 年）。

• 冠达邮轮是唯一提供全年固定航期横渡大西洋服务的邮轮公司（"伊丽莎白女王 2"号）。

• 冠达邮轮是第一个同时拥有 3 条不同环球航线的邮轮（1996 年）。

附录表 6 冠达邮轮公司船队

邮轮名称 （Name）	吨位 （Tonnage）	载客数 （Passenger）	加入船队时间 （Year Entered Fleet）
"伊丽莎白女王 2"号（Queen Elizabeth）	90400	2068	2010
"玛丽皇后 2"号（Queen Mary 2）	151400	2604	2004（2008 翻新）
"维多利亚皇后"号（Queen Victoria）	90000	2014	2007（2010 翻新）

注：以上数据截至 2013 年 9 月 30 日

六、阿依达邮轮

　　阿依达邮轮（AIDA Cruises）是德国最大的邮轮公司，其历史可以追溯到 1960 年的东德，主要为德国的年轻人而设计，船上活动基本上以会所形式为主，不沿袭传统的邮轮娱乐方式，目前由歌诗达邮轮公司运营。阿依达邮轮最大的特点是其个性化的外形设计，邮轮船体绘有醒目的黄色眼睛和红嘴唇图案，目前拥有 10 艘邮轮（附录表 7）。

附录表 7 阿依达邮轮船队

邮轮名称 （Name）	建造时间 （Year Built）	载客数 （Passenger）	吨位 （Tonnage）
AIDAaura	2003	1270	42200
AIDAbella	2008	2030	68500
AIDAblu	2010	2174	71000
AIDAcara	1996	1186	38600
AIDAdiva	2007	2030	68500
AIDAluna	2009	2174	71000
AIDAmar	2012	2174	71000
AIDAsol	2011	2174	71000
AIDAstella	2013	2174	71000
AIDAvita	2002	1270	42200

注：以上数据截至 2013 年 9 月 30 日

阿依达 "AIDAsol" 邮轮船体图案

资料来源：http://slxie.blog.163.com/blog/static/18535938201261245447443/

七、歌诗达邮轮

歌诗达邮轮（Costa Cruise Lines），起源于 1860 年的 Costa 家族，名字源自始创人贾西莫·歌诗达先生（Giacomo Costa），有着悠久而辉煌的历史。以"意大利风情"（Cruising Italian Style）为品牌定位的意大利歌诗达邮轮公司是欧洲地区最大的邮轮公司。2003 年 4 月，歌诗达邮轮正式加盟世界上最大的邮轮度假集团——美国嘉年华集团。

歌诗达豪华邮轮无论是外观还是内部装潢都弥漫着一股意大利式的浪漫气息，尤其在蔚蓝的欧洲海域，歌诗达船队以艳黄明亮色调的烟囱，搭配象征企业识别标志的英文字母 C，航行所到之处均掀起人们惊艳的目光，成为欧洲海域最为璀璨耀眼的船队。之所以选择歌诗达品牌率先进入中国市场，是因为该品牌为嘉年华旗下 10 个邮轮品牌中最国际化的一个。在进入中国之前，歌诗达邮轮的足迹遍布除亚洲以外的几乎任何一个地区，而如今来到中国，可以称得上是填补了全球版图上的最后一块空白。目前，歌诗达拥有欧洲大陆最大的船队：旗下共拥有 15 艘在役邮轮，可载客 4 万人次。另有 1 艘邮轮在建，并将于 2014 年 10 月加入船队。届时，歌诗达将拥有 16 艘邮轮（附录表 8），总载客量将达到 4.5 万人次。

歌诗达船队每年推出 150 多条航线，覆盖 250 个目的地，短途旅行超过 2200 条，其中包括约 300 条生态旅游线路，旅游目的地包括公园、绿洲和自然保护区，不仅可以将对生态系统造成的影响降到最低，并为岸上目的地的经济发展创造大量机会。

附录表8　歌诗达邮轮船队

邮轮名称 （Name）	建造时间 （Year Built）	载客数 （Passenger）	吨位 （Tonnage）
"歌诗达大西洋"号（Costa Atlantica）	2000	2114	85000
"歌诗达经典"号（Costa Classica）	1991	1308	53000
"歌诗达唯美"号（Costa Deliziosa）	2010	2260	92000
"歌诗达迷人"号（Costa Fascinosa）	2012	3700	114500
"歌诗达辉宏"号（Costa Favolosa）	2011	3700	114500
"歌诗达幸运"号（Costa Fortuna）	2003	2720	105000
"歌诗达炫目"号（Costa Luminosa）	2009	2260	92000
"歌诗达水手"号（Costa Marina）	1990	776	25500
"歌诗达地中海"号（Costa Mediterranea）	2003	2114	86000
"歌诗达命运女神"号（Costa Magica）	2004	2720	105000
"歌诗达新浪漫"号（Costa neoRomantica）	1993	1356	53000
"歌诗达太平洋"号（Costa Pacifica）	2009	3700	114500
"歌诗达赛琳娜"号（Costa Serena）	2007	3700	114500
"歌诗达维多利亚"号（Costa Victoria）	1996	1928	76000
"歌诗达航行者"号（Costa Voyager）	1999	832	24391

注：以上数据截至2013年9月30日

"歌诗达大西洋"号

资料来源：http://www.fj1887.com

"歌诗达维多利亚"号

资料来源：http://www.17u.cn/youlun/
cruisecompany-costa.html#refid=6928722

八、伊比罗邮轮

伊比罗邮轮（Ibero cruceros）隶属于嘉年华集团，是一家新晋的邮轮公司，总部位于西班牙的邮轮品牌，意大利歌诗达邮轮集团于 2007 年 9 月开始经营运作，是主要服务于讲西班牙语和葡萄牙语的市场的新邮轮品牌。伊比罗邮轮为游客提供最纯正的西班牙风情的邮轮假期，现代化的邮轮船队驶向欧洲各大港口以及巴西、阿根廷。伊比罗邮轮一般航行在地中海、南美洲和欧洲北部海域。目前，旗下船队共有 3 艘船只已经投入使用的，分别为 Grand Mistral、Grand Celebration 和 Grand Holiday。

九、铁行邮轮

铁行邮轮原本是英国铁行渣华航运公司的邮轮事业部，于 2000 年分离出来成为独立的邮轮公司。铁行邮轮的邮轮业务有着悠久的历史，以纯粹英伦风格、提供中低价位产品作为品牌诉求，是航线遍及全世界各海域的豪华型老牌船队。目前铁行邮轮的主要业务分布于英国本土（船队如下图所示）和大洋洲澳大利亚。P&O 邮轮（澳大利亚）船队包括"太平洋明珠"号、"太平洋宝石"号和"太平洋黎明"号。P&O 邮轮（英国）提供的假期目的地，包括加勒比、南美、斯堪的纳维亚半岛、地中海、大西洋群岛和环球航行。P&O 邮轮（澳大利亚）船队主要航行于南太平洋、新西兰、亚洲及国内港口，其船队如附录表 9 所示。

附录表 9　铁行邮轮（英国）船队

邮轮名称 （Name）	建造时间 （Year Built）	载客数 （Passenger）	吨位 （Tonnage）
"阿多尼"号（Adonia）	2001	826	30277
"阿卡狄亚"号（Arcadia）	2004	1800	85000
"欧若拉"号（Aurora）	2000	1840	76000
"蔚然"号（Azura）	2010	3096	115055
"奥希阿纳"号（Oceana）	2000	2020	77000
"奥丽埃纳"号（Oriana）	1995	1810	69000
"文图拉"号（Ventura）	2008	3076	115000

注：以上数据截至 2013 年 9 月 30 日

"太平洋黎明"号
资料来源：http://www.1pyy.com

"太平洋宝石"号
资料来源：http://www.zg-sj.com

第二节 美国皇家加勒比邮轮公司

皇家加勒比邮轮公司是世界上第二大邮轮公司，总部位于美国迈阿密，在全球范围内经营邮轮度假产品，旗下拥有皇家加勒比国际邮轮（Royal Caribbean International）、精致邮轮（Celebrity Cruises）、精钻会邮轮（Azamara Club Cruises）、普尔曼邮轮（Pullmantur）、CDF（Croisieres de France）以及与 TUI AG 合资的 TUI Cruises 六大邮轮品牌（附录表 10）。这些品牌共经营 41 艘邮轮，到达大约全球 455 个目的地，主要航行于欧洲、南北美洲和亚太等区域。船上提供一系列广泛的活动、服务和设施，包括模拟冲浪、游泳池、阳光甲板、美容美发、健身和水疗设施、溜冰场、篮球场、攀岩墙、迷你高尔夫球场、游戏设施、酒吧、拉斯维加斯风格的娱乐、电影院和皇家长廊，包括内部的购物，餐饮和娱乐的林荫大道。公司旗下品牌将在 2016 年年底再推出 5 艘邮轮，增加舰队总容量约 105000 个泊位。皇家加勒比邮轮有限公司已于纽约证券交易所与奥斯陆证券交易所上市，代码为"RCL"。

附录表 10　皇家加勒比邮轮公司邮轮品牌及客源市场分布

邮轮品牌 （Cruise Brands）		邮轮数量 （Cruise Quantity）	载客数 （Passenger）	主要客源市场 （The Main Source Markets）
皇家加勒比国际邮轮 （Royal Caribbean International）	RoyalCaribbean INTERNATIONAL	22	64125	北美地区
精致邮轮 （Celebrity Cruises）	Celebrity X Cruises®	11	23898	北美地区

续表

邮轮品牌 （Cruise Brands）		邮轮数量 （Cruise Quantity）	载客数 （Passenger）	主要客源市场 （The Main Source Markets）
精钻会邮轮 （Azamara Club Cruises）		2	1388	北美、英国、 德国、澳大利亚
普尔曼邮轮 （Pullmantur）		5	11599	西班牙 拉丁美洲
CDF （Croisieres de France）		2		法国
TUI		2	3756	德国

注：以上数据截至 2013 年 9 月 30 日

一、皇家加勒比国际邮轮

　　皇家加勒比国际邮轮是一个备受赞誉的全球性邮轮品牌，有着 45 年的创新历史，开了诸多行业先河。旗下的邮轮船队拥有多种其他公司无可比拟的功能和设施，这些都只有在皇家加勒比才能亲身体验到，其中包括百老汇式的娱乐表演，以及业内广受好评的专门针对家庭和探险旅游爱好者的娱乐项目。皇家加勒比国际邮轮隶属皇家加勒比邮轮有限公司（NYSE/OSE: RCL），旗下拥有 22 艘世界上最具创新性的邮轮，带领游客畅游全球六大洲 72 个国家 270 多个旅游目的地，航线涵盖了全球最受欢迎的诸多旅游胜地，如加勒比海、欧洲、阿拉斯加、南美、远东、澳大利亚和新西兰。凭借其享誉世界的金锚服务，皇家加勒比国际邮轮已连续十年在 Travel Weekly 读者投票中蝉联"最佳邮轮公司"大奖。

　　皇家加勒比邮轮有限公司旗下的皇家加勒比国际邮轮（Royal Caribbean International）是全球第一大邮轮品牌，共有量子、绿洲、自由、航行者、灿烂、梦幻、君主 7 个船系的 22 艘大型现代邮轮（附录表 11）。

附录表 11 皇家加勒比国际邮轮船队

邮轮名称 （Name）	建造时间 （Year Built）	载客数 （Passenger）	吨位 （Tonnage）
"海洋绿洲"号（Oasis of the Seas）	2009	5400	220000
"海洋魅力"号（Allure of the Seas）	2010	5400	225282
"海洋独立"号（Independence of the Seas）	2008	3600	158000
"海洋自主"号（Liberty of the Seas）	2007	3600	158000
"海洋自由"号（Freedom of the Seas）	2006	3600	158000
"海洋冒险者"号（Adventure of the Seas）	2001	3114	138000
"海洋探险者"号（Explorer of the Seas）	2000	3114	138000
"海洋水手"号（Mariner of the Seas）	2003	3114	142000
"海洋领航"号（Navigator of the Seas）	2002	3114	138000
"海洋航行者"号（Voyager of the Seas）	1999	3114	137276
"海洋灿烂"号（Radiance of the Seas）	2001	2501	90090
"海洋旋律"号（Serenade of the Seas）	2003	2501	90090
"海洋珠宝"号（Jewel of the Seas）	2004	2501	90090
"海洋光辉"号（Brilliance of the Seas）	2002	2501	90090
"海洋帝王"号（Majesty of the Seas）	1992	2350	73941
"海皇"号（Monarch of the seas）	1991	2390	73941
"海洋神话"号（Legend of the Seas）	1995	1800	69130
"海洋迎风"号（Rhapsody of the Seas）	1997	2000	78491
"海洋幻丽"号（Enchantment of the Seas）	1997	1950	74000
"海洋荣光"号（Splendour of the Seas）	1996	2076	70000
"海洋富丽"号（Grandeur of the Seas）	1996	1950	74000
"海洋梦幻"号（Vision of the Seas）	1998	2435	78491

注：以上数据截至 2013 年 9 月 30 日

自 1969 年成立至今，皇家加勒比国际邮轮始终保持行业领先地位，并建造了 2 艘全球最大的邮轮——"海洋绿洲"号（Oasis of the Seas）和"海洋魅力"号（Allure of the Seas）。这两艘姐妹船的总吨位均为 22.5 万吨，是世界最大、最具创意的邮轮。"海洋绿洲号"与"海洋魅力"号将全新的"社区"理念引入邮轮，把邮轮空间划分为中央公园、百达汇欢乐城、皇家大道、游泳池和运动区、海上水疗和健身中心、娱乐世界和青少年活动区 7 个主题区域，以满足不同类型游客的度假需求。

2011 年 2 月，皇家加勒比国际邮轮推出了"阳光计划"：全力打造 2 艘新一代邮轮（量子系列），它们将凝聚现有邮轮中最出色的创意，并在此基础上增加新的活动和娱乐理念。根据计划，这 2 艘邮轮将于 2014 年年末及 2015 年年初竣工并加入公司船队中。

皇家加勒比邮轮公司为大众展示的即将问世的
"海洋量子"号的计算机映像
资料来源：http://fujian.people.com.cn/n/
2013/0418/c181466–18490313.html

"海洋量子"号的北极星
资料来源：http://fujian.people.com.cn/n/
2013/0418/c181466–18490313.html

2013 年 4 月，皇家加勒比邮轮公司揭开了即将问世的豪华邮轮"海洋量子"号的神秘面纱。"海洋量子"号拥有众多创新特性，吸引了许多狂热的巡航追随者。

据美国福克斯新闻网 4 月 16 日报道，号称为游戏颠覆者的"海洋量子"号首次提供了各色海上游览设施，如碰碰车、模拟高空跳伞以及被称为"北极星"的观察胶囊舱。其将于 2014 年 11 月起航，随着冬季航行至巴哈马群岛和加勒比海地区，最终将到达邮轮母港新泽西州巴约纳市的自由角港口。该邮轮可容纳 4180 名乘客。

"海洋量子"号的"北极星"设计受到了英国伦敦眼的启发。该胶囊舱一次可容纳 14 人，并附着于一个类似于起重机的吊杆上。模拟高空跳伞"RipCprd"依靠强大的风力使参与者在户外甲板的高空中飘动和旋转。室内的"SeaPlex"可以让你尽情游戏篮球、乒乓球、秋千和碰碰车。这广阔的空间还为溜冰爱好者提供了自由滑行的场所。另一个场所 Two70，其高达 82 米的全景可以提供刺激的高空特技表演和其他演出。

2008 年，皇家加勒比国际邮轮正式进入中国，提供从上海、香港始发的邮轮度假航线。2009 年，皇家加勒比国际邮轮旗下的"海洋神话"号作为中国政府特批的海峡两岸首航包船，创造了大陆与台湾大规模民间交流的盛况。2010 年"海洋神话"号首次开展天津起航的航次，扩大对华北旅游市场的投入，显示了皇家加勒比国际邮轮拓展中国邮轮行业的坚定决心。2011 年"海洋神话"号重返中国，以上海、天津和香港为母港，全年运营 35 个前往日本、韩国、越南、新加坡、俄罗斯及中国台湾的精彩航次。

2012 年 6 月 19 日，皇家加勒比国际邮轮旗下的"海洋航行者"号进入中国，并以上海为母港开设国际邮轮航线。2012 年 5 月，基于对中国市场的良好期望及"海洋航行者"号已在中国获得的极好反响，皇家加勒比国际邮轮再次宣布于 2013 年 6 月 18 日将旗下另一艘 14 万吨级邮轮——"海洋水手"号引进中国，并开启母港始发航线，进一步加大在中国市场的投入。届时，"海洋航行者"号和"海洋水手"号两艘亚洲巨无霸将首次齐聚中国，令更多的中国游客畅享纯正的欧美现代邮轮生活。

"海洋水手"号与"海洋航行者"号的规模不相上下，总吨位达 13.8 万吨、拥有 15 层甲板，可载客 3800 人。整艘邮轮犹如一座海上城邦，除舒适齐全的住宿选择外，各式餐厅、酒吧、精品店、图书馆、海上历奇青少年活动中心、皇家娱乐场、健身房、室内外游泳池、运动场等设施一应俱全。邮轮上还拥有诸多突破传统的创意设施，包括挑空四层的海上免税购物大街——皇家大道，拥有弓形窗台、可俯瞰整个购物街景观的皇家大道景观房，华丽壮观的三层主餐厅和烧烤、意大利、美式等多个特色餐厅，室内真冰溜冰场和直排轮滑道，高于海平面 200 英尺的攀岩墙，以及小型高尔夫球场等。各种激动人心的娱乐活动将最大限度地满足不同类型消费者的度假需求，为广大游客的海上之旅增添无穷乐趣。

皇家加勒比国际邮轮非常重视中国市场的发展。随着 2013 年"海洋水手"号与"海洋航行者"号共同部署在中国，皇家加勒比国际邮轮将可保证在旅游旺季同时覆盖中国两大市场——华东和华北市场。这不仅是皇家加勒比国际邮轮在全球发展战略中新的里程碑，巩固了其在中国市场的领先地位，同时也极大地推动了中国邮轮产业的健康快速发展。

二、精致邮轮

精致邮轮是隶属于皇家加勒比邮轮公司旗下的更高级别的邮轮船队品牌，共拥有 11 艘邮轮（附录表 12），100 多条独特的邮轮旅游行程，270 多个停靠港口，航线覆盖阿拉斯加、希腊、加勒比海、亚洲、非洲等区域。

精致邮轮是由 Haralambopoulos 和希腊 Chandris 海运公司和 Chandris 邮轮公司的拥有者 Chandris 兄弟于 1989 年成立的。它为邮轮旅游设定一个新的国际性标准，即在邮轮上要提供最佳的质量、庄重的风格、周到的服务、宽敞的住房和精良的菜肴。精致邮轮公司相信餐饮体验是一个优质邮轮度假产品中不可或缺的，精致邮轮定制厨房可以制作海上最好的美食，所有美食中的食材都是最好的、最新鲜的。

不同于其他邮轮休假产品的是，精致邮轮始终致力于提供超出客人预期的邮轮体验。这项出色的表现水准已成为精致邮轮的定义，并为今天的邮轮巡游设定了国际化标准。自成立以来，精致邮轮一直履行着最初的承诺：经典中的精华，优雅的巡航和与时俱进。

1997 年，皇家加勒比邮轮公司以 1.3 亿美元买下了精致邮轮公司。精致邮轮现有的邮轮与其极致系列邮轮，共同精益求精，表现了更大的技术成果和意义深远的创新，同时保留了与众不同的风格，不断改进优质的服务，已经成为精致邮轮的标志。

精致邮轮的广告语是"让您享受明星般的待遇"。因为精致邮轮提供比它的母公司——皇家加勒比邮轮公司——好得多的产品和服务。

"精致季候"号邮轮

资料来源：http:// www.mcts.cn

精致邮轮的烟囱上都有一个大大的 X，这是希腊字母表中第三个字母，在希腊文中念 chi，在英文中是 C，这就是精致邮轮创始人 Chandris 家族的第一个字母。2007 年精致邮轮成立了一家新的拥有中型船只的邮轮公司 Azamara Cruises。

附录表 12　精致邮轮船队

邮轮名称 （Name）	建造时间 （Year Built）	载客数 （Passenger）	吨位 （Tonnage）
"精致世纪"号（Century）	1995	1750	70606
"精致星座"号（Constellation）	2002	1950	91000
"精致新月"号（Eclipse）	2010	2850	122000
"精致季候"号（Equinox）	2009	2850	122000
"精致无极"号（Infinity）	2001	1950	91000
"精致千禧"号（Millennium）	2000	1950	91000
"精致印象"号（Reflection）	2012	2850	122000
"精致嘉印"号（Silhouette）	2011	2850	122000
"精致极致"号（Solstice）	2008	2850	122000
"精致尖峰"号（Summit）	2001	1950	91000
"精致远征"号（Xpedition）	2004	98	2329

注：以上数据截至 2013 年 9 月 30 日

三、精钻会邮轮

2007 年成立的精钻会邮轮船队虽然只有"精钻旅程"号（Azamara Journey）和"精钻探索"号（Azamara Quest）2 艘邮轮（附录表 13），但却是皇家加勒比公司旗下最高端、最具品质的船队。精钻会邮轮的精髓是：聚焦全新航线，打造深度旅行，尊享奢华旅程。

"精钻旅程"号和"精钻探索"号邮轮分别能容纳 694 位游客，93% 的客舱拥有海景，68% 的客舱拥有私人阳台。精钻会邮轮是为渴望新颖豪华的独特远海巡游的高品位乘客量身打造的，具有无与伦比的设施和服务，每一个客舱都可以提供管家服务。精钻会邮轮近期更是投资 1750 万美元更换船上的设施，包括全新的欧洲床上用品、纺织品、平板电视、新的阳台装饰和家具，并在所有客舱和公共区铺设无线互联网。

由于船体偏小，精钻会邮轮可以带领游客前往那些大型邮船根本无法到达的、隐藏在世界角落里的美景。

精钻会邮轮的名字 Azamara 出自罗曼语中的一个词语，其中包括蓝（az）和海（mar）。这个名字的灵感还来自一颗星——Acamar。在古代，Acamar 是可以从希腊纬度看到的最南方的一颗璀璨的星。公司也期望精钻会邮轮（Azamara Club Cruises）成为蓝色大海上最闪亮的一颗星。

附录表 13　精钻会邮轮船队

邮轮名称 （Name）	建造时间 （Year Built）	载客数 （Passenger）	吨位 （Tonnage）
"精钻旅程"号（Azamara Journey）	2000	694	30200
"精钻探索"号（Azamara Quest）	2000	694	30200

注：以上数据截至 2013 年 9 月 30 日

"精钻旅程"号
资料来源：http://tj.ifeng.com

"精钻探索"号
资料来源：http://blog.travel.ifeng.com

四、伯曼邮轮

　　伯曼邮轮公司（Pullmantur）成立于 1971 年，总部设立在西班牙首都马德里。2006 年伯曼邮轮正式加入国际闻名的皇家加勒比海邮轮（Royal Caribbean）的大家庭。Pullmantur 是西班牙最大的一家豪华邮轮运营商，拥有 5 艘邮轮，航线主要分布在北海、波罗的海、地中海、加勒比海等区域。Pullmantur 除了自身拥有的豪华邮轮运营外，还有丰富的岸上观光旅游度假套餐可供乘客选择，此外还经营 3 艘 747 喷气式客机用来提供邮轮始发地的港口和目的地之间的空中飞行服务。皇家加勒比邮轮公司收购 Pullmantur 后，Pullmantur 在皇家加勒比邮轮公司的麾下保持其独立自主的品牌，以保持它与众不同和成功的客户市场经验。

　　2005 年伯曼邮轮在西班牙推出 ALL-INCLUSIVE 餐饮全包的套餐服务。一般只有在六星级的超豪华邮轮上才会推行的餐饮全包服务在伯曼邮轮上得以实现，伯曼邮轮也因此成为首家推行该项服务的豪华邮轮公司。

　　在享受伯曼邮轮提供的幽雅环境和优质服务的同时，乘客还可以在邮轮上随时随地无限制地尽情享受美食和饮品。从 2011 年起，伯曼邮轮向中国大陆、香港、澳门及台湾乘客承诺提供最优质的餐饮服务，娱乐节目及精选航程。

　　"伯曼君主"号（Sovereign）改建于 2008 年，是伯曼旗下载客量最多的邮轮。同时该邮轮是伯曼系列船队中体积最庞大、设施最完善的邮轮，有如一座巨大的海上行宫。共有客舱 1162 间，其中有 744 间海景房，游客可以不出客房直接欣赏海上美景。"伯曼君主"号共有 4 个主餐厅，可为游客提供意大利、欧美以及亚洲风味的菜肴。有 3 个大小不等的游泳池，有可容纳 700 多人的剧院，乘客可以享受到歌剧、舞蹈、音乐剧表演。还有各式酒吧、夜总会、豪华赌场、免税商店、健身中心及 SPA、图书馆和赌场，甚至还有浪漫的结婚礼堂。

"伯曼君主"号资料

船档案：2008 年改建
载客量：2733 人
客房数：1162 间
吨位：73192 吨
平均航行速度：17 海里 / 小时
船旗：马耳他
长度：268 米
宽度：32 米
吃水深度：8 米
乘客甲板：12 层

"伯曼女皇"号资料

船档案：2008 年改建
载客量：1877 人
客房数：795 间
船旗：马耳他
吨位：48500 吨
最快航行速度：17 海里 / 小时
长度：211 米
宽度：31 米
吃水深度：7.5 米
乘客甲板：9 层

"伯曼甄妮"号

船档案：2006 年改建
吨位：47255 吨
长度：207 米
宽度：29 米
船旗：马耳他
最快航行速度：17 海里 / 小时
船员数：620 人
载客量：1828 人
客房数：720 间
乘客甲板：9 层
船舶大轴电流：110/220 伏特

"伯曼日出"号

船档案：2009 年改建
载客量：1828 人
吨位：46811 吨
船旗：马耳他
长度：208 米
宽度：29 米
最快航行速度：17 海里 / 小时
乘客甲板：9 层
客房数：721 间
船员数：620 人
船舶大轴电流：110 伏特

"伯曼海皇"号

船档案：1991 年建成
载客量：3333 人
客房数：1193 间
甲板：12 层
长度：268 米

最快航行速度：19 海里 / 小时

吨位：73937 吨

船旗：马耳他

船舶大轴电流：110/220 伏特

（http://www.pullmanturcruises.cn/team.asp）

五、CDF 邮轮

CDF（Croisières de France）邮轮公司隶属于美国皇家加勒比邮轮公司，共有两艘邮轮——Horizon 和 Zenith。

六、TUI 邮轮

"日出"号

资料来源：http://www.dajuyang.com/2cruises33.html

TUI 邮轮主要客源是德语市场的游客，现在拥有 Mein Schiff 1 和 Mein Schiff 2 两艘邮轮（附录表 14）。

附录表 14　TUI 邮轮船队

邮轮名称 （Name）	建造时间 （Year Built）	载客数 （Passenger）	吨位 （Tonnage）
"我的希夫 1"号（Mein Schiff 1）	1996	1870	76500
"我的希夫 2"号（Mein Schiff 2）	1997	1886	77700

注：以上数据截至 2013 年 9 月 30 日

"我的希夫 1"号

资料来源：http://www.panoramio.com

"我的希夫 2"号

资料来源：http://www.flickr.com/photos/
54434216@N08/6050625012/

第三节　云顶香港有限公司

云顶香港有限公司（Genting Hong Kong Ltd.）前称丽星邮轮公司，是全球休闲、娱乐、旅游及酒店服务业的领导企业，其核心业务涵盖陆地及海上旅游事业，主要有：丽星邮轮——亚太区邮轮旅游业务；挪威邮轮——与 Apollo 及 TPG 合营的企业；马尼拉云顶世界——位于菲律宾马尼拉，隶属于与安德集团（Alliance Global Group）合营之达富来国际集团（Travellers International Hotel Group, Inc.）。云顶香港总部位于中国香港，并分别于世界各地超过 20 个地方设有办事处，包括澳大利亚、中国、印度、印度尼西亚、日本、韩国、马来西亚、菲律宾、新加坡、瑞典、中国台湾、泰国、阿拉伯联合酋长国、英国、美国及越南等。

云顶香港于 1993 年 9 月成立，以丽星邮轮品牌在亚洲经营邮轮旅游业务，是亚洲邮轮业的先驱，致力于将亚太地区发展成为国际邮轮航线目的地。目前，丽星邮轮连同挪威邮轮为世界第三大邮轮公司，如附录表 15 所示，共拥有 18 艘邮轮，航线遍及全球 200 多个目的地，提供约 3.9 万个标准床位。

附录表 15　云顶香港有限公司邮轮品牌及客源市场分布

邮轮品牌 （Cruise Brands）		邮轮数量 （Cruise Quantity）	载客数 （Passenger）	主要客源市场 （The Main Source Markets）
丽星邮轮 （Star Cruises）	STAR CRUISES The Leading Cruise Line In Asia-Pacific	6	7468	亚太地区
挪威邮轮 （Norwegian Cruise line）	NCL NORWEGIAN CRUISE LINE®	12	30876	美洲、欧洲地区

注：以上数据截至 2013 年 9 月 30 日

云顶香港首个进军陆上的项目为马尼拉云顶世界，已于 2009 年 8 月开幕。马尼拉云顶世界是菲律宾境内首个荟萃世界级休闲及娱乐活动的一站式综合度假项目，汇集了包括六星级全豪华套房的美星酒店在内的 3 家酒店、高级购物中心，4 家高端电影院及 1 个多功能歌剧院。

云顶香港相信凭借独特的地点与航线以及提供最优质服务的承诺，必定能为所有人带来难忘的体验。将继续借助云顶集团发展陆地度假项目上的强大专业优势，拓展公司的未来业务。云顶香港亦一直在寻求新的商机和途径，务求可以不断提高，继续引领业界。

　　云顶香港有限公司在香港联合交易所有限公司注册为上市公司，其股份亦在新加坡证券交易所有限公司的 GlobalQuote 买卖。挪威邮轮亦在纳斯达克全球精选市场上市，以股票代码（NCLH）进行交易。

一、丽星邮轮

　　丽星邮轮于 1993 年成立，以推动亚太地区的国际邮轮旅游发展为目标。丽星邮轮看准了发展快速的世界性邮轮事业及了解为发展东南亚成为国际邮轮版图重要航线而引进世界级豪华邮轮的需要。目前丽星共有 6 艘邮轮，如下图所示。

“处女星”号
总排水量：75338 吨
载客数：1870 人
资料来源：http://youlun.mcts.cn

“双子星”号
总排水量：50764 吨
载客数：1530 人
资料来源：http://sh.tuniu.com

“天秤星”号
总排水量：42285 吨
载客数：1418 人
资料来源：http://www.starcruises.com

“宝瓶星”号
总排水量：51309 吨
载客数：1511 人
资料来源：http://news.163.com

"双鱼星"号

总排水量：40000 吨

载客数：1009 人

资料来源：http://www.xiawu.com

"云顶世界"号

总排水量：3370 吨

载客数：130 人

资料来源：http://www.dajuyang.com/2cruises25.html

二、挪威邮轮

挪威邮轮公司所属丽星邮轮集团，英文名称为 Norwegian Cruise Line，简称为 NCL。NCL 挪威邮轮总部设在素有"世界邮轮之都"美称的佛罗里达州迈阿密，自 1966 年开始营运至今已成为北美邮轮业最知名的品牌之一。1998 年 NCL 挪威邮轮开辟了针对亚洲的东方航线，2000 年 3 月挪威邮轮公司被丽星邮轮集团收购，目前公司拥有 12 艘五星级豪华邮轮（附录表 16），另外还有一艘邮轮——"Norwegian Getaway"（"挪威畅意"号）将于 2014 年加入舰队，它是 MEYER WERFT 船厂为其承建的第二艘"Breakaway"级豪华邮轮。新船的首航时间为 2014 年 2 月 1 日，从美国迈阿密出发，搭载 4000 名乘客，途经 Philipsburg、St. Thomas 以及 Nassau。

附录表 16　挪威邮轮船队

邮轮名称 （Name）	建造时间 （Year Built）	载客数 （Passenger）	吨位 （Tonnage）
"挪威飞鸟"号（Norwegian Breakaway）	2013	4500	146600
"黎明"号（Norwegian Dawn）	2002	2338	92250
"爱彼"号（Norwegian Epic）	2010	4100	155873
"宝石"号（Norwegian Gem）	2007	2392	93530
"翡翠"号（Norwegian Jade）	2006	2392	93558

续表

邮轮名称 （Name）	建造时间 （Year Built）	载客数 （Passenger）	吨位 （Tonnage）
"珠宝"号（Norwegian Jewel）	2005	2374	93502
"明珠"号（Norwegian Pearl）	2006	2384	93530
"天空"号（Norwegian Sky）	1999	2000	77104
"挪威之勇"号（Norwegian Spirit）	1998	2000	75338
"挪威之星"号（Norwegian Star）	1998	2348	91740
"挪威太阳"号（Norwegian Sun）	2001	1928	78309
"美国之傲"号（Pride of America）	2005	2120	80439
"挪威畅意"号（Norwegian Getaway）	2014 入队	4500	146600

注：以上数据截至 2013 年 9 月 30 日

　　挪威邮轮的服务对象主要是中产阶级乘客，一直以来主要的客户群体集中在美国人和加拿大人。

　　NCL 挪威邮轮航线遍及阿拉斯加（Alaska）、加拿大新英格兰（Canada & New England）、加勒比海（Caribbean）、欧洲（Europe）、夏威夷（Hawaii）、墨西哥沿岸（Mexican Riviera）、巴哈马及佛罗里达（Bahamas & Florida）、南美洲（South America）、巴拿马运河（Panama Canal）、百慕大（Bermuda）、太平洋临海（Pacific Coastal）。

第四节　其他邮轮公司

一、迪士尼邮轮（Disney Cruise Line）

　　迪士尼海上巡游（Disney Cruise Line，DCL）是迪士尼公司从 1998 年开始提供的豪华邮轮游览服务。迪士尼邮轮以船上丰富的活动为卖点，以鼓舞和娱乐所有家庭成员，知名的服务和质量在迪士尼世界的每个角落都可以感受得到。迪士尼邮轮是第一个专门提供青少年，而且几乎是针对儿童的区域和活动而设计整个邮轮的公司。Spa Finder——全球温泉资源目录命名迪士尼魔术号上的 "Vista Spa" 为十大 "最佳邮轮 Spa" 之一。迪士尼邮轮是迪士尼主题乐园及度假区最具增长性、表现最好的一

项业务。提供往返于美国东海岸佛罗里达，包括巴哈马海域、加勒比海、美国西海岸—墨西哥蔚蓝海岸和地中海地区的多日航海度假产品。目前，迪士尼邮轮公司共有4艘豪华邮轮（附录表17），分别是"迪士尼魔力"号、"迪士尼奇观"号、"迪士尼梦想"号、"迪士尼幻想"号。

"迪士尼幻想"号

资料来源：http://www.gbs.cn

附录表17 迪士尼邮轮船队

邮轮名称 （Name）	建造时间 （Year Built）	载客数 （Passenger）	吨位 （Tonnage）
"迪士尼梦想"号（Disney Dream）	2011	4000	128000
"迪士尼幻想"号（Disney Fantasy）	2012	4000	128000
"迪士尼魔力"号（Disney Magic）	1998	2400	83000
"迪士尼奇观"号（Disney Wonder）	1999	2400	83000

注：以上数据截至2013年9月30日

二、地中海邮轮

地中海邮轮（MSC Cruises）经过近几年的快速发展，已经成为地中海、南非及巴西邮轮产业的领军者。地中海邮轮全年航行于地中海，并季节性航行于北欧、大西洋、加勒比海、法国安的列斯群岛、南美、西南非以及红海。地中海邮轮拥有12艘邮轮组成的现代化的船队，乘客突破140万人次。地中海邮轮是一家欧洲家族企业，目前共有1.55万名员工遍布世界45个国家。地中海邮轮的标志把MSC三个字母镶嵌在指南针图案中间，代表在MSC邮轮的世界里，顾客永远是中心。指南针本身象征着公司邮轮将驶向各个方向，从而达到公司的长远目标。由于MSC邮轮独特的意大利风格，使其与其他邮轮公司区别开：船上热情的招待、剧院装饰、好客、美食、气氛，都反映出公司"意大利制造"的理念，这也是MSC邮轮的特别之处。地中海邮轮船队如附录表18所示。

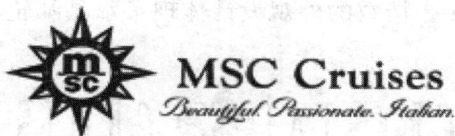

附录表 18　地中海邮轮船队

邮轮名称 （Name）	建造时间 （Year Built）	载客数 （Passenger）	吨位 （Tonnage）
"和谐"号（MSC Armonia）	2004	2243	58600
"神曲"号（MSC Divina）	2012	3959	139400
"幻想"号（MSC Fantasia）	2008	3900	133500
"抒情"号（MSC Lirica）	2003	2243	58600
"华丽"号（MSC Magnifica）	2010	2550	89000
"音乐"号（MSC Musica）	2006	2568	90000
"歌剧"号（MSC Opera）	2004	2243	58600
"管乐"号（MSC Orchestra）	2007	2550	89000
"诗歌"号（MSC Poesia）	2008	2550	89000
"珍爱"号（MSC Preziosa）	2013	3959	139400
"序曲"号（MSC Sinfonia）	2002	1500	60000
"辉煌"号（MSC Splendida）	2009	3300	133000

注：以上数据截至 2013 年 9 月 30 日

三、水晶邮轮（Crystal Cruises）

　　水晶邮轮由 Nippon Yusen Kaisha（NYK）邮轮公司经营。总部设在东京，现共经营 2 艘豪华邮轮和 800 多艘货船，在全球各地均设有办事处。水晶邮轮公司创建于 1988 年，精致的外观设计体现了水晶邮轮最高品质的设计理念。遍及全球的目的地航行线路，为游客提供了前所未有的亲自游览各大海滨城市的机会。水晶邮轮系列的首舰"水晶和谐"号于 1990 年首次亮相，其巨大宽敞的宴会厅、华丽的餐厅、舒适的休息场所、极具特色的酒吧，让游客尽享奢华和气派。阳台式豪华客房和阁楼式的客舱深受游客的喜爱。 水晶邮轮公司现经营 2 艘世界最豪华的邮轮：1995 年首次航行的 922 人承载量的"水晶合韵"号和 2003 年完成其首航的拥有 1070 人承载量的"水晶尚宁"号。水晶邮轮公司的工作人员都经过专业的培训，竭力满足客人的每一个需求。优质温馨的服务，让置身于顶级豪华邮轮内的游客，时时刻刻都可以享受到唯我独尊的气派感受。

四、银海邮轮（Silver Sea Cruises）

意大利人对每样东西都有极大的热情，他们喜欢追求生活的品质。在这种传统的影响下，罗马 lefebvre 家族成立了一个具有创新性意义的邮轮公司——银海邮轮（silversea），它为客人提供了一种私人的卓越环球航海旅行。

银海的成功归咎于以下几个因素：私人定制化、互补，以及迎合每一个客人独一无二的需求。银海系列的"银云"（silver could）号邮轮在 1994 年完成了其首航，"银风"号（silver wind）、"银影"号（silver shadow）、"银啸"号（silver whisper）、"银海探索"号（silver explorer）、"银神"号（silver spirit）也相继在 1995 年、2000 年、2001 年、2008 年和 2009 年完成了处女航。这些精致的邮轮是专门为少数客人度身设计的，邮轮上意大利和欧洲的员工为客人提供了最高级别的私人化服务，同时客人也拥有更大的私秘空间。银海邮轮提供大多数带有私人阳台以及露天餐台的全海景套房给客人选择。但银海邮轮更独一无二的是，它配备了人们在邮轮上能找到所有自己最喜欢的娱乐设施。作为奢华邮轮旅游的先行者，银海通过其一价全包的价格以及邮轮上由全球最知名的奢华品牌提供的无与伦比的产品服务，很快成为现代富有旅行者的不二选择。

银海邮轮为世界唯一六星级全套房邮轮公司，现有的 6 艘顶级邮轮服务于地中海、北欧、东南亚、非洲、阿拉斯加、加勒比海及南美洲区域，航行遍布七大洲，超过 120 个国家的 400 多个目的地。

"银神"号

资料来源：http://www.tjhyschool.com/data/904.htm

五、保罗高更邮轮公司（Paul Gauguin Cruises）

"保罗高更"号邮轮
资料来源：http://baike.baidu.com

"保罗高更"号邮轮是专属于波利尼西亚（大溪地）的一艘充满活力的船舰，全年在大溪地巡游，带给游客非比寻常的南太平洋度假体验。在这美丽的热带国度，超豪华的六星级邮轮"保罗高更"号为游客提供最舒适的服务，让游客时刻感受到太平洋上的惬意。

六、丽晶七海邮轮（Regent Seven Seas Cruises）

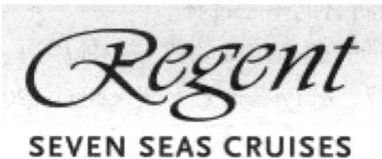

丽晶七海邮轮总部设在劳德代尔堡，是国有控股的威望克鲁斯，市场领导者，丽晶的六星级船队来回穿梭在全世界300个以上的港口，足迹遍布全球七大洲。共有3艘邮轮："七海海洋"号（SEVEN SEAS MARINER）、"七海领航"号（SEVEN SEAS NAVIGATOR）、"七海航海"号（SEVEN SEAS VOYAGER）。其航线遍及非洲及印度（Africa & India）、阿拉斯加（Alaska）、亚洲及澳大利亚（Asia & Australia）、百慕大（Bermuda）、加勒比海及墨西哥（Caribbean & Mexico）、欧洲及地中海（Europe & Mediterranean）、拉丁美洲（Latin America）、俄罗斯及斯堪的纳维亚（Russia & Scandinavia）、大溪地及南太平

"七海海洋"号

"七海航海"号
资料来源：http://www.xgallery.cn

洋（Tahiti & South Pacific）、环球之旅（World Cruises）。

豪华的客舱阳台

资料来源：http://community–gb.xinmedia.com/cruise/post/13282/4527/51278

船上 100% 附设私人阳台的客房，让船上的生活成为豪华、舒适的代名词。更加贴心的服务和更为宽敞舒适的个人空间为游客献上最高品质的服务。B 级以上的客房旅客皆有执事管家服务，管家服务包括从普通的客房服务到特殊的个人要求。船上的每一项顶级设施均属一流，由法国知名的 Le Cordon Bleu 美食学院大厨为游客烹调精致可口美馔，还有广受世界各地淑女名媛欢迎的 Carita ofParis SPA。所有的一切均呈现了现代、典雅、高贵的顶级旅游新体验。

七、阿瓦隆水道公司（Avalon Waterways）

随着旅游活动的增加，水上游轮成为邮轮产业中发展最快的部分。阿瓦隆水道公司是拥有 12 艘邮轮的最年轻的舰队，主要是小型船舶，拥有同行业中最大的客舱、度假风格的设施，包括免费的美酒、美食、啤酒或汽水的晚餐，最好的游览和以英语为母语的船员无与伦比的服务，提供了一个世界级的巡航经验。

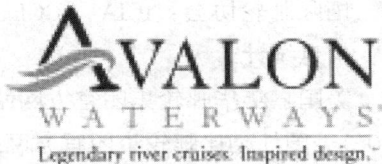

阿瓦隆水道公司（Avalon Waterways）在 5 年内从 25 条旅行线路扩展到 45 条。在非洲也有许多新航线。2011 年 5 月，阿瓦隆增加行业的第一艘提供两个整层甲板套房并带有 64 套全景套房的邮轮——"阿瓦隆全景"号，可以欣赏莱茵河和多瑙河等欧洲主要河流两岸的绝美风光。2012 年有两个新船订单——Avalon Vista 和 Avalon Visionary。尽管阿瓦隆水道公司是世界上最年轻的河道邮轮公司之一，但是与同类别邮轮相比拥有 98% 的乘客满意度，以及多个行业的赞誉，它正在快速成为一个知名品牌。

"阿瓦隆全景"号邮轮

资料来源：http://www.yeship.com.cn/tuku/list.asp?bigclass=7&page=5

参考文献

1. 王诺. 邮轮经济. 北京：化学工业出版社，2009.

2. Philip Gibson. 邮轮经营管理. 陈扬乐，赵善梅译. 天津：南开大学出版社，2010.

3. 李敏. 轮船与水上交通工具的故事. 大连：大连出版社，2009.

4. 杨杰. 邮轮运营实务. 北京：对外经济贸易大学出版社，2012.

5. 刘哲. 康乐服务与管理. 北京：旅游教育出版社，2003.

6. 汤跃光. 饭店设备使用与保养. 北京：旅游教育出版社，2006.

7. 湄红. 邮轮旅游全攻略. 重庆：重庆大学出版社，2009.

8. 国际邮轮协会：ICIA、ICCL、FCCA、NWCA、ACA 等邮轮协会官方网站资料搜集及信息统计.

9. 美国嘉年华邮轮集团官方网站资料搜集及信息统计.

10. 美国加勒比邮轮集团官方网站资料搜集及信息统计.

11. 云顶香港有限公司官方网站资料搜集及信息统计.

12. 皇家加勒比邮轮公司运营与管理资料.

13. 迪士尼邮轮（Disney Cruise Line）官方网站.

14. 地中海邮轮官方网站.

15. 水晶邮轮（Crystal Cruises）官方网站.

16. 银海邮轮（Silver Sea Cruises）官方网站.

17. 保罗高更邮轮公司（Paul Gauguin Cruises）官方网站.

18. 丽晶七海邮轮（Regent Seven Seas Cruises）官方网站.

19. 阿瓦隆水道公司（Avalon Waterways）官方网站.

责任编辑：谯　洁
责任印制：冯冬青

图书在版编目（CIP）数据

邮轮运营与管理／龙京红，刘利娜主编. —北京：
中国旅游出版社，2015.1（2020.9重印）
ISBN 978-7-5032-5047-7

Ⅰ.①邮… Ⅱ.①龙… ②刘… Ⅲ.①旅游船—运营
管理 Ⅳ.①F590.7

中国版本图书馆 CIP 数据核字（2014）第 197392 号

书　　　名：邮轮运营与管理

作　　　者：龙京红　刘利娜　主编
出版发行：中国旅游出版社
　　　　　（北京静安东里 6 号　邮编：100028）
　　　　　http://www.cttp.net.cn　E-mail:cttp@mct.gov.cn
　　　　　营销中心电话：010-57377108，010-57377109
　　　　　读者服务部电话：010-57377151
经　　　销：全国各地新华书店
印　　　刷：河北省三河市灵山芝兰印刷有限公司
版　　　次：2015 年 1 月第 1 版　2020 年 9 月第 4 次印刷
开　　　本：787 毫米×1092 毫米　1/16
印　　　张：15
字　　　数：296 千
定　　　价：34.00 元
I S B N　978-7-5032-5047-7